現代心理学シリーズ

今田 寛・八木昭宏 監修

4

動機づけと情動

今田 純雄・北口 勝也 共編

培風館

編者・執筆者紹介（執筆順）

< >は執筆分担

今田　純雄（いまだ　すみお）　広島修道大学健康科学部特任教授　＜編者，1，2，6，8，9章＞

北口　勝也（きたぐち　かつや）　武庫川女子大学文学部教授　＜編者，3，4，5章＞

岩佐　和典（いわさ　かずのり）　大阪公立大学大学院現代システム科学研究科准教授　＜7，13章＞

有光　興記（ありみつ　こうき）　関西学院大学文学部教授　＜10，12章＞

長谷川智子（はせがわともこ）　大正大学心理社会学部教授　＜11章＞

畑　　敏道（はた　としみち）　同志社大学心理学部教授　＜14章＞

田積　　徹（たづみ　とおる）　文教大学人間科学部教授　＜15章＞

坂井　信之（さかい　のぶゆき）　東北大学大学院文学研究科教授　＜コラム2-1，8-1＞

木村　　敦（きむら　あつし）　日本大学危機管理学部准教授　＜コラム2-2＞

一言　英文（ひとこと　ひでふみ）　関西学院大学文学部准教授　＜コラム4-1＞

阿部　恒之（あべ　つねゆき）　東北大学大学院文学研究科教授　＜コラム6-1＞

増田　尚史（ますだ　ひさし）　広島修道大学健康科学部教授　＜コラム6-2＞

中村　　真（なかむら　まこと）　宇都宮大学国際学部教授　＜コラム9-1＞

――所属は　2022年8月現在――

本書の無断複写は，著作権法上での例外を除き，禁じられています。
本書を複写される場合は，その都度当社の許諾を得てください。

監修のことば

今田寛・宮田洋・賀集寛が中心になって編集執筆し，培風館から出版された『心理学の基礎』が最初に刊行されてちょうど10年になる。幸い好評で毎年全国の多くの大学・短大でテキストとして用いていただき，5年前には改訂版も出すことができた。少しオーソドックス過ぎるかとの懸念もあったが，われわれの基礎重視の方針に共鳴して下さる多くの先生方がテキストとしてご使用下さり，この場を借りて心から感謝を申し上げたい。

そして10年。この間には文部省の大学設置基準の大綱化などがあり，それに伴って多くの大学・短大でカリキュラムの再検討と改変がなされた。その一つが半年ものの授業の増加ではないかと思う。今回のシリーズは，第一にこのような半年ものの授業のテキストとして企画された。したがって「薄い」ことが一つの条件であって，その分，取っつきのよいトピック別入門書としての役目を果たしてくれることを願っている。

第二に，本シリーズの読者としてわれわれが念頭においたのは，一応心理学の入門を勉強して，各トピック別にもう少し突っ込んだ勉強をしたいと思っている人たちである。もちろん中には心理学全体の予備知識がなくても読めるものもあるが，その場合でも心理学の入門コースを履修した上での方が理解はよいであろう。

第三に本シリーズの構成と取り上げたテーマについてであるが，全16巻を「基礎編」10巻と「特論編」6巻に大別した。基礎編では，まず先の『心理学の基礎』で取り上げたテーマについて各1巻を当てた。したがって内容的に先の書と部分的に重なる場合がないわけではない。さらに「基礎編」には，先の書で割愛せざるを得なかった発達，社会，臨床の3テーマを追加した。「特論編」には心理統計2巻，心理学とコンピュータに関して1巻，そして最近話題の老人，健康，食行動の心理学について各1巻を当てた。さらに必要と要望に応じて20巻くらいまで増やす可能性を残している。ご意見を賜りたい。

本シリーズは，『心理学の基礎』を幹とするならばそれから伸びた枝といえるであろう。多くの読者がその木陰で心理学をお楽しみ頂きたい。

1996 年夏

監 修 者　今 田　寛
八 木 昭 宏

追　記

本「現代心理学シリーズ」のトップを切って　2『脳と心』（数字は巻番号）が出版されたのが 1996 年。続いて 1997 年には，3『学習の心理学』，5『言語と記憶』，6『知覚と認知』，7『発達心理学』，9『社会心理学』，14『老年心理学』，15『健康心理学』，16『食行動の心理学』の 8 巻が刊行された。しかしそれ以降は諸般の事情で本シリーズの刊行は滞り，ようやく 2010 年に 8『パーソナリティ』，そして今年春に 12『心理統計Ⅱ』と 11『心理統計Ⅰ』が相次いで刊行され，既刊 12，未完 4 が現状である。幸い既刊のものは広く用いていただき，14『老年心理学』は 2011 年に改訂版が刊行となり，既刊 12 巻の総発行部数も 10 万部となっている。大きな喜びであると同時に心から感謝申し上げたい。

本シリーズは，長年多くの方に用いられてきた『心理学の基礎』をベースにして，その中の各章のトピック，また入門書としてはカバーしきれなかったトピックを各論的に取り上げ，半期用の専門入門テキストとして企画されたものである。スタンスとして『心理学の基礎』での基礎重視の姿勢は崩すことなく，しかし社会の要望に応えることを目指してきた。

今回の『動機づけと情動』は，当初私の担当の巻であった。しかしこのテーマは，意識主義の時代，行動主義の時代，そしてある意味では意識主義への復帰ともいえる今日の認知主義の時代で，その扱いが大きく変化した領域である。したがって私のような古い者ではなく，次世代にバトンを渡した方が賢明と思い，今田純雄氏にお願いしたところ，その人的ネットワークと持ち前の行動力で，見事にここに発刊の運びとなった。感謝に絶えない。

今後も未完の 4 巻の完成を急ぎたい。ただ企画された 1996 年当時とは社会情勢も変化し，それに合わせて残る巻も多少の見直しを行っている。引き続きご期待いただきたい。

2015 年 8 月

監修者を代表して　今 田　寛

まえがき

夕焼けの美しい夕暮れに散歩をしていたと想像して欲しい。その時，子ネコが捨てられていて，悲しそうな声を出しながら鳴いている光景に出会った。子ネコは，今にも消え入りそうな鳴き声を発している。誰もが，かわいそうだ，なんとかしてあげたいと思うだろう。

なぜ私たちは，か細い声で鳴いている子ネコの声を聞くと，激しく気持ちが揺さぶられるのだろう。なぜ私たちは，その子ネコたちに餌をあげたい，家に持ち帰りたいと思うのだろう。本書「動機づけと情動」では，このような「〇〇をしたい」という動機づけに関する“なぜ”と，つよく気持ちが揺さぶられるという情動に関する“なぜ”をとりあげる。感じること，何かをしたいと思うことを抜きにして私たちの生活は成り立たない。動機づけと情動は，心理学の諸領域の中でも，私たちの生活に直結したことがらを扱う領域といえる。

動機づけと情動は，心理学のなかにあって，古くて新しい研究テーマである。行動主義全盛期は情動の動機づけ機能に焦点が当てられ，動物を用いた実験が数多く行われた。やがて心理学は認知心理学に重みをおくようになり，動機づけと情動の研究も認知プロセスを重視するようになった。同時に，動物を対象とした基礎研究から，人間の日々の生活を対象とした研究へとシフトしていった。昨今は進展著しい神経科学の成果に基づく神経生理学的研究がさかんに行われている。本書は，研究史という時間軸と研究の拡がりという空間軸の2軸を考慮し，全体を構成した。心理学の歴史とハブ・サイエンスとしての心理学という2面から「動機づけと情動」研究の全体を理解してもらえば幸いである。

本書をまとめるにあたり，数多くの方々に相談にのっていただき，貴重なご意見，ご教示をいただいた。ここに感謝の意を表します。

2015年8月

今田 純雄・北口 勝也

目　次

コ ラ ム

1 章　動機づけとは何か

心理学とは行動とその背後にある心的機構の解明を目的とする学問である。そのことによって私たちの日々の行動，心的体験を説明・理解することができ，また，社会的不適応に陥っている人たちの手助けをしていくことができる。行動を理解し変容させていく上で欠かせない概念が動機づけである。本章では行動が動機づけによっていかに生起し，変容されるかについてみていく。

1-1　ヒト，人，人間

私たち“ヒト”は，生物進化の時間軸上に存在する一生命体である。私たちはその生命活動を維持するために，酸素(空気)，水，栄養(食物)を必要とする。私たち“人”は，変化し続ける環境下に生き，学習によって，自らの行動を柔軟に変化させる存在でもある。その環境適応の能力は他の生物を圧倒して余りある。さらに，私たち“人間”は，家族，友人，仲間と共に生きる社会性動物であり，文化と文明を生みだし，文化からの影響を強く受けるとともに，新たな文化を生み出す存在でもある。行動を真に理解し，説明していくためにはこれら 3 つの観点，すなわち生物(ヒト)，個体(人)，社会･文化(人間)が必要とされる。“ひと”は，ヒト，人，人間という 3 つの側面を有しているといえよう。

図 1-1 に示したように，個体レベルでの行動は生物レベルと社会･文化レベルからの影響を強く受ける。例えば，飢餓感は直近の摂食からの時間経過が長くなるほど強まる(生物レベル)が，目の前の“食物”が食物であるとわかっていないとそれを摂取することはない(飢餓感を低減させることはできない)。何が“食物”であり，何が“食物ではない”とわかるためには，学習が必要であり(個体レベル)，またその学習の機会は，発達初期においては家庭で，加齢に伴い学校，一般社会で与えられる(社会･文化レベル)。

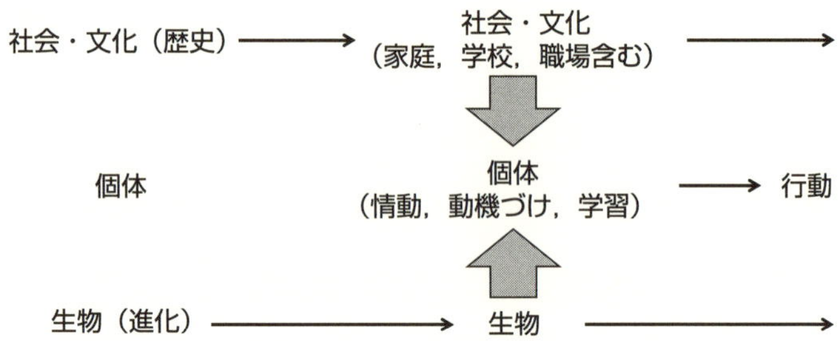

図 1-1　生物，個体，社会・文化の三水準と，個体の行動

社会・文化は日常の食行動に大きな影響力を行使する。例えば，初めてのデートで男女二人がおしゃれなレストランに入ったとしよう。男性がパスタを注文し，女性が焼き肉定食を注文するということがあるだろうか。男性はより男性らしい料理(ステーキなど)，女性はより女性らしい料理(パスタやサラダなど)を注文するであろう。

別の場面で考えてみよう。若者が年長者と一緒に食事をし，あらかじめ年長者が若者の分も支払うことがわかっている時，その若者は何を注文するだろうか。自分が本当に食べたいものではなく，年長者が注文した料理と同じものか，その価格以下の料理を注文するのではないだろうか。

私たちは，さまざまな社会的場面において，この場面ではこのようにふるまうものだというルールを身につけている。法律のように明示的なものではなく，家庭，地域，学校などを介して身につけた暗黙のルール，約束事である。これは，**規範**(**社会規範**，**文化規範**)とよばれる。

情動について考えてみよう。ロープでつながれていないイヌが，あなたに向かって，歯をむき出し吠えてくれば，あなたは“怖い”と感じる(生物レベル)だろう。しかし，よく見るとそのイヌはくさりでつながれていた。その時，“怖い”という情動は“怒り”の情動に転化し，あなたは近くにあった棒を手にして，そのイヌをこらしめようとするかもしれない(個体レベル)。その一方で，むやみに動物をいじめてはならないとの考えが頭にうかび，振りあげた攻撃の手を降ろすかもしれない(社会·文化レベル)。

私たちは，他の動物と連続する生物としての“ヒト”であり，自らのおかれた環境に適応しその生命活動を最適に維持しようとする“人”であり，さらに集団の中で生き，時空間を超えた文化的営為を前世代から受け継ぐ“人間”なのである。動機づけと情動に関するなぜに答えていくためためには，これら3

つのレベルから私たち自身の行動を理解していくことが必要である。

1-2 動機づけ

(1) 動機づけの三機能

動機づけとは行動を喚起し，方向づけ，持続させる心的エネルギーであり，行動の生起を説明するために仮定された**心的概念**である。動機づけには，**行動喚起**，目標に向けた**行動の方向づけ**，目標達成(目標の獲得)までの**行動持続**という3つの機能がある(図1-2)。

あなたが友人と一緒にセールで賑わうショッピングフロアを歩いていたとしよう。ショーウィンドウに飾られているコートがあなたの目に入った。以前から狙っていたコートである。なんと“50%オフ”の札がかかっている。それを見た途端，あなたはそれを購入したいと動機づけられ(行動喚起)，店舗の中に入り(行動の方向づけ)，あれこれ悩みながらも(行動持続)，最終的にそれを購入した(目標の達成)。これら一連の行動の流れは動機づけによって説明される。

行動の持続力は一定ではない。後述する**生物的動機**の場合は，目標を達成(獲得)するまで行動は持続する(しなければ生命の危機に陥る)。しかしギターが弾けるようになりたい，フルマラソンを完走したいといった動機の場合は，目標達成まで行動が持続されるとは限らない。

生起した行動のすべてに動機づけが仮定されるわけではない。例えば，静かな図書館で勉強に励んでいるときに，ガタンと大きな音がしたとする。あなたは驚き，瞬時に音のした方向に顔を向けるだろう。あるいは，夏の夜，外灯の回りには蛾など多くの昆虫が集まってくる。明かりを目ざして飛んでくる蛾の行動を動機づけられた行動とはいわない。

動物(我々ヒトも含む)は，特定の刺激に対して特定の反応を喚起させる生得的なしくみをもっている。**反射**と**走性**である。反射は身体の部分的な反応であり，走性は身体の全体(全身)を移動させる行動である。これら反射と走性は，

・行動喚起

・行動の方向づけ

・行動持続

図1-2 動機づけの3つの機能

特定の刺激によって生み出される自動的で，生得的な行動(反応)である。それ故に，動機づけられた行動とはみなされない。

ではどのような行動が動機づけられた行動なのだろうか。これまで動機づけに関する研究は大きく３つに分けて行われてきた。**生物的動機**，**内発的動機**，**社会的動機**である。それぞれについては，次章以下で詳述するので，以下では，これら３つの動機づけの特徴と差異について触れていく。

(２)　生物的必要と生物的動機

生物的動機は，生物個体がその生存を維持していく上で必須のもの(空気，水，食物，冷暖，安全などを**生物的必要**という)の獲得を目標とする行動を動機づける。生物的動機によって喚起された行動は**生物的行動**とよばれ，目標に達するまで行動は持続する。

生物的必要は個体内部の生理変化と直結している。例えば，晴れ渡った夏の日の午後，直射日光を浴びながら道路を歩くと体温は急激に上昇していく。我々は恒温動物であり，体温が一定範囲以上に変化すると生理機能は著しく悪化し，死に至ることもある(毎年，夏になると，熱中症による死亡がニュースになることを思い出してほしい)。

体温が上昇し始めると，身体は，汗腺を開くなどすることによって，自動的に体温を下げようとする。体温の維持という生物的必要が高まったのである。しかし身体の自動的な反応だけで体温上昇を防ぎきれないことは多い。そのような場合，“体温を下げたい”という動機が喚起される。上着を着ていればそれを脱ぎ，顔をうちわであおいだりもするだろう。また，冷たいものを飲むといった行動もでてくる。これらの行動は，生物的必要を充足するために生じた生物的動機によって喚起された行動であり，生物的行動とよばれる。

図**1-3**は，リクター(Richter, 1943)がラット(ヒトとおなじ恒温動物)を用いて行った実験状況を示している。ラットは冷気に満ちた実験箱に入れられていた。最初は，身を丸めてじっとしていたが，やがて動き回り，実験箱の一角に設置された紙ローラーを発見した。これはロール式のトイレットペーパーと同様な構造で，クルクルと紙を引っ張りだすことができるようになっていた。ラットは，ローラーから紙を引きずり出し，ネスト(巣)をつくったのである。ラットはそのネストの中に入り込み，冷気を遮断させることによって体温の低下を防止した。

先に述べた動機づけの３つの機能に戻ろう。このラットは，“体温を上げた

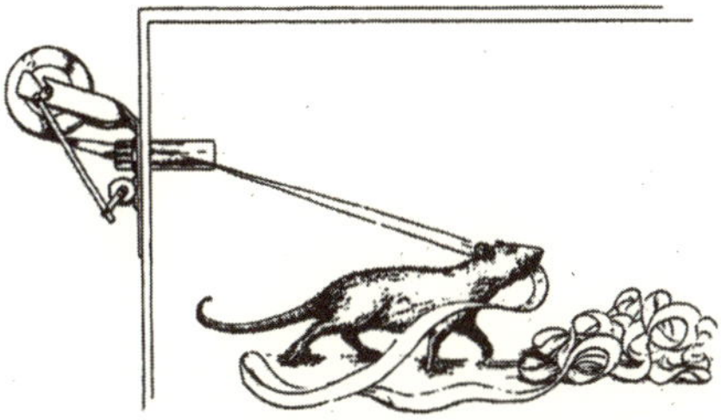

図 1-3　冷気遮断のための巣づくりをするラット
(Richter, 1943 より)

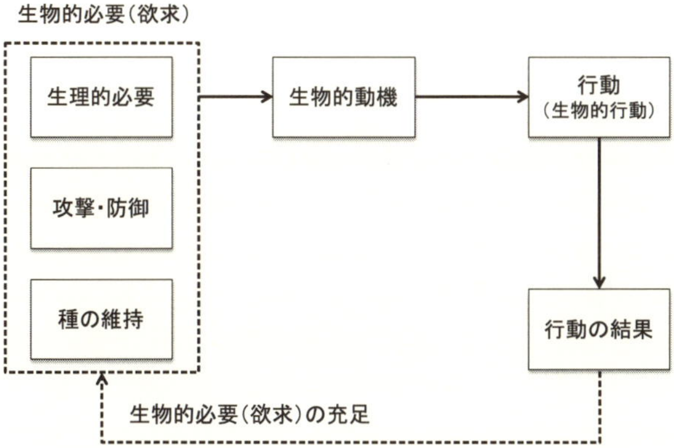

図 1-4　生物的必要(欲求), 生物的動機, 生物的行動の関係

い(あるいは, 体温低下を防ぎたい)”という生物的動機により, その目標に方向づけられた行動が喚起・持続され, 体温を維持するという目標を達成したのである。

図 1-4 は, 生物的動機によって生物的行動の生起するしくみを図示したものである。生物的動機は, 酸素, 水, 栄養, 体温維持などの**生理的必要(欲求)**, また攻撃・防御, 種の維持などを目的とする**生物的必要(欲求)**によって生じる。文明社会に生きる現在の私たちにとって攻撃・防御はイメージしにくいかもしれない。しかし, 例えば大型の台風が発生し, 明日にもあなたの住む地域を直撃するという予報を聞くと, あなたはじっとしておれないはずである。ましてや台風によって近くの川が氾濫しはじめると, 大急ぎで避難所に逃げ込むだろう。なお, 種の維持を目的とする行動とは, 性行動, 養育行動などであ

る。

必要と欲求は，日本語の語感からすると異質のものと思われる。しかしながら両者とも，同じ英語の need に対応する用語であり，心理学用語としては同じ意味で用いられる。本書では原則として“必要”を用いるが，文脈に応じては“欲求”と記述することもある。わかりづらい場合は“必要＝欲求”と読み替えてもらって構わない。

(3)　心理的必要と内発的動機，社会的動機

人は生物的必要が満たされればそれだけで満足できる存在ではない。十分な睡眠をとった休日の朝，気持ちよく目覚めたとしよう。おいしい朝食を食べ，のどかな時間を過ごし始めた。特に差し迫った用事もない。あなたはその後，何もせずにぼんやりとし続けられるだろうか？

テレビ好きの人はテレビを見るだろう。運動好きの人はしばらく使っていなかったテニスラケットを取り出して，一緒にプレーをしてくれそうな友人に連絡をとるかもしれない。読書好きの人は近くの本屋さんへ向かい，おもしろそうな新刊が出ていないか確かめたくなるだろう。ゲーム好きの人ならば，今日は一日ゲームに没頭しようと考えるかもしれない。

人は本来的に活動的であり，外界の対象に興味・関心を抱く存在である。新幹線や飛行機に乗って，人々を観察してみよう。長時間にわたりじっとしていることを強いられた状況下で人々はどうしているだろうか。多くの人は飲食に時間を使っている。よく観察すると，用もないのに席を離れ歩き出す人，書物や雑誌を読む人，クロスワードや数独に熱中したり，ヘッドフォンで音楽を楽しんだりする人をみることができるだろう。これらの人たちは身体的刺激，知的興奮，情動興奮を希求しているのである。

リーブ(Reeve, J.)は，これら内的に自発される活動性を**心理的必要**とよび，生物的必要と区別している(Reeve, 2009)。心理的必要は，**自律性**(autonomy)，**コンピタンス**(competence)，**関係性**(relatedness)に区別される。以下ではこの3つを順を追って説明する。

私たちは何かを行おうとする場合，他者からの指示を受けてではなく，自らの意志で行いたいと思う。子どもの頃を思い出して欲しい。親から「勉強しなさい」と言われると，勉強しようと思っていたにもかかわらず，とたんに勉強する気が失せたということはなかっただろうか。私たちは本来的に，自らの意志で自らの行為，行動をコントロールしたいとする自律性をもつ存在なのであ

る。また，自律的な行動発現が阻害されたり，行動の選択幅が制限されたりすると不快になり，**心理的リアクタンス**(心理的抵抗)を示すようになる。

狩猟採集の時代からIT時代の現代に至るまで，私たちは，変化し続ける環境に適応しその生存を維持してきた(ヒトという動物種を維持してきた)。気温，災害，捕食(されるリスク)といった自然環境だけでなく，家族，集団，社会といった社会的環境や文化的環境の変化にも上手に対処し，適応してきた。私たちはこのような環境の変化に対処しうる潜在能力，有能さを本来的にもっているのである。またその能力を試してみたい，さらに試してみることによってその能力をさらに高めたいと思っている。**コンピタンス**は一般に能力，有能さと訳されるが，その意味するところはこのような潜在能力，さらに，その能力を用いて環境にはたらきかけ，個体自らが環境と効果的な相互作用を営もうとする能力のことである。そうすることに成功することによって得られる満足感を**自己効力感**(feeling of self efficacy)とよぶ。

コンピタンスは社会的環境にもその能力を発揮する。例えば現代の若者の多くは，SNS(ラインやフェイスブックなど)を介して他者とコミュニケーションをとっている。単にタブレット機器の操作技術の習得だけでなく，SNSという(人類史上発の)コミュニケーション手段の利用そのこと自体を受け入れることに対してもコンピタンスは発揮されているのである。

ここで気づいてもらいたいことは，なぜ他者とコミュニケーションをとりたいのかということである。SNSは“他者とつながる”ための新しい手段であり，SNSを利用するという行為の背後には“他者とつながっていたい”という動機が水面下(潜在意識下)ではたらいている。すなわち(社会との)関係性を保ちたいという気持ちがあるからこそ，SNSを利用しているのである。

以上述べてきたことをまとめると，生物的行動が生物的必要によって生じるのに対して，内発的動機(3章で詳述する)，社会的動機(4章で詳述する)は心理的必要によって生じる。また心理的必要は，自律性，コンピタンス，関係性の3つに区別され，私たちの日々の行動を動機づけている。

(4)　必要の階層

マズロー(Maslow, A. H.)は，生物的必要と心理的必要はそれらの必要が生じたときにその必要を満たすための行動を動機づけるが，人は単に必要を満たしただけでは，その状態に安住できる存在ではない。そこからさらにより一層の成長(growth)をめざそうとする存在であると論じた(Maslow, 1943)。

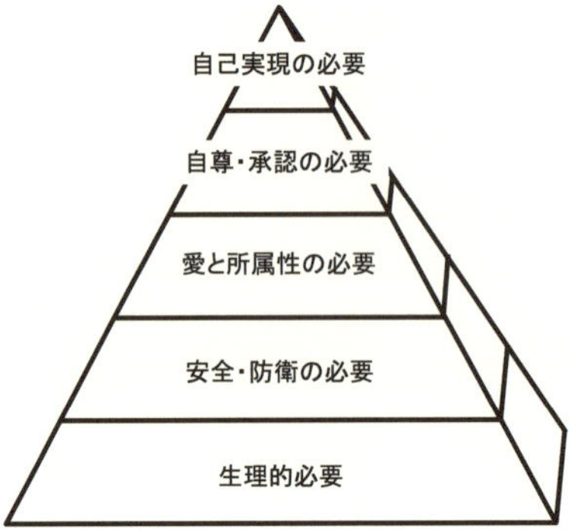

図 1-5 マズローによる必要の階層

このような見方は，マズローによる**必要の階層**（**必要のピラミッド**，**動機のピラミッド**ともよばれる）に反映されている。以下，図 1-5 にそって説明する。生理的必要（生物的必要の中の主要なもの。図 1-1 参照）が満たされると安全・防衛の必要（safety and security needs）が生じてくる。生理的必要と安全・防衛の必要が満たされると，愛と所属性の必要（love and belongingness needs）が生じてくる。これら 3 つの必要が満たされると自尊・承認の必要（esteem needs）が生じてくる。これは単に，自らに対して敬意，尊敬の念をもつ（自らの行為，存在に自信をもつ）という側面だけでなく，他者からの敬意，尊敬も得たいという側面をあわせもっている。いうならば単なる自信家ではなく，周りの人からも賞賛され，真からの敬意が払われる存在でありたいというものである。しかしながら，これら 4 つの必要が満たされても人はさらなる必要を感じ始める。それが**自己実現の必要**（self-actualization needs）である。

金メダルをとったオリンピック選手，ノーベル賞をとった科学者，人間国宝となった芸術家などがわかりやすいだろう。いうならばそれぞれの領域において，これ以上ないというレベルにまでたどりつき，最高位の達成を成し遂げた人たちである。彼らはまた多くの人たちから賞賛され，敬意を払われる存在でもある。しかし彼らはその後も，走り続け，研究を継続させ，芸術作品を作り続けようとする。多くの場合，その行動の背後にある動機は自己実現の必要によって喚起されたものといえる。

マズロー自身は以下のように述べている。“究極の幸せを得たいと思う限り，作曲家は音楽を作り続け，画家は絵を描き続け，詩人は詩を書き続けなければならない。こうあるべきだという気持ちがある以上，人はそこへ向かわざるを得ない。この必要のことを自己実現の必要とよぶ。(かなり意訳をしたので，以下に原文を載せる：A musician must make music, an artist must paint, a poet must write, if he is to be ultimately happy. What a man *can* be, he *must* be. This need we may call self-actualization; Maslow, 1943, p. 382)”

1－3　動機づけの理論：大理論とミニ理論

(1)　動機づけと理論

理論は大きく，**大理論**と**ミニ理論**とに分けられる。大理論は**巨視的理論(マクロ理論)**ともよばれ，人間行動の全体を包括的に説明しようとする。それに対してミニ理論は人間行動の一側面を，限定的に説明しようとする。大理論は人間行動一般を説明するが故に厳密性に欠け，検証困難なものが多い。一方ミニ理論は，理論を検証するための実験，調査が比較的容易であり，理論をより精緻なものに改訂していくことが可能である。現在，動機づけと情動に関する研究は，ミニ理論を中心に展開されている。

(2)　動機づけの大理論

動機づけに関する大理論は，**意志**(will)，**本能**(instinct)，**動因**(drive)という概念を中心に展開されてきた。意志を重視する考え方とは，人間行動は理性によって支配されているとする考え方(哲学)である。例えば，多くの人は，ダイエットに成功しないのは意志の力が弱いためだと考える。また，成績のふるわない子に対して親や先生は「やる気がないからだ」と説教をしたがる。これらも同様な考え方(“やる気は意志の力によってつくられる”)に基づくものといえる。

しかし人間行動は意志の力でどこまで説明していくことができるだろうか？この疑問に対して，ダーウィン(Darwin, C.)はまったく異なった観点からの説明を行った。ダーウィンは，(動物)行動は**本能**に基づくものであり，環境側に存在する刺激によって喚起されるとみなした。ダーウィンの考え方を引き継いだ**動物行動学(エソロジー)**の研究者らはこの刺激のことを**信号刺激**(リリーサー)とよび，信号刺激が生得的に準備された**本能行動**を生み出すとみなした。ダーウィンの影響を受け，人間行動を本能で説明しようとした最初の心理学者はジェームズ(James, W.)である。さらにマクドゥーガル(McDougall, W.)は，ジェームズの考え方を発展させ，**本能論**を展開させた。

本能論によれば，思考を含めた人間の心的活動や行動のすべては本能により決定される。本能が動機づけを喚起する源泉ということである。本能論を受け継いだ当時の心理学者らは，おおよそあらゆる人間行動を本能で説明しようと試みた(例えば，仲間と一緒にいたがる人は群れる本能: herd instinct が強く，一人で歩くのが好きな人は非社交的本能: antisocial instinct が強いと説明した)。その結果，本能のリストは6000を超えるまでになったという。

現代の視点からすると本能論はあまりにも思弁的であり，言い換えにすぎないと批判されよう。すなわち，行動を本能で説明しても，その本能は行動によってしか説明されないためである。

やがて心理学は本能に置き換わる概念として**動因**(drive)を用いるようになった。代表的な理論家としてフロイト(Freud, S.)とハル(Hull, C. L.)が挙げられる。フロイトは**精神分析学**を創始した人物であり，ハルは**行動理論**を提唱した代表的人物である。両者の研究手法は水と油のように対比されるが，行動が**動因低減**(緊張解消)によって強固なものとなっていくという考え方(**動因論**)においては一致する。すなわち，生活体の内的緊張状態(動因の高まり)が行動を動機づけ，その緩和・解消(動因の低減)が行動をより以上に強固なものにするという考え方である。

(3) 動機づけのミニ理論

動機づけのミニ理論は膨大な数を上げることができる。代表的なミニ理論を表 1-1 に示す。これらの理論の多くは，現在も引き続いて研究が進められており，そのいくつかは本書の他章でも取り上げられる。

ミニ理論全体の特徴として以下の諸点が挙げられる。第 1：人間行動の一面を限定的，詳細に取り上げている。第 2：認知プロセスを重視しており，それ故に人(人間)に限定的である。第 3：実生活に直接関係するものが多く，研究成果は臨床現場で応用されることが多い。第 4：情動のプロセスを組み入れたものが多い。第 5：大理論と比較して，理論から導かれた仮説を検証しやすく，より精緻な理論となっている。

(4) 心理学研究における理論の重要性

本章の最後に，心理学研究における理論の重要性にふれておきたい(図 1-6 参照)。研究は大きく基礎研究と応用研究に大別される(今田, 2015)。心理学の基礎研究は我々の日常生活から生み出されるものが多い。“人はなぜ○○す

表 1-1　さまざまな動機づけ理論(Reeve, 2009 を参考に作表)

理論(原語)	提唱者
期待価値理論(expectancy x value theory)	アトキンソン(Atkinson, 1964)
達成動機の帰属理論(attributional theory of achenement motivation)	ワイナー(Weiner, 1972)
認知的不協和理論(cognitive dissonance theory)	フェスティンガー(Festinger, 1957)
エフェクタンス理論(effectance motivation)	ホワイト(White, 1959)
フロー理論(flow theory)	チクセントミハイ(Csikdsentmihalyi, 1975)
内発的動機づけ(intrinsic motivation)	デシ(Deci, 1975)
目標設定理論(goal-setting theory)	ロック(Locke, 1968)
学習性無力感(learned helplessness theory)	セリグマン(Seligman, 1975)
リアクタンス*(reactance theory)	ブレム(Brehm, 1966)
自己効力感(self-efficacy theory)	バンデューラ(Bandura, 1977)
自己スキーマ(self-schemas)	マーカス(Markus, 1977)
親和動機(affiliation motive)	マレー(Murray, 1954)

*）リアクタンスとは「失われた自由を回復しようとする，または失われそうな自由を確保しようとする動機づけ状態」と定義される。

るのか？”という疑問は日々生まれてくる。それに対して多くの人は“なぜならば○○だから”という説明を行う。その説明において，使用する用語の厳密な定義と説明の仕方における論理的厳密性を与えることによって理論が生まれる。さらに付加するならば，多くの疑問はすでに先行する研究者らが何らかの説明を試みていることが多い。それら先行研究(理論)に言及することも新たな理論の提出においては重要な案件となる。

しかしながら理論はとりあえずの説明でしかなく，その理論が正しいと認められるためには，**実証データ**が必要となる。実証されない理論は空論にすぎない。なお，理論のすべてを検証することは困難であり，理論の一部あるいは理論から導かれる具体的な予想(**仮説**)が正しいかどうかを検証するのが一般的である。

実証データによって(部分的であっても)理論は検証される。実証データが予想(仮説)と異なるときは理論そのものの見直しが行われ，さらにその見直された理論が検証される。いうならば理論 → 仮説 → 実証データ → (再び)理論というループを回り続けることによって，理論はより精緻(せいち)かつ妥当性の高い，

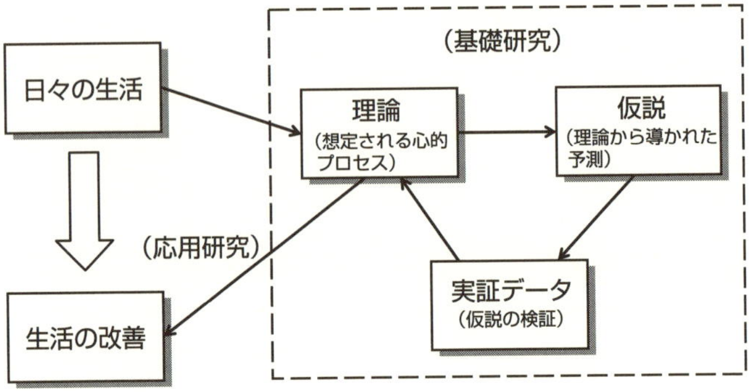

図 1-6　心理学研究における基礎研究と応用研究

確かなものとなっていくのである。

このような基礎研究の成果に基づいて，実生活や臨床の現場での理論の適用を試みるのが応用研究である。図には示していないが，応用現場から再び基礎研究へ戻るというフィードバックのループもある。例えば，基礎研究の成果が現場ではうまく適用されず，その原因となることがらの検討を基礎研究に求めるといったケースである。

現在の心理学研究は数多くの理論（ミニ理論）とその検証のための実証的研究によって成り立っており，日々，何十，何百もの研究論文が発表（公刊）されている。これら膨大な研究の積み重ねによって心理学は一歩一歩着実に，より確実な人間理解へと進んでいるのである。

■ 1章の引用文献

今田純雄　(2015). 心理学者ってどんな人？　中西大輔・今田純雄（編）　あなたの知らない心理学―大学で学ぶ心理学入門　ナカニシヤ出版

Maslow, A. H. (1943). A theory of human motivation. *Psychological Review,* **50**, 370–396.

Reeve, J. (2009). *Understanding motivation and emotion.*New York: John Wiley & Sons, Inc.

Richter, C. P. (1943). Total self regulatory functions in animals and human beings. *Harvey Lecture Series,* **38**, 63–103.

2 章　生物的動機

生命活動を維持し，自らが属する動物種を維持・発展させるための行動を生物的行動という。具体的には，食行動，摂水行動，体温維持行動，防御行動，攻撃行動，性行動，養育行動などが挙げられる。本章では主に，食行動，摂水行動，性行動を取り上げる。

2－1　飢餓感と食行動

(1)　飢餓感の糖恒常説と脂質恒常説

生物的行動の多くは，生物的動機によって生み出される。例えば食行動は，身体内で栄養が枯渇することによって，栄養を求めるという**生物的必要**が生じ，それが**生物的動機**である**飢餓感**を喚起させ，生みだされる(図 2-1)。

生体内の諸器官は，体温，血液量や血液成分などの内部環境を，生存に適した一定範囲内に保持しようとする性質(**ホメオスタシス**)をもつ。生物的行動はこのような生理的環境の恒常性維持を目的とする。身体を構成する体細胞が生

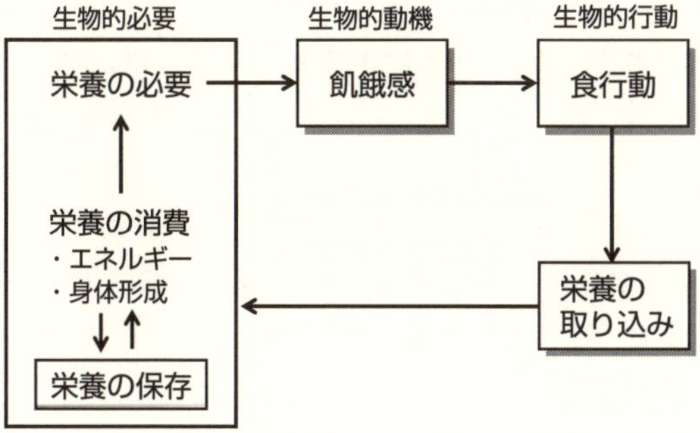

図 2-1　生物的行動としての食行動

命活動を行うためにはエネルギーを必要とする。このエネルギーは主に血液中を流れる**グルコース(ブドウ糖)**によって供給される。**飢餓感の糖恒常説**は，血中のグルコース濃度の低下が飢餓感を生み出し，食行動を喚起させ，食物を摂取することによって血中のグルコース濃度が上昇することによって満腹感が生み出される(飢餓感が低下する)という考え方である。すなわち食行動は，血液中のグルコース濃度を一定に保つ(ホメオスタシス)ための行動とみなすことができる。

飢餓感が喚起されたとしてもただちに食物を入手できるとは限らない。生物としてのヒトが生きてきた時間のほとんどは食物の入手が容易ではない環境であった。そのために我々の身体は取り込んだ栄養分を，一時的に，身体内に保存するしくみをもつようになった。腹部から臀部にかけては栄養保存を目的とした脂肪細胞が広がっている。食物の多くはグルコースに分解され，その一部は脂肪に姿を変え(代謝され)，脂肪細胞に蓄積される。脂肪細胞からは脂肪(遊離脂肪酸)が血中に流れ出し，エネルギーとして使用される。**飢餓感の脂質恒常説**は，血中のグルコース濃度の変化が短期の(1回ごとの)摂食行動を統制しているのに対して，血中の脂肪濃度が長期にわたる食行動を統制していると説明する。

糖恒常説，脂質恒常説ともにそれぞれ一定の値を維持しようとする内的しくみを仮定している。このような値のことを**設定値(セットポイント)**といい，この設定値は生得的あるいは生後早い時期に決定されるとみなされている。すなわち，設定値が高めの人はより多くの食物を摂取することになり，設定値が低めの人はより少量の食物を摂取することとなる。

エアコンなどにつけられているサーモスタットを思い出してもらいたい。夏場に26℃にセットしたとしよう。室温がそれより上がると冷気が吹き出し，それより下がると冷気の吹き出しは止まり，室温はほぼ26℃に維持される。比喩的にいえば，設定値とはエアコンにセットする値であり，冷気は食行動であり，室温は体重である。長期的に見て体重がほぼ一定の数値を維持しているのは(例えば通常，1年の内に体重が10 kg以上も変動することは起こらない)，飢餓感を喚起する設定値が安定して機能しているためである。

実験用動物の飼育室をのぞいてみよう。ラットやマウスといった齧歯類(げっしるい)が数匹ずつケージに入れられ，飼育用のエサ(乾燥したペレット状のものが主)と水が自由に摂取できるようにされている。成長期の動物は当然摂取量も増え，体重も増えていくが，その体重増加曲線はほぼ一定の幅で推移していく。病気になったり，実験的な操作を加えるということがなければ，体重は極端に減ったり増えたりすることはなく，ほぼ一定の値を維持していく。身体は，血中グルコース濃度と血中脂肪酸濃度をモニターし，ほぼ一定の体重を維持していくために，飢餓感をコントロールし，摂食量(栄養の取り込み)を短期，長期にわたりコントロールしていると考えられる。

(2) 社会・文化要因と食行動

人の食行動は飢餓感のみで喚起されるものではなく，**学習性動機**，**社会性動機**によっても喚起される(図**2-2**参照)。例えばたっぷりの食事をした後に，甘いニオイのするデザート菓子が出されるとつい手を出したくなるという人は多いだろう。大学のサークルや新しく就職した会社などで行われる新人歓迎会などで，先輩や上司がビールを注ぎに来れば断れないはずである。そこでは，栄養，水といった生物的必要が存在せず，飢餓感，渇感といった生物的動機も存在しない。しかし，あなたは甘いお菓子を食べ，注がれたビールに口をつけるであろう。

雑食動物であるヒトは，咀嚼(そしゃく)，嚥下(えんげ)の可能なものであればどのようなものであっても体内に取り込むことができる。しかし，栄養分を含まないものや毒性のあるものを取り込んでしまう危険がある。安全かつ栄養分のあるものを取り込むためには，何が食物であり何が食物でないかを知っている(学習する)必要がある。我々が食物に好悪をもつようになるのは，このような学習の結果である。

好きなものならいくらでも食べられるという人は多い。飢餓感がなくとも**食欲**(appetite)を覚えるという経験は誰しもがもっている。逆に空腹であるが(飢餓感はあるが)，食べたいものが思いつかないという経験をもつ人も多いはずである。我々は，生物的動機としての飢餓感だけでなく，何を食物とみなすか，何を好んで食べるかという学習を通じて，選択的な食物摂取欲(食欲)を獲得するようになる。飢餓感とは異なり，食欲に個人差が大きいのは，それが学習性のものであるためである。

さらに**社会性動機**と**認知判断**によっても食行動は喚起される(今田，2005)。先に述べた新人歓迎会や忘年会などの，自らが所属する集団，組織の集まりは，飲食それ自身を目的としたものというよりは，メンバー同士の親睦を高めるためのものである。飲食は親睦を高めるための手段であって，第1にくる目的ではない。このような，集団(組織)の**凝集性**を高めたい，集団内の他者との

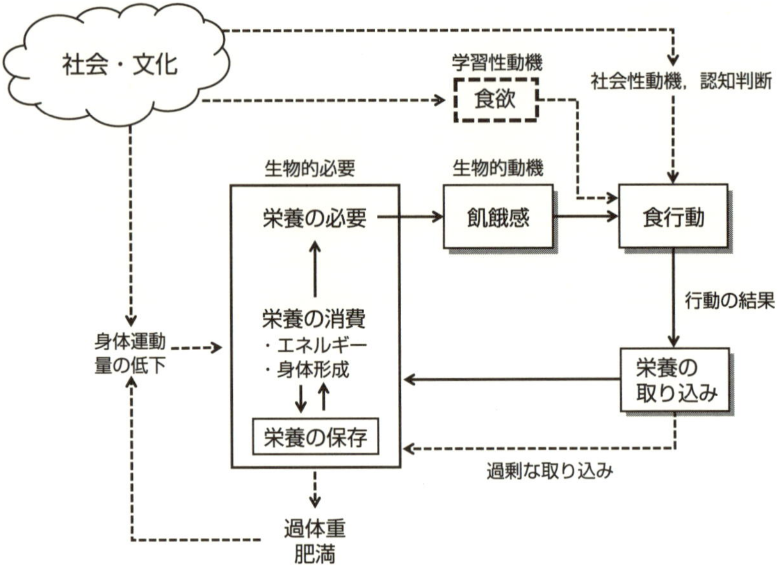

図 2-2　社会・文化要因と食行動

親睦を高めたい，知人や友人とより親密になりたいといった社会性動機によっても食行動は喚起されるのである。

テレビのグルメ番組を見ていると，行列のできる人気店がよく紹介される。そのような評判の店を知ると訪れてみたくなるだろう。また近年は，「○○は健康によい」，「○○は脂肪を燃焼させる」，「○○はコラーゲンがたっぷり」といった商品が頻繁に発売されている。あなたが商品を選ぶ時に，これらの宣伝文句が決め手になっていないだろうか。「低カロリー」「低脂肪」と書かれていても，何との比較で低いのか，どの程度低いのかが明瞭に示されていないにもかかわらず，ついついそちらの商品に目移りしてしまわないだろうか。

このような認知判断に基づく食行動は食の安全，食の効用といった側面だけでなく，その経済性においても見られる。例えばあなたは，牛丼チェーン店で食べられる380円の牛丼と老舗すき焼き店で出される1800円の牛丼のいずれを選ぶだろうか。コストパフォーマンスを優先する人は前者を選び，「老舗」という付加価値を尊ぶ人は後者を選ぶだろう。このような経済性の判断もまた認知判断に含まれる。

コラム 2-1　人はなぜ食べるのか？

「人はなぜ食べるのか？」という問いに「お腹が空いたからに決まっているじゃないか」という答えをするようでは筆者の担当する授業の単位はとれないだろう。人が食べる理由は数限りなくあるためだ。

仕事や部活などの帰りに，「今度一緒に食事をしましょう」という会話をしたことのある人も多いだろう。このときの食行動は友人との親交(親密さ)を高めるために行う社会的な食行動である。同じように，子どもの食育でよく問題とされる孤食について考えてみよう。食事が単なる栄養摂取行動ではなく，コミュニケーションなどを通じて，食文化や食の楽しみを伝える場であると考える人は多い。それ故に，孤食というたった一人の，孤独な食事が問題視されるのだ。

食は自己アピールの場でもある。プリナーら(Pliner & Chaiken, 1990)は，他者と一緒にクラッカーを好きなだけ食べるという実験を行った。その実験に参加した女性は，魅力的な男性(他者)と同席した場面では，食べる量が減ったのである。プリナーらはその後に行った別の実験で，魅力的な男性と食卓を共有する場面では，女性は健康的でカロリーが少なそうなメニューを選ぶということも見いだしている。食は自己を表現する場でもあるのだ。

私たち自身の生活を振り返っても，共食者によって飲酒量が増えたり(減ったり)，選ぶメニューが違ったりすることが多いはずである。これらのことから，人は食事のときに，自分の生理的な欲求を満たすためだけに食べているのではないことがわかる。

食は楽しみでもある。行列のできるラーメン店に何時間も並んで食べる，誰も行かないような秘境においしいパン屋があると聞けば足を運びたくなる，旅行で香川県に行けばレンタカーを借りてうどん屋巡りをするなど，食べるという行為はレジャーの一つとなっている。うどん屋巡りなど，最初の1軒か2軒ではまだおいしく味わえるが，3軒目となると，うどんを口にすることすら苦痛になってくる。これらの行動は生物的必要からでは到底説明できない。それとは一線を画しているといえよう。

最後に，テレビ局の協力を得て行った我々の実験を紹介しよう。バイキング形式で料理を食べた場合，固定した(決められた)メニューでの食事に比べて，より満腹感を感じた。しかしながら，バイキング形式で食べたものの摂取グラム数も摂取カロリー量のいずれも，固定した(決められた)メニューで食べた時よりも少なかった。たくさんのメニューから自由に選べる，視覚や嗅覚の刺激を多く受けるといった心理的満足感が，身体で感じる（はずの）満腹感に強く影響したのだろう。

さて，人はなぜ食べるのか？この問いへの答えは「一言では表せません」が正解である。

〈引用文献〉

Pliner, P., & Chaiken, S. (1990). Eating, social motives and self-presentation in women and men. *Journal of Experimental Social Psychology*, **26**, 240-254.

(3) 飽食環境と食行動

進化の長い時間を生き抜いてきたヒトは，個体レベルでの健康的生存と種の生存維持(子を生み，育て，子孫を後生に残すこと)を最大の目標としてきた。しかしながら進化の長い期間，ヒトが晒(さら)されてきた環境は，個体レベルでの健康的存在を危うくするだけでなく，種の維持すらも困難とするものであった。干ばつなどの自然災害だけでなく，疫病，戦争など死は身近なものとして存在した。

農耕・牧畜が始まり，四大古代文明が誕生し，比較的安定した食料生産及び流通が可能となって以降も地球人口はせいぜい5億人までであった。しかし産業革命以降，人口は急速に増加し，20世紀に入ってからは加速度的に増加し，現在では70億人を超えるまでになった(図**2-3**)。人類史という時間軸からすると，一瞬にしてヒトという生物種が地上に繁殖したということになる。

この加速度的な人口増を可能とした第1の理由は医療の発展による死亡率の低下(感染症ならびに乳幼児の死亡率低下)である。第2の理由は，化学肥料の発明とその効果的な使用による穀物の増産である。第3の理由は，効率的な食物生産と流通システムの発展である。これらのことによって，今や70億人の地球人口を支えて余りあるほどの栄養供給が可能となった。

現在，多くの先進国では国民一人当たりが必要とする熱量をはるかに上回る熱量が供給されている。過剰な食物が比較的安価に供給されるという**飽食環境**

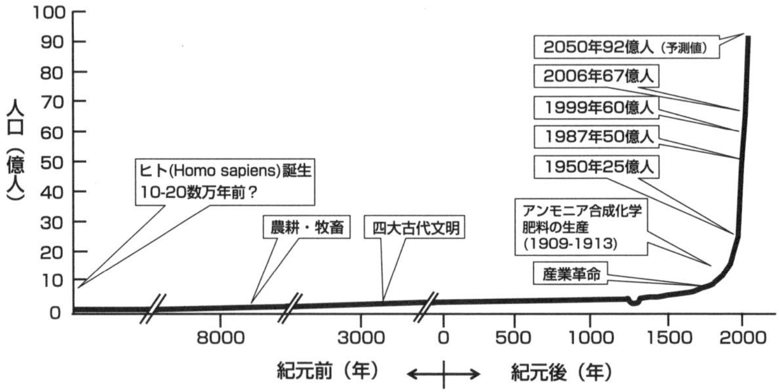

図 2-3　世界人口の推移
(UNFPA(国連人口基金) 東京事務所作成の世界人口推移グラフをもとに作図)

に現代人は生きている。

しかしながら我々ヒトが，長い進化の時間を通じて獲得してきた**身体の知恵**はこのような飽食環境を想定したものでなかった。食行動は生物的動機である飢餓感によってはコントロールしきれず，体重調節の設定値説が想定したような長期にわたる体重の安定維持も困難となった。結果として，飽食環境にある多くの国々では，過食による**過体重者**と**肥満者**の増加が顕著となった。

2009-2010年にアメリカの成人男女5926人を対象に行われた健康栄養調査(NHANES)の結果によると，平均BMIは男女ともに28.7であった(Flegal et al., 2012)。BMIとは体重(kg)を身長(m)の2乗で割ることによって算出される数値である。よって身長が170cm, 160cm, 150cmの人ならば，BMI = 28.7となる体重はそれぞれ82.9kg，73.4kg，64.5kgとなる。アメリカにおける肥満の基準はBMIが30以上であるので，その基準で肥満者の割合を算出すると，男性の35.9%，女性の36.3%が肥満者となる。

なお，日本の肥満の基準はBMIが25以上であり，これはアメリカでは過体重の基準となる。そこで，アメリカ成人の過体重者＋肥満者(BMI ≧ 25)の割合を求めると，男性の74.1%，女性の64.5%となる。すなわちアメリカ成人男性の4人に3人，女性の3人に2人が，日本基準での肥満者となる(平成24年に行われた国民健康栄養調査の結果では，日本人成人で，BMIが25以上である者の比率は，男性で29.1%，女性で19.4%であった。日米間に見られる

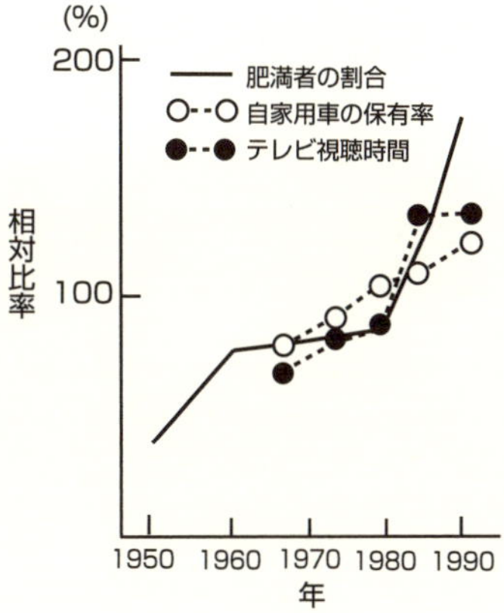

図 2-4　イギリスにおける肥満者の増加と生活環境の変化
(Prentice & Jebb, 1995より作図)

コラム 2-2　食欲だけでは決まらない？人間の社会的食行動

食欲はヒトの基本欲求であるものの，食事における人間のふるまいはそのような生理的・認知的欲求のみならず，社会的・文化的な要因に規定される部分も多い。とくに「何を」「どの程度」食べるかという意思決定には社会心理学的な動機が深く関与することが知られている。ここではその一例として，他者と一緒に食事をすることが個人の食行動に及ぼす影響について紹介する。

まず，相手に対する自分の印象を良いものにしようとする自己呈示動機が食品選択に影響する。例えば，大学生を対象とした調査（Amiraian & Sobal, 2009）や学生食堂での観察（Young et al., 2009）において，女性は男性と食事をする際にはサラダなどの低カロリー食品を選択しやすいことが示されている。これは「低カロリー食品を食べる人は女性的」という社会規範に基づく印象操作と解釈される。同様に，ステーキやラーメンのような高カロリー食品は「男性的」という印象が抱かれやすく，これらの外食産業では女性客にも気軽に入ってもらえるような店づくりに苦心している。

また，自己呈示動機の他に他者存在が食行動に影響を及ぼす要因として，社会的促進と社会的モデリングが挙げられる（Salvy et al., 2012）。前者は他者がいることによる覚醒度の上昇などの要因により食事量が増えることであり，後者は場の規範や相手との関係調整を意図して自己の食事量を相手の食事量にあわせる行為をさす。いずれも集団での食事における個人の食行動が，食欲だけでは決まらないことを示唆している。

このような社会的食行動について，ハーマン（Herman, C. P.）らは「もしも何の抑制も存在しないのであれば，人間は自分がおいしいと思う食品を，食欲が満たされるまで食べ続けるであろう」と述べている（Herman et al., 2003）。言い換えると，我々は日常的に食欲と社会規範とのバランスをとりつつ，他者とのかかわりの中で「何を」「どの程度」食べるかを決めているのである。

〈引用文献〉

Amiraian, D. E., & Sobal, J. (2009). Dating and eating. Beliefs about dating foods among university students. *Appetite*, **53**, 226-232.

Herman, C. P., Roth, D. A., & Polivy, J. (2003). Effects of the presence of others on food intake: A normative interpretation. *Psychological Bulletin*, **129**, 873-886.

Salvy, S. -J., de la Haye, K., Bowker, J. C., & Hermans, R. C. J. (2012). Influence of peer and friends on children's and adolescent's eating and activity behaviors. *Physiology & Behavior*, **106**, 369-378.

Young, M. E., Mizzau, M., Mai, N. T., Sirisegaram, A., & Wilson, M. (2009). Food for thought. What you eat depends on your sex and eating companions. *Appetite*, **53**, 268-271.

この大きな差異についてはまだ十分な説明がなされていない)。

図 **2-4** は，1950 年以降のイギリスにおける，肥満者の増加と生活環境の変化を示したものである(Prentice & Jobb, 1995)。自家用車の保有率とテレビ視聴時間が，肥満者の増加とみごとに関連し合っていることがわかる。

近年の，肥満者の急激な増加は，食行動が生物的動機によっては十分にコントロールされていないことを示している。飽食環境は，人類の長い歴史の中には見られなかったものであり，それ故に，進化の長い時間を通じて獲得してきた身体の知恵では対応しきれていないのである。

2－2　渇感と摂水行動

(1)　生命活動と水

生物としてのヒトがその生命活動を維持する上で最優先される行動は酸素(空気)の取り込みであり，それに続くものが水の摂取である。酸素が取り込まれなくなると数分で死亡し，水が取り込まれなくなると 3〜4 日で死亡する。

水の流動性は高く，普通に生活をしている男性ならば一日に 2.5 リットルほどの水分が排出され(ほぼ半量が尿，残りが糞便，汗など)，当然のことながらほぼ同量の水分を取り込んでいる。身体内の水分量は，年齢，健康状態，体重，性によって大きく変わるが，成人では体重の 60-70%にも及ぶ。その 60%ほどは細胞内に，残る 40%が細胞外に存在する。また，細胞外に存在する水の約 1/5 は血液にある(図 **2-5** 参照，磯，2007)。

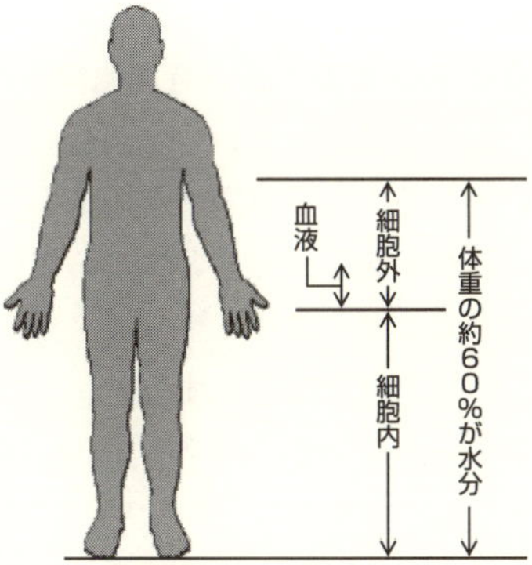

図 2-5　身体の水分量(磯, 2007 に基づき作図)

血液は体内を循環し，さまざまな組織で算出された老廃物を運搬し，腎臓の糸球体で濾過される。その際に生み出されるのが尿である。また，摂取された食物は消化吸収の最終段階として大腸において水分が取り込まれるが，その残存物はまだかなりの水分を含んでおり，糞便として排出される。

激しい運動を行った時の発汗量は1時間あたり1.5から2.0リットル近くに及ぶ(橋本，2012)。マラソン競技を見ていてもわかるように，随時水分を補給しなければ脱水症をひきおこしてしまう。摂取した食物を消化吸収する際にも一定量の水分が必要となる。ラットの場合，食物と水の割合は胃でほぼ1:1であり，腸で1:3である。水が十分に供給されないと食物の摂取量は減少する。また塩分濃度の高い飲みものや食物を摂取すると，細胞膜の浸透圧が高まり，それを安定化させるためにより以上の水分を取り込む必要が生じる。

過剰に摂取された水分は主に尿として排出されるが，人の腎臓の利尿速度には限界があり，限界を超えると身体内の水分が過剰となり，低ナトリウム血症などを引き起こす**水中毒**に陥る。

(2)　ホメオスタシス性の摂水行動

身体をつくる細胞は一定の水分量を維持しようとしている。しかしながら細胞外液の水分濃度が変化すると，細胞内の水分濃度も変化する。例えば交通事故に遭い出血したとする。細胞外液(血液を含む)が流れ出ることにより浸透圧が高まり，細胞内の水分も失われていく。そのために，出血が血液総量の10%を超えると渇感が生じる(Fitzsimons, 1990)。

また，塩分濃度の高い飲料や食物を摂取すると，細胞外液の塩分濃度が高まり，細胞膜を通じて細胞内の水分が細胞外へ出ていく。細胞内の水分はわずか1〜2%減るだけで渇感を生じさせる。長い時間水分を取り込まないでいると，細胞外液，細胞内ともに水分が低下していき，同様に渇感を生じさせる。

ホメオスタシス性の摂水行動は，細胞内の水分量を一定に保つという生理的必要が生じた場合に，渇感が喚起されることによって動機づけられる摂水行動である。また，水を摂取することによって生理的必要が満たされると渇感は低下し，ホメオスタシス性の摂水行動は停止する。

なお，このようなホメオスタシス性の摂水行動は，目標が水の場合に当てはまるのであり，摂取されるものがアルコール飲料や清涼飲料水の場合にはあてはまらない。アルコールやカフェインを含む飲料は腎臓での利尿速度を上昇させる効果があり，水分の排出量も増えるためである。渇感を効率よく満たすのは水であるといえよう。

(3) 非ホメオスタシス性の摂水行動

あなたは，食事の際に水(あるいはさまざまな飲みもの)を摂取しているだろうか？食物の消化・吸収には一定量の水を必要とするが，それは食物を摂取して数時間後のことである。生理学的には，食物摂取と同時に水分を取り込む必要はない。にもかかわらず多くの人は食事の際に水を摂取している。

食物を摂取すると**インスリン**というホルモンが分泌される。このホルモンは食事によって上昇した血糖値(グルコース濃度)を下げるはたらきがあるのだが，同時に渇感を喚起する作用をもつ(Vijande et al., 1990)。その結果，食事中に水分を取り込みたくなるのである。

一方，このような身体内の生理機構とは別に，学習性の**予期的摂水行動**が生じている。我々は生まれて以降，数限りなく食物を摂取してきた。その経験を通じて，食事の後に身体は水分を求めるということを学習してきたのである。すなわち，食事の際の摂水行動は，数時間後に必要とされる水分を前もって摂取しておこうとする予期的摂水行動だといえる(Rolls & Rolls, 1982)。

さらに，非ホメオスタシス性の摂水行動として，**スケジュール誘導性多飲症**(schedule-induced polydipsia, SIP)が知られている。これは，空腹のラットを**間欠強化スケジュール**下におき，水を自由に摂取できるようにしておくと，ラットは通常の何倍もの水を摂取するようになるという現象である(Falk, 1961)。間欠強化スケジュールとは，食物遮断下で，反応をしてもなかなかエサが得られず，間欠的にしか強化されない(エサが与えられない)というものである。フォーク(Falk, 1971)は，スケジュール誘導性多飲症は，飢餓感が渇感に転移したことによって生じる現象であると説明した。

最近は多くの人がペットボトルを持参し，どこにいても頻繁に口にしている。また飲酒行動を観察していると酒のアテを不定期に口に運びながら，お酒を飲み続けている光景を目にする。これらの摂水行動(飲酒行動)はホメオスタシス性の摂水行動とはいいがたく，スケジュール誘導性多飲症と同様に，なんらかの強化スケジュールによって生じた**付随行動**である可能性が強いとみられる。

2-3　性 動 機

(1)　性ホルモンと成人の生殖行動

代表的な男性ホルモンである**テストステロン**は精巣(睾丸)から分泌される。懲役期間を減ずることなどを条件に精巣切除に同意した157名のノルウェー人を対象とした研究によれば，精巣を切除すると，性的関心と性的行動は大幅に低下した(Pinel, 2003 佐藤他訳 2005)。この研究で注目されることはその低下の程度と期間に個人差が大きかったという点である。精巣切除後，勃起能力が急激に失われた者がいる一方で，数週間にわたって性交が可能な者もいた。精巣を切除すれば精巣由来のホルモン(テストステロンなど)は分泌されず，体内に残っているホルモンも数日で消失していく。この研究は，精巣で分泌される性ホルモンが性的関心と性的行動に大きな影響力を与えていることを示す一方で，男性の性的行動のすべてを精巣由来の性ホルモンによって説明することのできないことを示している。

ヒトを含む多くの動物のメスは，**排卵周期**をもつ。ヒト以外の動物は，排卵周期に連動した**発情周期**をもつがヒトの場合は必ずしもそうではない。女性の性衝動や性行動は，他の動物に見られるような，月経周期(排卵周期)との密接な関連性が見られない。むしろ，健康な女性の性的欲求は，女性らしさ(乳房の発育，卵巣での排卵など)をうながす女性ホルモン(**エストラジオール**)よりもテストステロン(男性は精巣から分泌されるが，女性は卵巣から分泌される)との相関が高いといわれる(Morris et al., 1987)。

生殖行動は生物的行動である。しかし，ヒトの生殖行動は生物としてのしくみ，すなわち性腺から分泌される性ホルモンによって喚起される性衝動によってそのすべては説明できない。食行動，摂水行動同様に，個体レベルでの学習，さらにはその学習の内容を方向づける社会文化要因の影響が大きい。

(2)　社会文化要因と性行動

生殖行動は種の維持に必須である。しかしながら，食行動，摂水行動とは異なり，個のレベルにおける生存維持にとっては必要不可欠な行動ではない。さらに食行動，摂水行動が個のレベルで完結する行動であるのに対して，生殖行動は必ず配偶者を必要とする。すなわち生殖行動は社会的行動としての側面をもつ。

我々の生殖行動はそれ自体が単独で生起するものではなく，恋愛感情，親密感，一体感といった情動体験をともなって生起する。それ故に，配偶者に誰を選ぶか(選ばないか)，生殖行動に至る前にどのような行動をとるか(とらないか)，生殖行動後に，特に妊娠，出産が後続した場合，どのような行動をとるか(とらないか)といった性関連行動に社会文化要因の果たす役割は大きい。

もっとも顕著な例は近親者(親子，きょうだい)を配偶者とすることの**禁忌**(きんき)**(タブー)**である。染色体や遺伝子に関する科学的知識が得られるよりもずっと以前から，近親者間に生まれた子に障害がでやすいということは知られていた。多くの社会では近親婚を禁止することによって，ヒトとしての種の生存を図ってきたのである。禁忌とは，何かをしてはならないという社会，文化内での決まりごとであり，個人や共同体における行動のありようを規制する**文化的規範**である。

社会，文化が異なれば生殖行動に関連する禁忌は異なるし，社会，文化の進展によって禁忌の内容も変わっていく。図 **2-6** は，アメリカにおける婚前性交に関する調査結果を経時的に示したものである(Hopkins, 1977)。1960 年あたりまで，男性の婚前性交の経験者は 50%ほどであり，女性のそれは男性よりもはるかに低かった。しかし 1960 年代後半より男女ともにその比率は上昇し，特に女性の上昇が顕著であることがわかる。この急激な変化の背後には，女性の性的解放を重視した**女性解放運動**(**ウーマン・リブ**)があったと考えられている。(1974 年は男女ともに低下したが，これはエイズが広まったことによるも

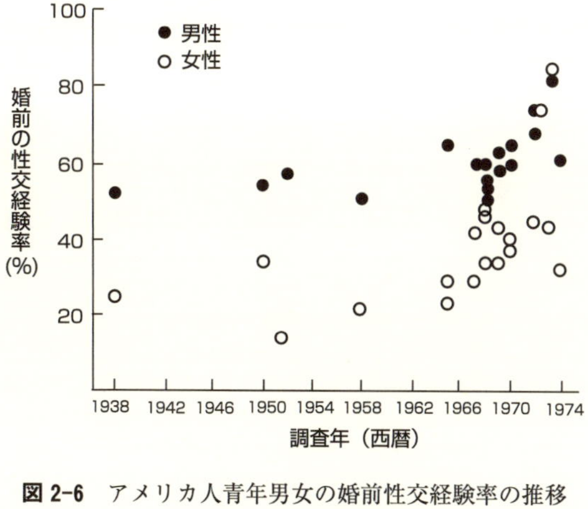

図 2-6　アメリカ人青年男女の婚前性交経験率の推移
(Hopkins, 1977 より作図)

のと考えられる)。

社会，文化の変化にともなって，性に関する文化的規範も変化していく。日本でもかつては，既婚女性が配偶者以外の者と性交渉をもつ行為(不倫)は姦通罪として罰せされたが，現在ではそうではない。また世界に目をやれば，同性婚を合法化する国々も増加しつつある(日本においても，東京都渋谷区区議会が「結婚に相当する関係」と認める証明書を発行するという条例案をまとめ，2015年3月に可決された)。こういった法令変更の背後には，性に関する文化的規範の変化があるといえよう。

ヒトの生殖行動は，性腺から分泌される性ホルモンにより喚起される性動機によるものであるが，生殖行動そのものは，社会，文化によって規定された性関連行動の一部として生起するものであり，社会行動，文化行動としての側面が大きい。それ故に，同性婚という生殖行動を真っ向から否定する性行動も起こりうるのである。

■2章の引用文献

Falk, J. L. (1961). Production of polydipsia in normal rats by an intermittent food schedule. *Science,* **133**, 195-196.

Falk, J. L. (1971). The nature and determinants of adjunctive behavior. *Physiology and Behavior,* **6**, 577-588.

Fitzsimons, J. T. (1990). Thirst and sodium appetite, In E. M. Stricker (Ed.), *Handbook of Behavioral Neurobiology:* Vol. 10. *Neurobiology of food and Fluid Intake.* New York: Plenum.

Flegal, K. M., Carroll, M. D., Kit, B. K., & Ogden, C. L. (2012). Prevalence of obesity and trends in the distribution of body mass index among US adults, 1999-2010. *JAMA*, **307**, 491-497.

橋本壽夫 (2012). スポーツによる発汗量と塩損失量 〈http://www.geocities.jp/t_hashimotoodawara/salt6/salt6-12-07.html〉(February, 18, 2015)

Hopkins, J. R. (1977). Sexual behavior in adolescence. *Journal of social issues,* **33**, 67-85.

今田純雄 (2005). 食べることの心理学—食べる，食べない，好き，嫌い　有斐閣

磯博行 (2007). 飲む—あなたは何をどのように飲んでいますか?　二瓶社

Morris, N. M., Udry, J. R., Khan-Dawood, F., & Dawood, M. Y. (1987). Marital sex frequency and midcycle female testosterone. *Arichives of sexual behavior,* **16**, 27-37.

Pinel, J. P. J. (2003). *Biopsychology.* 5th ed. Boston: Allyn and Bacon. (佐藤敬他(訳) (2005). バイオサイコロジー—脳 心と行動の神経科学　西村書店)

Prentice, A. M., & Jebb, S. A. (1995). Obesity in Britain: Gluttony or sloth? *BMJ,* **311**, 437-439.

Rolls, B. J., & Rolls, E. T. (1982). *Thirst.* Cambridge, NY: Cambridge University Press.

Vijande,M., Lopez-Sela,P., Brime,J. I., Bernardo, R., Diaz, F., Costales, M., & Marin, B. (1990). Insulin stimulation of water intake in humans. *Appetite,* **15**, 81-87.

3章　内発的動機

この教科書を使って授業を受けている大学生が，今，先生からこのようなことを言われたら，どんな行動をとるだろう。

「あなた方の受講態度はとても良いので，まだ全15回の授業は終わっていませんが，この時点であなた方を全員合格，しかも100点とします。以後の授業は出席してもしなくてもどちらでもかまいません。」

大半の学生は，「やった！　サボれる」と喜び，次回以降は出席しなくなるだろう。しかし「授業の内容に興味があり，勉強になるので出席します」などと言ってくれる学生が少しでもいてくれたら，授業担当者としては相当にうれしい。後者の学生の出席行動のように，それが外在的な報酬につながらなくても，自らの興味，関心，好奇心によって駆り立てられる行動は，確かに存在する。このような行動を支える動機を，**内発的動機**(intrinsic motive)とよぶ。これに対して，個人にとっての外在的報酬を求めて行動する際の動機を**外発的動機**(extrinsic motive)とよぶ。

3－1　内発的動機の定義

そもそも内発的動機づけ理論が提唱されるようになったのは，1章でふれた「動因低減説」への反論としてであった。ヤング(Young, P. T.)による初期の定義では，「基本的欲求の充足を目的としない能動的な動機づけ」が内発的動機づけであるとされた(Young, 1961)。また，認知的動機づけ理論では「情報収集とその体制化を目標とする」動機づけとされ，やはり生物学的要因から切り離された動機とされている(Hunt, 1965; Berlyne, 1971)。

そして現在，内発的動機に関する理論として，より包括的で主流となっているのは，デシ(Deci, E. L.)による**認知的評価理論**である(Deci, 1975)。この理論では，内発的動機づけは，有能さ(コンピタンス)と自己決定への欲求に基づく動機づけと定義される。この理論は，ロッター(Rotter, J. B.)が提唱した内的統制型，すなわち**統制の位置**(locus of control)(Rotter, 1966)が自分の内側にあるという視点と，ホワイト(White, R. W.)らが提唱したコンピタンス(White, 1959)の視点を統合したものといえる。

以上をまとめると，内発的動機とは**自律性**をもち，当該活動自体を目標とし，その活動に従事することを快と感じ，課題を達成すれば**有能感**が生じる動機づけ，といえる。

3－2　内発的動機の分類

内発的動機には，**感覚動機**，**好奇動機**，**達成動機**などがある。ここでは感覚動機と好奇動機について紹介し，達成動機については4章で紹介する。

(1)　感覚動機

もし人間の動機づけが外発的なものだけだったとしたら，人間は必要がなければ行動しないということになる。それでは，「見ることも聞くことも必要ない，何もしなくてもよい状態」は，怠(なま)けるのが大好きな人間にとっては最高な状態だろうか。**感覚遮断実験**(Heron, 1961)とよばれる実験では，実験参加者に報酬を支払って「何もしないこと，何も感じないこと」を求めた。

図**3-1**は，実験装置を天井から見たところである。両手による感覚を遮断するために手には筒(つつ)をはめられ，眼には半透明のアイマスクがかぶせられ，明る

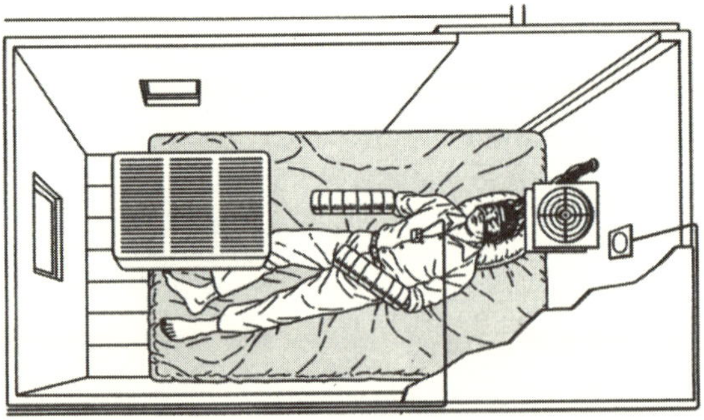

図3-1　感覚遮断実験に用いられた「小部屋」

さだけは感じるが形の知覚はできないようにされた。耳はフォーム・ラバーの枕で覆われ，音は聞こえない。食事とトイレのときだけは，筒もアイマスクも外された。この状況下では，実験室に入れられるとまもなく眠ってしまう実験参加者がほとんどであった。目を覚ますと，だんだん落ちつきがなくなり，不快感が続く。刺激を求めて独り言を言ったり，歌を唄ったり，口笛を吹いたりする。過去のことを思い起こしたり，映画の一場面を想起したりもする。少しだけアイマスクを外すことを許して電話帳を与えてみると，特に目的もないのに電話帳をむさぼるように読んだ。また，ラジオを渡して株価情報を聞かせたところ，株に興味があるわけでもないのに，社名と数字が延々と続くだけの放送を一生懸命に聞いたと報告されている。結局，1 日 20 ドルの報酬を受けたにもかかわらず，この実験の参加者のほとんどは，わずか 2～3 日で実験の中止を申し出た。なかには，何日もこの状況を耐えた参加者もいたが，後半には幻覚が見え始め，結局リタイアすることになった。

この実験が明らかにしたのは，人間には「何か刺激がほしい。何かを見たい，何かを聞きたい」という動機があるということである。これは**感覚動機**(sensory motive)とよばれ，内発的動機研究の出発点となった。

(2) 好奇動機

好奇心はどんな刺激によって生じるのだろうか。幼児の知覚的好奇心を生み出す条件として明らかにされているのは，複雑さ，急激な変化，不一致(incongruency)である(Berlyne, 1957)。図 **3-2** に示された一連の刺激は一つずつ参加者に提示され，動物シリーズでは 2 と 4，鳥シリーズでは 3 と 5 の絵の中に不一致である部分(例えばラクダの体にライオンの頭など)が含まれてい

図 3-2 Berlyne(1967)が用いた刺激系列

る。これらの刺激を提示された時，幼児はより長い時間注視した。これらの要因の効果は，繰り返し提示されると徐々に小さくなることが知られているため，まとめて**新奇性**とよばれ，刺激の物理的特性よりもむしろ認知的特性が動機づけに影響することを示している。このように，新奇なものを求めて行動を引き起こす内発的動機は好奇動機とよばれる。

3－3　内発的動機に関する理論

(1)　コンピタンス

上記のような内発的動機に関して，ホワイトは**コンピタンス(有能さ)**に注目して概念化を行った(White, 1959)。コンピタンスとは，“周囲の環境と効果的に相互作用する能力”と定義され，コンピタンスへの欲求(need)は，人間の基本的な欲求であるとした。したがって，人間は，**効力感**(feeling of efficacy)を感じるために行動を開始し，結果として効力感が充足されればその行動は持続する。このような動機づけはエフェクタンス(effectance)動機づけとよばれ，内発的動機づけ理論の先駆けとなった。ホワイトが提唱したコンピタンスという構成概念に関して，ハーター(Harter, S.)はその測定尺度を作成した(Harter, 1978, 1981)。その結果，**挑戦**(challenge)，**好奇心**(curiosity)，**達成**(mastery)という3つの下位概念を明らかにした。つまり，難しい課題に挑戦し，いろいろな課題に好奇心をもち，自分の力でやり遂げることで有能感は得られるというのである。

(2)　アンダーマイニング効果

このように，初期の内発的動機づけ理論では，外在的な報酬以外の自己目的的な興味や有能感を中心に置いていた。しかし，行動主義が影響力をもっていた1960年代においては，行動と報酬の随伴性こそが動機づけの源泉であるという考えが優勢であった。つまり，内発的動機は，外からの報酬に基づく外発的動機づけを補完する程度のものでしかないと考えられていたのである。では，子どもの頃に誰もがもっていた好奇心や意欲が，学校で学ぶようになると次第に失われていくのはなぜだろう。この疑問に対して，デシは内発的動機が年齢とともに低下してしまうのは報酬による統制が原因であると考え，自発的に取り組む活動に対して外的報酬が及ぼす効果を探る実験を行った(Deci, 1971)。

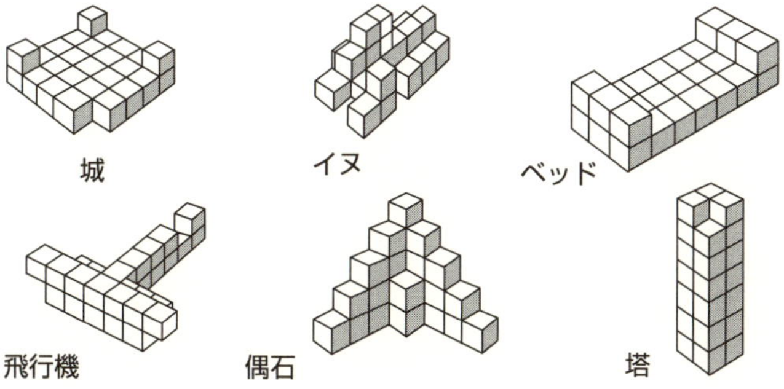

図 3-3　実験で用いられた立体パズル(Deci, (1971)

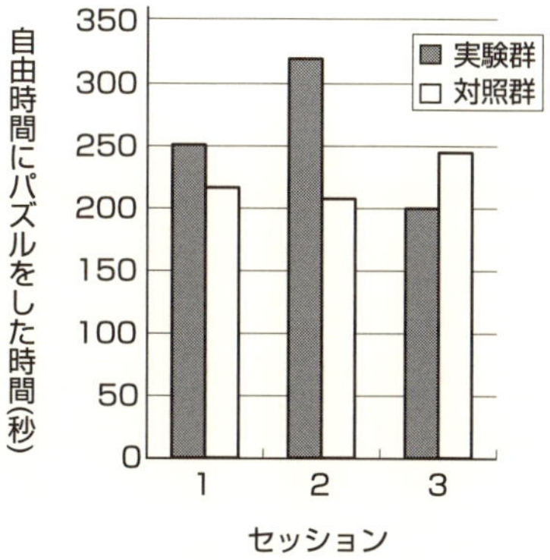

図 3-4　Deci(1971)の実験結果

実験では，7片のパーツからなるパズルが実験参加者に渡され，それらをうまく組み合わせて一つのまとまった図形をつくるように求められた(図 **3-3**)。

実験は，実験群と統制群の2群構成で行われ，途中で休憩をはさみ，1回13分のセッションが3回実施された。第2セッションの開始に先立ち，実験群に対してのみ，成功すれば報酬として1ドルが支払われると告げられた。

この実験でデシが測定したのは，セッション間の休憩時間中に実験参加者がパズルを触っていた時間であった。図 **3-4** がその結果である。第2セッション終了後の休憩時間においては実験群が統制群よりも，より長くパズルに触っていたことがわかる。実験群の参加者らは1ドルの報酬を得るために休憩する間を惜しんでも課題に取り組んでいたのである。ところが第3セッション終了後の休憩時間においては実験群の落ち込みは大きく，統制群よりもパズルに触る時間が短くなった。もともと第1セッションでは両群とも金銭的報酬をもらえなかったのだから，その行動の動機は「そうしたいからそうする」という内発的動機といえる。ところが，いったん外的報酬が与えられてしまうと，実験群の参加者が示したように，報酬のない状態では内発的動機づけが低下してしまうのである。この結果は，「ひそかに阻害する(下を掘る)」という意味で**アンダーマイニング**効果(undermining effect)とよばれた。

この現象は，**過正当化効果**(overjustification effect)ともよばれ，子どもでも確認されている(Lepper, Greene, & Nisbett, 1973)。絵を描くことが好きな保育園児を実験参加者として3つの実験条件を設けて実験を行った。第1の条件(報酬予期群)では，「よくできた子には賞状をあげるよ」と教示して，実験に参加した園児が絵を描いた後に賞状(外的報酬)を与えた。第2の条件(予期しない報酬群)では，外的報酬を与えることの約束をせずに，課題終了後いきなり報酬を与えた。第3の条件(報酬なし群)では，外的報酬を与えることの約束もなく実際に賞状も与えられなかった。2週間後の自由時間に，内発的動機づけの指標として絵を描いている時間を測定した。その結果，報酬予期群は報酬の約束がされていなかった他の2群に比べて，絵を描く時間が減少していることが明らかになった。デシの実験と同様，本来は行動そのものが報酬であったにもかかわらず，それに対して外的報酬を与えることによって，その行動が外的な報酬を得るための手段とみなされるようになったのである。

この実験からわかったことは，内発的動機づけを低減させていたのは報酬そのものではなく，「報酬に対する期待」だということである。このような報酬の予期による内発的動機づけの低下を説明したのが，**認知的評価理論**(cognitive evaluation theory)である(Deci, 1975)。

(3)　認知的評価理論

認知的評価理論では，自らの行動の原因は自分であると知覚している場合に，人は内発的に動機づけられるが，逆に他者から統制されているという感覚をもっている状態では外発的に動機づけられるとされる。アンダーマイニング効果は，外的報酬によって統制されている感覚が生まれ，行動を開始する原因が自らにあるといった感覚が低下させられた効果と考えられる。デシは，「自らが自らの行動の原因でありたい」といった欲求を**自己決定**(self-determination)**への欲求**とし，コンピタンス(有能さ)への欲求とともに内発的動機の中心概念と考えた。

認知的評価理論では，報酬などの外的要因によって自己決定や有能さの認知がどのように変化し，内発的動機づけに影響するのかを説明している。外的要因には制御的側面と情報的側面がある。制御的側面とは，その報酬によって自身の行動が他の人からコントロールされている感覚である。この制御的側面が強く認知されて自己決定感が低下すれば，内発的動機づけは低下する。一方，情報的側面とは，自身の行動には報酬が与えられるだけの価値があるという情報が，報酬が与えられることによって伝わるという側面である。したがって，外在的報酬の情報的側面が強く認知されると，コンピタンスが上がり，内発的動機づけは高まる。このように，内発的動機は制御的側面と情報的側面とのバランスによって左右される。アンダーマイニング効果における内発的動機づけの差は，金銭的報酬は制御的側面が強く，言語的報酬は情報的側面が強いために生じたと説明される。

（4） 自己決定理論

その後の研究結果を踏まえて，認知的評価理論は改訂され，従来からあった制御的側面と情報的側面に加えて，**有能感がないこと**（imcompetence）の認知が動機づけを下げるという内容が新たに追加された（Deci & Ryan, 1985）。これは5章で述べる学習性無力感（Seligman, 1975）に近い概念である。

また，この理論は**自己決定理論**ともよばれ，人が活動に対して内発的に動機づけられるプロセスにも注目している。そのプロセスとは，動機づけのない状態，外発的動機づけ，内発的動機づけの順に自己決定性が高くなるというものである。なかでも外発的動機づけは，個人が外的要因をどのように受け止めるかによって，自己決定の程度が異なる。まず最も自己決定の度合いが低い外発的動機づけは「親に叱られるから勉強をする」「単位を取らないといけないから勉強する」というように外的圧力によって行動が調整されているものであり**外的調整**とよばれる。次に自己決定の程度が低いのは，**取り入れ的調整**とよばれ，自己価値を維持するなど自尊感情に関連したものである。「恥をかきたくない」，「他人にすごいと思わせたい」などの感情により動機づけられるのである。そして外発的動機づけの中で，最も自己決定の程度が高いとされるものが，**同一視的調整**である。この段階は，行動を個人的に重要なものと受容し，その価値を認めた上で行動を調整している段階である。具体的には「自分の将来のために勉強する」や「自分にとって必要なことだから」といったものが挙げられる。

3-4　内発的動機づけの測定

内発的動機づけという概念を操作的に定義する試みは，ハーター(1978, 1980, 1981)によって始まったといってよいだろう。彼は，ホワイト(1959)のエフェクタンス動機づけを，具体的な行動や質問項目でとらえることをめざし，学校での学習場面に関する内発的－外発的動機づけ測定尺度を作成した。この尺度には，「挑戦」「好奇心」「達成」「判断」「基準」という5つの下位尺度が含まれていた。「挑戦」尺度は困難な問題に挑戦する傾向を，「好奇心」尺度は興味や好奇心によりさまざまな問題に接近する傾向を，「達成」尺度は教師にたよらずに問題に取りくむ傾向を，「判断」尺度は遂行した問題のできばえを自分が判断できる傾向を，「基準」尺度は遂行した問題のできばえを評価する基準が自分の中にある傾向をそれぞれ測定しようとしていた。ハーターが作成したこの尺度は，その後，桜井(1983b)によって日本語版が作成された。その際，「好奇心」尺度は，「知的好奇心」と「内生的－外生的帰属」という2因子に分けられた。後者は，ある行動をする時にその行動をすること自体に目的があると認知していれば内生的帰属，その行動をすることは手段であり，その行動をすること以外に目的があると認知していれば外生的帰属という。

桜井・高野(1985)はこの尺度をさらに検討し，信頼性と妥当性を確認して「内発的－外発的動機づけ尺度」として完成させた(表**3-1**参照)。この尺度は，小学2年生から中学1年生までの児童・生徒に適用でき，「挑戦」「知的好奇心」「達成」「認知された因果律の所在」「内生的－外生的帰属」「楽しさ」という6因子から構成されている。各項目には，イ，ロ，2つの意見(内発的動機づけと外発的動機づけ)が書かれてあり，回答者はイまたはロのいずれかを選ぶ。

このような尺度が開発されることによって，曖昧な構成概念であった内発的動機に操作的定義がなされ，発達的変化やその他の心理的因子との関係が研究されている。例えば，図**3-6**は日本の小学2年生から中学1年生までの内発的動機づけ(達成，知的好奇心，挑戦)の変化を示している。小学校低学年の時には多くの子どもが高くもっていた内発的動機づけが，学年を追うごとに低くなっていくことがわかる(桜井・高野, 1985)。教育現場におけるこのような現実を明らかにすることが，今後の教育の在り方を考えるための材料となるだろう。

表 3–1　「内発的－外発的動機づけ尺度」の項目(桜井・高野，1985)

1	イ．先生が教えてくれることだけ，勉強すればよいと思います。 ロ．いろいろなことを，進んで勉強したいと思います。*
2	イ．自分がやりたいので，勉強します。* ロ．おとうさんやおかあさんに，「やりなさい」といわれるので，勉強します。
3	イ．問題がむずかしいと，すぐ先生に教えてもらおうとします。 ロ．問題がむずかしくても，自分の力でできるところまでは，やってみようとします。*
4	イ．すきなことが学べるので，勉強します。* ロ．よいせいせきをとるために，勉強します。
5	イ．かならずできる，やさしい問題のほうがすきです。 ロ．あたまをつかう，むずかしい問題のほうがすきです。*
6	イ．授業は，たのしくやれます。* ロ．授業は，たのしくありません。
7	イ．できるだけ多くのことを，勉強したいと思います。* ロ．学校でおそわる勉強だけしていればよいと思います。
8	イ．「やりなさい」といわれるので，ドリルや練習問題をします。 ロ．いろいろな問題のとき方が知りたいので，ドリルや練習問題をします。*
9	イ．答えがまちがっていたとき，自分の力で正しい答えを出そうとします。* ロ．答えがまちがったとき，すぐ正しい答えを先生にきこうとします。
10	イ．よい点をとるために，勉強します。 ロ．たのしいから，勉強します。*
11	イ．むずかしい問題は，とけたときとてもうれしいので，すきです。* ロ．むずかしい問題をやるのは，きらいです。
12	イ．学校の勉強は，たのしくありません。 ロ．学校の勉強は，たのしいと思います。*
13	イ．マンガ以外の本は，あまり読みたいと思いません。 ロ．いろいろな本を，読みたいと思います。*
14	イ．宿題は，家の人にいわれなくても，進んでやります。* ロ．家の人に，「やりなさい」といわれるので，宿題をします。
15	イ．問題がとけないと，すぐ先生にききます。 ロ．問題がむずかしくても，自分の力でとこうとがんばります。*
16	イ．おとうさんやおかあさんに，ほめられたいから勉強するのではありません。* ロ．おとうさんやおかあさんに，ほめられたいので，勉強します。
17	イ．答えが，かんたんにだせる問題のほうがすきです。 ロ．答えをだすのが，むずかしい問題のほうがすきです。*
18	イ．むずかしい問題がとけると，とてもうれしくなります。* ロ．むずかしい問題がとけても，うれしいとは思いません。
19	イ．先生にいわれた宿題だけでなく，おもしろいと思うことは勉強します。* ロ．先生にいわれた宿題しかしません。
20	イ．先生や家の人にいわれるまでは，勉強する気になりません。 ロ．先生や家の人にいわれなくても，勉強する気になります。*

21	イ．問題のとき方は，自分で考えます。* ロ．先生に，問題のとき方を教えてもらいます。
22	イ．友だちよりもよいせいせきをとりたいので，勉強します。 ロ．すきだから，勉強します。*
23	イ．今までよりむずかしい問題をやるほうがすきです。* ロ．今までよりやさしい問題をやるほうがすきです。
24	イ．家に帰るとき，1日たのしく勉強できたと思える日は，ほとんどありません。 ロ．家に帰るとき，1日たのしく勉強できたと思える日が多いです。*
25	イ．とくに，たくさんのことを知りたいとは思いません。 ロ．いつでも，できるだけたくさんのことを知りたいと思います。*
26	イ．おとうさんやおかあさんにいわれる前に，自分から勉強します。* ロ．おとうさんやおかあさんにいわれて，しかたなく勉強することが多いです。
27	イ．問題がむずかしいと，すぐ友だちにきこうとします。 ロ．問題がむずかしくても，自分でとこうとします。*
28	イ．おもしろいので，勉強します。* ロ．おとうさんやおかあさんにしかられたくないので，勉強します。
29	イ．2つの問題のうち，どちらかをえらぶのなら，かんたんな方にします。 ロ．2つの問題のうち，どちらかをえらぶのなら，むずかしい方にします。*
30	イ．新しいことを勉強するのは，とてもたのしいです。* ロ．新しいことを勉強しても，たのしくありません。

注1） 項目文についている＊印は，内発的動機づけの項目であることを表す。したがって，＊印を選択した場合を1点，無印を選択した場合を0点として得点化する。

注2） 各下位尺度に含まれる項目は以下の通りである。

1. 知的好奇心……1，7，13，19，25
2. 因果律……2，8，14，20，26
3. 達成……3，9，15，21，27
4. 帰属……4，10，16，22，28
5. 挑戦……5，11，17，23，29
6. 楽しさ……6，12，18，24，30

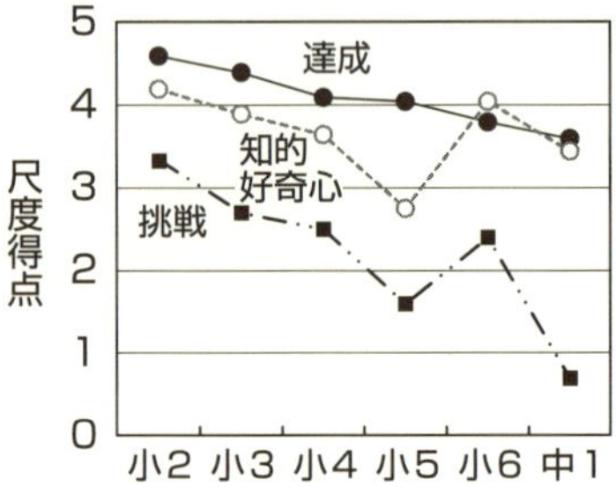

図 3-6　内発的動機づけの発達的変化
（桜井・高野，1985）

■3章の引用文献

Berlyne, D. E. (1957). Determinants of human perceptual curiosity. *Journal of Experimental Psychology*, **53**, 399-404.

Berlyne, D. E. (1971). *Aesthetics and psychobiology*. New York: Appleton-Century-Crofts.

Deci, E. L. (1971) Effects of externally mediated rewards on intrinsic motivation. *Journal of Personality and Social Psychology*, **18**, 105-115.

Deci, E. L. (1975). *Intrinsic motivation*. New York: Plenum Publishing Co.

Harter, S. (1978). Effectance motivation reconsidered: Toward a developmental model. *Human Development*, **1**, 661-669.

Harter, S. (1980). *A scale of intrinsic versus extrinsic orientation in the classroom*. University of Denver.

Harter S, (1981). A new self -report scale of intrinsic versus extrinsic orientation in classroom: Motivational and informational components. *Developmental Psychology*, **17** (3), 300-312.

Heron, W. (1961) Cognitive and physiological effects of perceptual isolation. In: P Solomon, P. Kubzansky, P. Leiderman, J. Mendelson, R. Trumbull, & D. Wexler (Eds.), *Sensory deprivation*. Cambridge: Harvard University Press, pp. 7-33.

Hunt, J. M. (1965). Intrinsic motivation and its role in psychological development. *Nebraska Symposium on Motivation*, **13**, 189-282.

Lepper, M. P., Greene, D., & Nisbett, R. E (1973). Undermining children's Intrinsic interest with extrinsic reward: A test of the " overjustification" hypothesis". *Journal of personality and Social Psychology*, **28** (1), 129-137.

Rotter, J. B. (1966). Generalized expectancies for internal versus external control of reinforcement. *Psychological Monographs*, **80**, 1-28.

桜井茂男 (1983). 認知されたコンピテンス測定尺度(日本語版)の作成　教育心理学研究, **31**, 245-249.

桜井茂男・高野清純 (1985). 内発的-外発的動機づけ測定尺度の開発　筑波大学心理学研究, **7**, 43-54.

White, R. W. (1959). Motivation reconsidered: The concept of competence. *Psychological Review*, **66**, 297-333.

Young, P. T. (1961). *Motivation and emotion: a survey of the determinants of human and animal activity*. Oxford, England: Wiley.

4章　社会的動機

我々人間は，アリやミツバチ，イヌやライオン，チンパンジーなどと同様，社会を形成する種のひとつである。前章までは，個体として動機づけを説明してきたが，本章では，社会生活の過程において他者と関わる動機である**社会的動機**を取り上げる。社会的動機には，主に親和動機と達成動機が含まれる。

4-1　親和動機とホーソン実験

近年，ニートとよばれる人が増加している。厚生労働省の調査によれば，2012年の時点で15～34歳のうち約64万人がそのような状態にあるという。働こうとしないこのような人々には，働く動機がないのだろうか。そもそも我々はなぜ働くのだろうか。

日本国憲法第27条第1項には，「すべて国民は，勤労の権利を有し，義務を負う」とあり，働くことは教育・納税と並ぶ日本国民の三大義務とされている。憲法によって義務づけられることで，働くことへの動機づけができるのなら，ニートは存在しないはずである。一方，2章で取り上げた生物学的動機やそこから派生する金銭に関する動機，すなわち経済的動機はどうだろう。一般的に，人間は衣食住などの生活を支えるために働く，と考えている人も多いのではないだろうか。そのような常識を覆す結果を提示したのが，いわゆる**ホーソン実験**である(Gillespie, 1991; 大橋・竹林, 2008)。

ホーソン実験とは，1924年から1932年にかけて，アメリカ・イリノイ州のホーソンという町の工場で行われた実験である。当初は，物理的な作業条件と従業員の作業能率の関係を分析する目的で行われた社内的な実験であった。途中からハーバード大学のメイヨー(Mayo, G.)らが研究に加わり，さまざまな心理的な要因も検討されるようになった。

その中の一つに，電気部品組み立て作業(図**4-1**)の効率を，賃金，休憩時

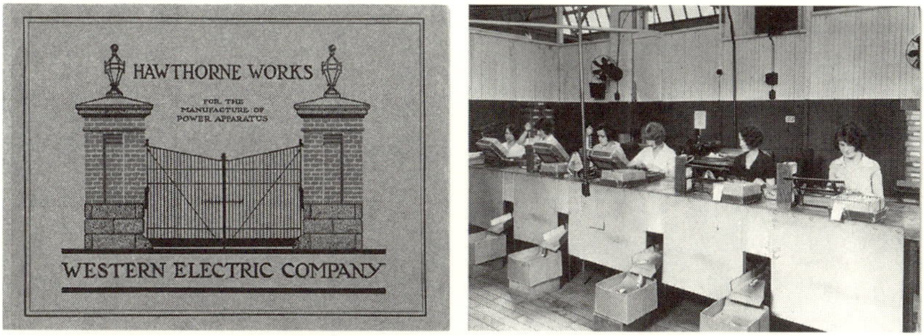

図4-1　ホーソン実験の舞台となったウェスタンエレクトリック社のマークと，電気部品組み立て作業の様子
（出典：Harvard Business School Baker Library Historical collection. URL:http://www.library.hbs.edu/hc/hawthorne/intro.html）

間，軽食，部屋の温度・湿度などの条件を変えて検証する実験があった。6名の女性従業員たちが示す作業効率は，どのような条件に変えても，結局は経験した作業量にのみ依存して上昇するという結果であった。その作業量にともなって良くなっていたのは彼女たちの人間関係であった。また，2万人を超える労働者に面接調査を行った結果，職場での労働意欲は，労働者の個人的な経歴や職場での人間関係に大きく左右されるのに対し，物理的・客観的な職場環境による影響は比較的少ない，ということもわかった。

この研究の結果，労働者の作業効率は，客観的な職場環境よりも職場における個人の人間関係や目標意識に影響されることが実証された。この実験をきっかけにして，20世紀前半に経営管理論の主流であった科学的管理法に代わって，メイヨーらが提唱した**人間関係論**が注目されるようになった。現代では，従業員を管理・育成する役割を担うマネージャーには，従業員の人間関係や感情問題にも適切に対処できる能力が必須となっている。また近年，業務環境改善として，オフィスの席をフリーアドレスにする，従業員のコミュニケーションスペースを設ける，従業員同士のサークル活動を助成するなど，従業員の良好な関係形成を促進する施策を取り入れる企業も増えてきている。

つまり「人はパンのみにて生きるにあらず」，職場の同僚との人間関係を良好なものにしたいという動機によって動かされているのである。これはまさに社会的動機とよべるものであり，特に**親和動機**（affiliation motive）とよばれる。親和動機の高い人の行動特性として，以下の点があげられている（長田, 1977）。

・電話や手紙によるコミュニケーションを頻繁に行う

・友好的な状況では，相手とのアイコンタクトを頻繁に行う
・他者からの承認を求める行動をよく行う
・自分と意見の異なる人に対して，反発や強い否定的反応を示す
・他者から評価を受けるような場面におかれると，不安を感じやすい
・働く同僚として，有能な人よりは親しくなれそうな人を選ぶ傾向にある

また，親和動機が高くなる状況については，シャクター(Schachter, S.)の研究が知られている。彼の実験では，電気ショックを与えるという予告を実験参加者にあらかじめ告げる条件(高不安条件)とそうでない条件(低不安条件)を設けた。その結果，「他の実験参加者と同じ部屋で待ちたい」と回答する割合が，低不安条件で33%であったのに対し，高不安条件では63%となった。つまり，不安や恐怖が高まると，みんなと一緒にいたいという親和動機が高まるのである(Schachter, 1959)。

4－2　親和動機の測定

ここまでの章で述べてきたさまざまな動機と同様，親和動機も人間の行動を説明するための構成概念である(例えば Murray, 1938)。この概念を具体的に測定するために**対人志向尺度**が開発され，信頼性と妥当性が確認されている(Hill, 1987)。この尺度の中で親和動機は，他者と接触することで得られる社会的報酬の種類によって4つに分けられた。すなわち，**情緒的支持**，**ポジティブな刺激**，**社会的比較**，**注目**である。対人志向尺度は，**表4-1**のような日本語版(尺度名は親和動機測定尺度)が作成され，オリジナルと同様の4因子が確認されている(岡島, 1988)。

4－3　達成動機とアトキンソンモデル

親和動機が他人と友好的な関係を成立させ，それを維持したいという動機であるのに対して，**達成動機**は，ある目標を立て，それを高い水準で完遂しようという動機である。

アトキンソン(Atkinson, J. W.)は達成動機に関する独創的な理論を提唱した。「期待－価値理論」ともよばれる理論であり，行動の生起は個人のパーソナリティ要因と課題達成に関する成功の期待(誘因価)との関数であるという仮定をしている。人間は，その時点で選択可能な複数の行動のうち，目標達成の

表 4-1　親和動機測定尺度の下位尺度と項目(岡島，1988 を一部改変)

下位因子	項目
情緒的支持	・物事がうまくいかない時，人と一緒にいることが一番の慰めになる ・何か悪いことがあったり，壁にぶち当たった時はいつでも，親しく，信頼できる友と一緒にいたい ・悲しい時や落ち込んでいる時，自分の周囲にいる人に慰めてもらおうとする ・自分にとってとても大切なことがうまくできなかった時，人と一緒にいることで気持ちがまぎれる ・気持ちが動転して(混乱して)いる時，誰かにそばにいてほしい ・つらいことをしなければならない時，誰かが一緒にいてくれることが救いとなる ・一人で仕事をするよりは，人と一緒にしたい。自分がどれぐらいうまくできているかがわかるからである
ポジティブな刺激	・私は，他者と触れあうことによって人並以上に満足がえられる ・私は，他者と一緒にいることで多くの人が感じる以上に満足がえられる ・人と一緒にいることですばらしいのは，自分が活気に満ちて生き生きとするからである ・人を見ていたり，人を理解したりすることは楽しみの一つである ・人のそばにいて，話を聞いたり，一対一の親しい関係をもつことが，私の楽しみである。 ・いろいろな人と一緒にいて，その人たちについて知ることは興味深い ・人と親密になれている時，何か重要なことを成し遂げたような気がする
社会的比較	・自分がどれぐらいうまくできているのかわからない時，人と比較しがちである ・仕事で，あるいは，別の場面で自分が何をしてよいのかわからない時，手がかりとして人をみる ・私が注目の的になれる時は，人と一緒にいたい ・何が起こっているのかわからない時，自分と同じ経験をしている人と一緒にいたい ・自分と比較するために人に注目することがある
注目	・私らしさや私のすることに共感してくれる人のそばにいたいと強く思う ・私の存在価値を認め，大切に思ってくれる人のそばにいたい ・私に惹かれて，夢中になってくれる人と一緒にいたい ・私をあまり肯定してくれない人と一緒にいたくない ・好感をもてる人と友だちになれると非常に満足する ・2，3 人の人と非常に親密な友情をもてれば，満足である ・周りの人が私の存在に気づき，私らしさを認めてくれたらいいと思う

表 4-2　アトキンソンの達成動機モデルの概要

達成的な行動の遂行 *Ta*	達成行動遂行動機づけ *Ts*	失敗行動回避動機づけ *Taf*
Ts + *Taf*	*Ms* × *Ps* × *Is* *Ms*：個人の達成動機の強さ *Ps*：成功の主観的確率 *Is*：成功時の満足の強さ （*Is* = 1 − *Ps*）	*Maf* × *Pf* × *If* *Maf*：個人の失敗回避動機の強さ *Pf*：失敗の主観的確率 *If*：失敗時の不満の強さ （*If* = −（1 − *Pf*））

可能性の高低を考慮しつつ，もっとも高い価値をもった目標状態を有する行動を選択すると考えられる（Atkinson, 1957）。

この理論によれば，人がある課題に直面した際に重要となる要素は次の3つである。まず，パーソナリティ要因として課題をどのくらい達成したいと思っているか（**達成動機**；*Ms*），その課題を達成できそうな確率（**成功確率**；*Ps*），目標が達成されたときにその動機がどのくらい満たされるか（**誘因価**；*Is*）である。これら3要素の積によって当該課題を遂行する傾向（*Ts*）が決まるとされる（表 **4-2** 参照）。

行動の遂行傾向がかけ算で決まるということは，1つでもゼロの要素があれば，他の要素が高い値でもその傾向はゼロになることを意味する。また，3つの要素を合成した効果は加算的ではなく，相乗的なものになる。つまり3つとも値が大きかった場合の上り幅が大きいということである。さらに，成功確率 *Ps* と誘因価 *Is* は両方とも0から1の数値をとると仮定されているが，これら2つの値はお互いに依存しているとされる。誘因価 *Is* は，1から *Ps* を引いた値として定義される。つまり達成するのが困難な課題ほど，課題の誘因価すなわち魅力が大きくなり，逆に容易に達成できる課題であれば魅力は低いと考えられる。

Ms を一定とした場合に *Ps* と *Is* にさまざまな値を代入すると，*Ts* は表 **4-3** のようになる。さらにそれをグラフにして表したものが図 **4-2** である。成功確率が0.5，すなわち達成できるかどうか五分五分である場合に，その課題が遂行される傾向がもっとも高くなる。遂行したいと思わない課題とは，確実に達成できるような課題か，あるいは逆にまったく達成できなさそうな課題である。

一方，遂行を成功させようとする動機をもつと同時に，人間は失敗を避けたいという動機ももっている。アトキンソンは，この**失敗回避傾向**（*Taf*）についても，達成動機と同様，**失敗回避動機**（*Maf*），**失敗の主観的確率**（*Pf*），**失敗し**

表 4-3 Ps・Is と Ts との関係

Ms	*Ps*	*Is*	*Ts*
1	0.1	0.9	0.09
1	0.2	0.8	0.16
1	0.3	0.7	0.21
1	0.4	0.6	0.24
1	0.5	0.5	0.25
1	0.6	0.4	0.24
1	0.7	0.3	0.21
1	0.8	0.2	0.16
1	0.9	0.1	0.09

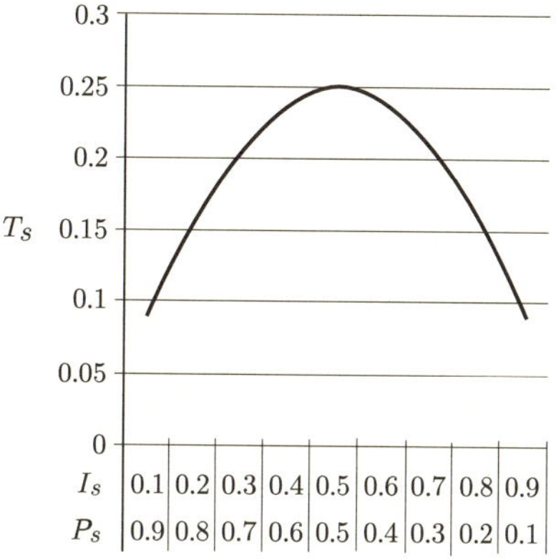

図 4-2 Ps・Is と Ts との関係

た時の不満の程度(If)という 3 変数の積によって決まると仮定した(表 4-2 参照)。また，失敗確率(Pf)と誘因価(If)が互いに依存していることも達成動機と同様であるが，式は $If = -(1 - Pf)$ となり，符号が逆になるところが異なっている。つまり，失敗確率が低ければ低いほど負の誘因価が大きくなる。言い換えれば，容易な課題であればあるほど失敗した時には恥や不快を感じることになり，失敗回避動機は符号がマイナスで値が大きくなる。成功の確率が 0 ないし 1 に近ければ近いほど達成行動への回避傾向が低くなり，0.5 に近ければ近いほどその傾向は高くなる。

表 4-2 にあるように，現実の達成行動遂行への傾向(Ta)は，達成行動遂行動機づけと失敗行動回避動機づけを合計することによって推定される。もし，達成行動遂行動機づけの方が大きければ人間はその課題や事態に接近し，失敗行動回避動機づけの方が大きければその課題や事態を回避しようとするだろう。達成動機の強い人は，成功確率 0.5 というほどほどに難しい課題，あるいは，成功するかしないかがあいまいな課題を好み，一方，失敗回避動機の強い人はそのような課題を嫌うということである。

次節で述べるように，具体的な実証的研究において，達成動機は TAT(絵画統覚検査)によって測定され，失敗回避動機は自己評定によるテスト不安尺度によって測定されている。一方，主観的な成功確率は教示によって被検査者に知らされることが多い(輪投げ課題などを用いた数多くの実験によって実証されてはいるが，支持しないという実験結果も数多く報告されている)。

4-4 達成動機の測定

(1) TATを用いる方法

達成動機を測定する最初の試みは，マクレランド(McClleland, D. C.)ら(1953)によってなされた。彼らは絵画統覚検査(Thematic Apperception Test；TAT)を用いた(McClleland et al., 1953)。被検査者に4枚の図版を見せ，その中の様子について自由に想像させることによって，無意識下の達成動機を測定しようというのである。そのうちの2枚が図**4-3**である。これらの図版を見せられた後，被検査者は以下のような質問に回答を求められる。

(1) 絵の中に出てくる人物は，今何をやっているのか。

(2) 絵の中のことが起こる前に，何が起こっていたか。

(3) 絵の中の人物は，どのようなことを考えているのか。

(4) これから先，どのようなことが起きるのか。

被検査者の回答を得点化する際には，「他人との競争事態を想定してそれに勝ちたい」，「ユニークな事柄を達成したい」，「高い基準を設定してそれをクリアしたい」，「長期にわたる努力が必要な課題を達成したい」などの内容が含まれているかについて判定がなされた。

(2) 質問紙を用いた達成動機測定

親和動機と同様に，達成動機は，個人のパーソナリティ要因として質問紙によって測定される場合もある。欧米での先行研究(Bendig, 1964；Gough et al., 1957)を参考に，表**4-4**のような日本語版測定尺度も作成され，標準化されて

図4-3 TAT(絵画統覚検査)に用いられた図版の例

表 4-4 達成動機を測定する尺度の下位因子と項目（堀野，1987）

下位因子	項目
社会的達成欲求	まわりの人々が賞賛してくれるようなすばらしいことをしたい 難しい仕事をうまくやりとげたと人に言いたい 社会の高い地位をめざすことは非常に重要だと思う 重要な人々と知り合いになるように努める 技能や努力が必要であると一般に考えられていることをしたい 私の人生の１つの目的は立派なことをなしとげて家族に喜んでもらうことである 何か非常に社会的に有意義なことをしたい 他の人には難しいようなパズルや問題を解いてみたい ものごとは他の人よりじょうずにやりたい
個人的達成欲求	いつも何か目標をもっていたい 何でも手がけたことには最善をつくしたい 仕事をうまくやるためには難しいことでも時間をかけてやる 自分の好きなことにうまくなるためには努力する 何か小さなことでも自分にしかできないことをしたいと思う きょう１日何をしようかと考えることは楽しい 決定的に失敗かどうかわかる前には仕事から手をひくのは絶対にいやだ 自分のことをもう……だからと考えるより，まだ……と考えることのほうが多い
挑戦・成功欲求	他人から与えられたことをするより失敗の可能性が50％あっても自分で計画してやることの方が好きだ 世に出て成功したいと強く願っている 他の人が以前に失敗していることでもやりたい 何かの仕事や職業または専門の分野で第一人者になりたい 私は他の会社で人に仕えるよりは50％の破産の危険があっても自分で事業を経営したい 何か新しいことにチャレンジするのは好きだ

いる（堀野, 1987）。因子分析の結果，社会的・文化的に価値あることを達成したいという**社会的達成欲求**，自分自身にとって価値あることを達成したいという**個人的達成欲求**，そして，成功の確率が高くないことでも挑戦したいという**挑戦・成功欲求**という３つの因子が抽出された。特に第３の因子は，「*Ps* が50％の場合に期待が最大となり動機づけが高まる」というアトキンソンモデルと一致しており，興味深い。

■ 4 章の引用文献

Atkinson, I. W. (1957). Motivational determinants of risk-taking behavior. *Psychological Review*, **64**, 359-372.

Bendig, A. W. (1964). Factor analytic scales of need achievement. *Journal on General Psychology*, **70**, 59-67.

Gillespie, R. (1991). *Manufacturing knowledge—A history of the Hawthorne experiments.* Cambridge University Press, 1991.

Gough, H. D. (1957). *Manual for the California Psychological Inventory.* Consulting Psychologists Press.

Hill, C. A. (1987). Affiliation motivation: People who need people...but in different ways. *Journal of Personality & Social Psychology*, **52**, 1008-1018.

堀野緑　(1987). 達成動機の構成因子の分析—達成動機の概念の再検討　教育心理学研究, **35**, 148-154.

McClleland, D. C., Atkinson, J. W., Clark, R. A., & Lowell, E. L. (1953). *The Achievement Motive.* New York: Appleton-Century-Crofts, Inc.

Murray, H. A. (1938). *Explorations in personality.* Oxford University Press.

岡島京子　(1988). 親和動機測定尺度の作成　教育心理学会第 30 回大会発表論文集, 864-865.

大橋昭一・竹林浩志　(2008). ホーソン実験の研究　同文舘出版

長田雅喜　(1977). 親和性と好意性　水原泰介(編著)講座社会心理学 1 —個人の社会行動　東京大学出版会　pp. 91-132.

Schachter, S. (1959). *The psychology of affiliation: Experimental studies of the sources of gregariousness.* Stanford University Press.

コラム 4-1 文化と動機づけ

動機づけは，身体の生理的恒常性を維持する生物的必要を満たすものとして進化した。しかし，人間など社会的動物は他個体との共同生活に営んできた長い歴史のため，その人間の動機づけには所属する集団で望ましいとされる目標(例; 富，地位，流行の装いや人間像など)を獲得したいと欲する社会的動機づけも存在する。

アイエンガーとレッパー(1999)の実験では，7歳から9歳の児童が，自ら選択したアバター(自分の分身として画面上に登場するアイコン)を用いて計算課題を行う条件と，母親が選択して与えたアバターを用いて行う2条件が用意され，児童らがどの程度正確に，かつ，長く課題に取り組むかが測定された。実験に参加した児童は2群に分けられており，一方は欧州系，もう一方はアジア系であった。課題成績を比べると，欧州系の児童は自らの選択した条件で，アジア系の児童は母親の選択した条件で最も高い成績を示した。この結果は，欧州文化圏においては価値が置かれるところの自己選択と，アジア文化圏においては価値が置かれるところの身近な他者との協調という社会的動機づけの違いがもたらした差異であると解釈された。

行動を取り巻く環境にはさまざまなものがあるが，社会的動物にとって最も重要な環境は社会的環境である。多くの他個体との共同生活を迫られた人間は，巨大な集団生活を維持するために宗教，道徳といった文化的産物を次世代に残し，時代を超えて人々の行動を再生産しうる社会的環境，すなわち文化的環境を創り上げてきた。文化は社会的行動とその行動を喚起する動機づけに大きな影響を与えているのである。

東(1994)らは，母親と幼児を遊具のある部屋で遊ばせ，幼児の行動を観察し，その後の学業成績との関連性を調べた。日本人幼児の場合，母親の指示に従って遊ぶ行動が多かった幼児ほど6年後の小学校の成績が優れていた。一方，欧州系アメリカ人幼児の場合は，母親の指示に従わずに遊ぶ行動が多かった幼児ほど6年後の小学校の成績が優れていた。東らは，日本社会では身近な他者の指示に従って行う行動が，欧州系アメリカ人社会では独自の判断で行う行動が奨励されており，発達の早い時期からそれらに社会的報酬が与えられてきたためであろうと考察した。

近年，文化神経科学といわれる分野が注目されている。特定の文化的環境で何年も過ごすと，人々の行動や，その行動をコントロールする神経メカニズムの活動パターンまでもが変容していく。最近の研究では，文化に固有の基準で評価される成功や失敗に対し，前帯状皮質が強く活動するとの知見も得られている(Park & Kitayama, 2012)。文化的環境が従来想定された以上に行動の生物的基盤に深く根を下ろしていることが徐々に明らかにされつつある。

〈引用文献〉

東洋 (1994). 日本人のしつけと教育　東京大学出版会

Iyenger, S. S., & Lepper, M. R. (1999). Rethinking the value of choice: A cultural perspective on intrinsic motivation. *Journal of Personality and Social Psychology*, **76**, 3, 349-366.

Park, J., & Kitayama, S. (2012). Interdependent selves show face-induced facilitation of error processing: cultural neuroscience of self-threat. *Social Cognitive and Affective Neuroscience*. doi: 10.1093/scan/nss125

5章　動機づけと認知

4章で取り上げたアトキンソンモデルにおいて，達成行動の遂行は，$Ms \times Ps \times Is$という式で決定されていた。このモデルが期待価値理論とよばれるのは，$Ps \times Is$の部分の大小が達成行動遂行の決定因だからである。ただし，その理論の中では，期待や価値の個人差が，その個人のどのような考えあるいは特性から生まれるかについては十分に言及されていなかった。そこで本章では，1960年代後半以降の研究において明らかにされてきた，動機づけに影響する個人の認知特性に関する知見を紹介する。

5-1　学習性無力感

動機づけに関わる認知の研究に大きな影響を与えた動物実験がある。セリグマン(Seligman, M. E. P.)を中心とする研究グループは，うつ病の動物実験モデルとしてイヌを用いた実験を行った(Seligman & Maier, 1967)。図**5-1**のように，実験は2段階からなり，その第一段階ではすべてのイヌは頭以外動かせないような状態でハンモックに固定された。イヌはそこで施される処置の違いによって3群に分けられた。

逃避可能群はハンモックに固定されて足に電気ショックが与えられたが，イヌは頭を動かして頭の横にある反応パネルに触れて止めることができた。このようなショック逃避可能試行が平均90秒の間隔で64試行与えられた。一方，逃避不可能群は同様の状態で電気ショックを受けるが，この群のイヌは反応パネルに触れてもショックは停止しなかった。彼らが受けるショックの停止は，ペアにされている逃避可能群の相棒の反応に依存していた。したがってこれら2群が受ける電気ショックの物理的経験はまったく同じであり，2匹のイヌはいわば運命共同体であった。両群の唯一の違いはショックを自分で停止できるか，できないかという点だけであった。第3の電気ショックなし群は，ハン

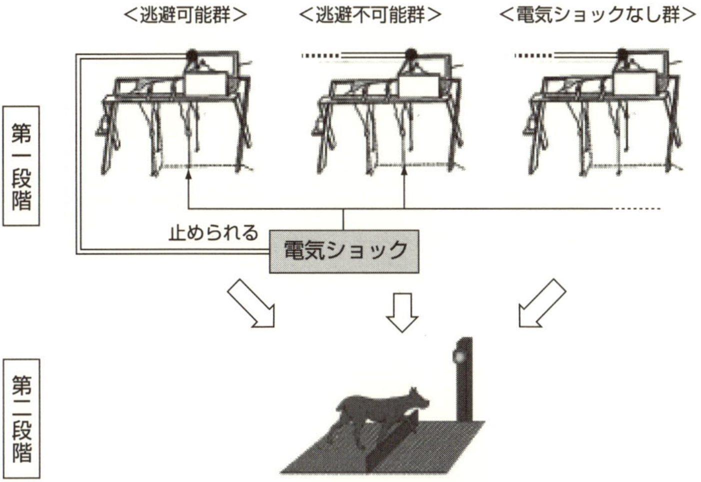

図 5-1　学習性無力感の実験手続き（Maier et al., 1969 を改変）。

モックに固定されて電極は装着されるものの，ショックが与えられることはなく，他の2群と同じ時間ハンモックに拘束されただけであった。

このような処置の24時間後に，3群すべてのイヌは第二段階として同一の手続きを受けた。シャトルボックスとよばれる，真ん中に仕切りのある実験装置において10試行の逃避／回避訓練が与えられた。まず10秒の信号音に続いて床から電気ショックが与えられた。その間に仕切りを跳び越えて隣室に移動すれば電気ショックから逃避することができた。信号開始から10秒以内であれば電気ショックを回避することもできた。もしショックが与えられてから50秒経っても反応しないときには，ショックは実験者によって止められた。

図 **5-2** は第2段階のシャトルボックスでの逃避／回避学習の結果すなわち隣室へ移動するまでの時間を示している。電気ショックなし群と逃避可能群については，試行の進行にともなって反応時間がしだいに短くなり，典型的な学習曲線を示している。しかし逃避不可能群では試行を反復しても反応時間の短縮は見られず，学習は生じていない。事実，この群のイヌの75%は学習に失敗し，装置のすみにうずくまって毎試行50秒間の電気ショックを受け続けたのである。事前に逃避不可能な嫌悪刺激を経験することによって，苦痛から逃れるというきわめて単純な学習すらできなくなってしまったのである。しかも，

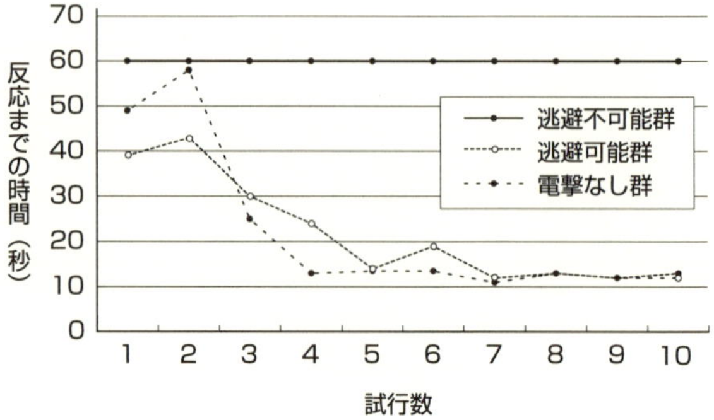

図 5-2　電気ショックについて異なる前処置を受けた3群のイヌのシャトルボックスでの逃避／回避学習（Maier et al., 1969 を改変）。

このような学習阻害現象は，逃避不可能群と物理的に同量のショックを経験した逃避可能群には起きていない。

セリグマンらはこの現象を**学習性無力感**（learned helplessness）とよび，認知的な概念を導入して説明した。第一段階において，逃避不可能群のイヌは電気ショックという嫌悪刺激から逃れようと激しく動くが，何をしても効を奏さないため，最終的には「何をしてもだめだ」という**反応と結果との非随伴性**を学習する。その学習された認知が後続課題の遂行にも影響し，簡単に解決できる課題が与えられても遂行が生じないと説明されたのである。学習者に潜在的に課題解決能力がありながら，解決不可能課題を経験することによって，課題解決への現実能力が阻害されるこの現象は，人間におけるうつ病を理解するためのモデルと考えられた。しかし，電気ショックを大きな音に置き換えて人間を対象に実験を行った結果，同じように非随伴性を経験しても，自らの反応の有効性を低く見積もる人もいれば，（誤ってはいるが）高く見積もる人もいた（Miller & Seligman, 1975）。この問題を説明するため，ワイナーの原因帰属理論などが取り入れられ，**改訂学習性無力感理論**（Abramson et al., 1978）や絶望感理論（Abramson et al., 1989）など，認知的特性をより重視した理論が提唱されることとなった。

5－2　統制の位置

社会的学習理論の研究で知られるロッター（Rotter, J. B.）は，自分自身が課題をどの程度統制できるかによって，期待-価値理論(p. 40 参照)における期待が変化するという仮説を提唱した(Rotter, 1966)。そこでは課題の結果を統制する要因を，個人の内に置くのか外に置くのかを考えることから**統制の位置**(locus of control)とよばれる概念が仮定された。課題を自分の能力やスキルで解決できるとする認知を**内的統制**，課題の達成は偶然や運によって左右されるとする認知を**外的統制**とよぶ。外的統制の状況認知を行った場合，自身の行動の結果によって期待を変化させられないと考えてしまい，成功してもそれが動機づけにあまりフィードバックされないことになる。

この考え方は，アトキンソンモデルにおける期待の個人差をうまく説明しており，ロッターは当初から，個人の特性としての統制の位置を測定する尺度を提案していた。表 **5-1** はその日本語版(鎌原ら, 1982)である。特に内的統制の程度は，抑うつ状態やうつ病との関係(Garber et al., 1980)が指摘されており，その後，多くの研究を生みだした。また，達成動機の期待価値理論に関しても，次節に述べるワイナーの原因帰属理論にも影響を与えた。

5－3　原因帰属理論

動機づけ研究に認知的要因を取り入れた先駆者であったセリグマンやロッターの研究を受けて，期待価値理論に期待や価値に影響する認知的はたらきを導入して理論化したのが，ワイナー(Weiner, B.)の**達成動機づけの原因帰属理論**である。彼は社会心理学で知られていた帰属の概念(Heider, 1958)に着目し，ロッターの統制の位置も取り入れて，この理論を構築した(Weiner et al., 1971)。

原因帰属理論では，「人は達成に関連した現象の結果を解釈し予測するために帰属の 4 要素を用いる」とされている。その 4 要素とは，**能力**(ability)，**努力**(effort)，**課題の困難度**(task difficulty)，**運**(luck)であり，表 **5-2** に示されるように，2 つの原因次元によって設定される。第一の次元は，前節で紹介したロッターの統制の位置に相当する次元である。つまり，成功や失敗の原因として帰属する要因がその人の内にあるか外にあるかを問題とし，アトキンソンモデルの価値 *Is* に影響を与える次元とみなされた。価値の具体的内容として，アトキンソン(1964)が提唱した誇り(pride)と恥(shame)という情動が仮定された。成功した場合には，その原因を内的にとらえる帰属(努力)の方が，外的に捉える帰属(運の良さ)よりも，誇らしさを強く感じるだろう。一方，失敗し

表 5-1　LOC 尺度日本語版の項目(鎌原ら，1982)

	項　目	統制の位置
1	あなたは，何でもなりゆきにまかせるのが一番だと思いますか	外的
2	あなたは，努力すればりっぱな人間になれると思いますか	内的
3	あなたは，いっしょうけんめい話せば誰にでもわかってもらえると思いますか	内的
4	あなたは，自分の人生を自分自身で決定していると思いますか	内的
5	あなたの人生は，運命によって決められていると思いますか	外的
6	あなたは，幸福になるか不幸になるかは偶然によって決まると思いますか	外的
7	あなたは，自分の身に起こることは自分のおかれている環境によって決定されていると思いますか	外的
8	あなたは，どんなに努力しても友人の本当の気持ちを理解することはできないと思いますか	外的
9	あなたの人生は，ギャンブルのようなものだと思いますか	外的
10	あなたが将来何になるかについて考えることは役に立つと思いますか	内的
11	あなたは，努力すればどんなことでも自分の力でできると思いますか	内的
12	あなたは，たいていの場合，自分自身で決断した方がよい結果を生むと思いますか	内的
13	あなたが幸福になるか不幸になるかは，あなたの努力しだいだと思いますか	内的
14	あなたは，自分の一生を思いどおりに生きることができると思いますか	内的
15	あなたの将来は，運やチャンスによって決まると思いますか	外的
16	あなたは，自分の身に起こることを自分の力ではどうすることもできないと思いますか	外的
17	あなたは，努力すれば誰とでも友人になれると思いますか	内的
18	あなたが努力するかどうかと，あなたが成功するかどうかとは，あまり関係がないと思いますか	外的

注）LOC は Locus of Control のこと。

表 5-2　ワイナーの原因帰属理論における 4 つの帰属

		安定性	
		安定	不安定
統制の位置	内的	能力	努力
	外的	課題の難易度	運

た場合にはその原因を外的に捉える帰属(課題の難しさ)より，内的にとらえる帰属(能力不足)の方が，より恥ずかしいと感じるだろう。以後の達成行動は，成功した時に誇りを強く感じるほど促進され，失敗した時に恥を強く感じるほど抑制される。

第二の次元は安定性である。この次元の両極は，成功や失敗の原因となる要因が時間的に安定して存在するか，存在したりしなかったりと変動するかであり，アトキンソンモデルの期待 *Ps* に影響すると仮定される。成功や失敗の原因をいつも存在する安定的要因(能力の高さ・課題の難しさ)に帰属していれば，以後に類似した課題に出会っても，同じように成功・失敗する確率は高いと期待できる。一方，成功や失敗の原因を不安定な変動的要因(努力・運)に帰属すれば，次回は努力すればよいとか運が変わるだろうと考え，今回と同じ結果になる確率は低いと考えるだろう。そして，成功を安定的要因に帰属するほど，また失敗を不安定的要因に帰属するほど成功への期待が相対的に高くなり，以後の達成行動が促進される。

その後，ワイナーは**統制可能性**という次元を追加し，3 次元 8 要因からなる原因帰属理論を発表した(Weiner, 1979)。

5－4　自己効力感

ロッターやワイナーによる帰属を中心概念とした達成動機研究を受けて，バンデューラ(Bandura, A.)が提唱したのが，**自己効力感**という概念である。自己効力感とは，ある状況において，ある結果を達成するために必要な行動を自分がうまくできるかどうかの予期のことである(Bandura, 1977)。

彼は，達成行動遂行の先行要因として**効力予期**(outcome expectancy)と**結果予期**(efficacy expectation)という 2 つの認知変数を導入した。図 **5-3** に，この 2 種類の予期と達成行動との間の関係を示した。結果予期とは，ある行動がどのような結果を生み出すかという予期であり，効力予期とは，自分がその行動をうまく行うことができるかという予期である。そして，彼は，ある課題・状況において自分がどの程度の効力予期をもっているかを知覚することを自己効力感とよんでいる。言い換えれば，行動を起こす前に感じる「出来そう！」という気持ちや「これだったらここまで出来るのじゃないか」という考えが，自己効力感である。走り高跳びを例に考えると，過去に跳べたことのある高さなので今回も跳べるという見通し，つまり技術的に達成可能であるという見通

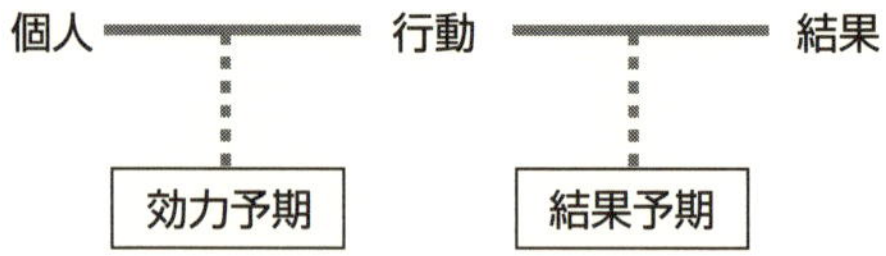

図 5-3 自己効力感における効力予期と結果予期の関係(Bandura, 1977)

表 5-3 結果予期と効力予期の組み合わせと行動との関係(Bandura, 1982)

		結果予期	
		(+)	(−)
効力予期	(+)	・自信に満ちた適切な行動をする ・積極的に行動する	・社会的活動をする ・挑戦する・抗議する ・説得する ・不平・不満を言う ・生活環境を変える
	(−)	・失望する・落胆する ・自己卑下する ・劣等感に陥る	・無気力・無感動・無関心になる ・あきらめる ・抑うつ状態になる

しが結果予期である。しかし，結果予期が高くても効力予期が低い場合，つまり跳躍の瞬間に選手が「跳べない，無理だ」と思ってしまった場合，その跳躍は失敗してしまう可能性が高くなるのである。このように自己効力感は，達成行動を規定する決定因とされ，自己効力感が上昇すれば，行動が遂行される傾向が高まると仮定されている。

自己効力感を高める要因として，バンデューラは次の 4 つの情報源を想定した。

①遂行行動の達成—実際に行動して，成功体験をもつこと

我々は，一つの行動をして成功すると達成感を感じ，その後に同じ行動をやろうとすれば，効力予期は上昇し，「また成功するだろう」という気持ちが強くなる。逆に，失敗感を感じた行動に対しては，効力予期は減少する。つまり遂行行動を達成して成功体験をすると達成感をもつことができ，自己効力感の情報源としては最も強力なものとなる。

②代理的体験—他人の行動を観察すること

自分が実際にある行動をするのではなく，その行動について他者が成功する場面を見たり聞いたりすることでも自己効力感は上昇する。特に，その他者が自分と似た状況にいる場合や，同じような目標をもっている場合に，その効果は強くなる。例えば，「あの人に出来るのなら，私にも出来るだろう」と思えることがあれば，自己効力感は高くなる。

③言語的説得―自己強化や他者からの説得的な暗示を受けること

暗示や自己教示も自己効力感を高める情報源の一つである。例えば，自分の課題に対する努力や結果が，専門家や信頼できる他者から評価された場合，自己効力感は強められる。つまり，グループで活動することは一人で活動するよりやる気を高める場合がある。

④情動的喚起の情報―生理的な反応の変化を体験すること

成功できると予測していても，胸が急にドキドキするのを感じた途端に「失敗するかも」と不安になることがある。逆に，自分がリラックスしていることを認識したとたんに，「これなら出来る」という気持ちになることもある。このように，自身の生理的な状態を知覚して情動的喚起の情報を得ることは自己効力感の源となる。

5－5　領域固有自己効力感と一般的自己効力感

バンデューラの理論を発展させて，シェラー(Sherer, M.)らは自己効力感を2つの水準に分けた(Sherer et al., 1982)。1つは，課題や場面に特異的に行動に影響を及ぼす**領域固有自己効力感**(task-specific self efficacy; **SSE**)，もう1つは，具体的な個々の課題や状況に依存しない**一般的自己効力感**(generalized self efficacy; **GSE**)である。

(1)　領域固有自己効力感

SSEを測定する尺度がさまざまな領域で開発されたことで，自己効力感の変動が実際の行動変容に影響するという証拠が多数示された。例えば，進路選択で必要となる活動に対する自己効力感尺度(Taylor & Betz, 1983)が作成されたことで，進路決定や職業選択などと自己効力感との関連が示された。また，疾病の予防に関する領域での自己効力感が，体重の制御や禁煙行動のコントロール，血中コレステロール値などの将来の変化を予測する因子となり得ると報告されている。他にも，運動スキルの習得や学業達成等の領域において，自己効力感が行動の変化に関連することが示されている。

以上の研究成果を背景に，行動を変容することを目的とした介入として，

SSEの上昇をめざす研究も進められている(Schunk & Pajares, 2002)。前述した4つの情報源のうち，目標設定を工夫して遂行行動達成を感じられるように介入すると，学業におけるSSEが高まることが明らかになっている。その他にも，モデリングによる代理的経験や帰属フィードバック(言語的説得によって学習技術の改善を個人の能力に帰属させること)などの介入効果が実証されている。

(2) 一般的自己効力感

一方，ある領域における自己効力感が上昇すると，それに似た領域の自己効力感も上昇することが知られている(Bandura, Adams, Hardy, & Howells, 1980)。さらに，言語的課題と数学的課題というように，類似性の低い領域にも自己効力感の向上が般化することが実証されている。これは，シェラーら(1982)の言う一般的自己効力感(GSE)である。ある特定の行動に対する自己効力感が，場面や状況，行動を超えて般化し，個人がもつより一般的な行動傾向に影響を及ぼすのである。**特性的自己効力感**とよばれることもあり，GSEは人格特性的な認知傾向とみなされている。つまり，GSEには個人差の存在が想定され，その測定のための尺度が開発された(Sherer et al., 1982)。

GSEに関する研究は，その高低が個人の感情を予測できるかということに焦点があてられ，精神的健康に及ぼす効果が報告されている。うつ病やガン患者のメンタルヘルスに応用されている。また，SSEと同様に，心理的な適応を目的としたGSEの上昇が可能であるかどうかも検討されている。うつ病の回復との関係を検討した研究(坂野, 1989)や，コーピングスキルの訓練を実施した研究(Smith, 1989)などが行われ，人間の精神的健康の増進に貢献している。

■5章の引用文献

Abramson, L. Y., Metalsky, G. I., & Alloy, L. B. (1989). Hopelessness depression: A theory-based subtype of depression. *Psychological Review*, **96**, 358-372.

Abramson, L. Y., Seligman, M. E. P., & Teasdale, J. D. (1978). Learned helplessness in humans: Critique and reformulation. *Journal of Abnormal Psychology*, **87**, 49-74.

Bandura, A. (1977). Self-efficacy: Toward a unifying theory of behavioral change. *Psychological Review*, **84**, 191-215.

Bandura, A. (1982). Self-efficacy mechanism in human agency. *American Psychologist*, **37**, 122-147. (重久剛 (訳) (1985). 自己効力(セルフ・エフィカシー)の探究　祐宗省三・原野広太郎・柏木恵子・春木豊(編)　社会的学習理論の新展開　金子書房　pp. 103-141.

Bandura, A., Adams, N. E., Hardy, A. B., & Howells, G. N. (1980). Tests of the generality of self-efficacy theory. *Cognitive Therapy and Research*, **4**, 39-66.

Garber, J., Miller, S. M. & Abramson, L. Y. (1980). On the distinction between anxiety and depression: Perceived control, certainty, and probability of goal attainment. In J. Garber & M. E. P. Seligman (Eds.), *Human helplessness: Theory and applications*. New York: Academic Press.

Heider, F. (1958). *The psychology of interpersonal relations*. New York: Wiley.

鎌原雅彦・樋口一辰・清水直治 (1982). Locus of Control 尺度の作成と信頼性, 妥当性の検討教育心理学研究, **30**, 302-307.

Maier, S. F., Seligman, M. E. P., & Solomon, R. L. (1969). Pavlovian fear conditioning and learned helplessness. In B. A. Campbell & R. M. Church (Eds.), *Punishment and aversive behavior*. New York: Appleton Century Crofts.

Miller, W. R., & Seligman, M. E. P. (1975). Depression and learned helplessness in man. *Journal of Abnormal Psychology*, **84**, 228-238.

Rotter, J. B. (1966). Generalized expectancies for internal versus external control of reinforcement. *Psychological Monograph*, **80**, 1-28.

坂野雄二 (1989). 一般性セルフ・エフィカシー尺度の妥当性の検討　早稲田大学人間科学研究, **2**, 91-98.

Schunk, H. & Pajares, P. (2002). The Development of Academic Self-Efficacy. In A. Wigfield & J. Eccles (Eds.), *Development of achievement motivation*. San Diego: Academic Press.

Seligman, M. E., P., & Maier, S. F. (1967). Failure to escape traumatic shock. *Journal of Experimental Psychology*, **74**, 1-9.

Sherer, M., Maddux, J. E., Mercadante, B., Prentice-Dunn, S., Jacobs, B., & Rogers, R. W. (1982). The self-efficacy scale: Construction and Validation. *Psychological Reports*, **51**, 663-671.

Schunk, H. & Pajares, P. (2002). The Development of Academic Self-Efficacy. In A. Wigfield & J. Eccles (Eds.), *Development of achievement motivation*. San Diego: Academic Press.

Smith, R. E. (1989). Effects of coping skills training on generalized self-efficacy and locus of control. *Journal of Personality and Social Psychology*, **56**, 228-233.

Weiner, B. (1979). A theory of motivation for some classroom experiences. *Journal of Educational Psychology*, **71**, 3-25.

Weiner, B., Frieze, I. H., Kukla, A., Reed, L., Rest, S., & Rosenbaum, R. M. (1971). *Perceiving the causes of success and failure*. Morristown, NJ: General Learning Press.

White, R. W. (1959). Motivation reconsidered: The concept of competence. *Psychological Review*, **66**, 297-333.

6章　動機づけと日々の行動

本章では，ダイエット，運動，ギャンブル，先延ばし，飲酒といった日常の諸行動を取り上げ，動機づけの観点からそれらがどのように説明，理解されているのかについて見ていく。

6-1　ダイエット

体重を減らしたいと考える人は多い。食べる量を減らせば体重は落ちるはずであり，実際に多くの人は摂取量を減らすことによって体重を減らそうとする。しかしながら，ダイエットを試みる人のほとんどは体重減量に成功しない。むしろ，ダイエット以前の体重よりも重くなるというリバウンドに見舞われることが多い。

ヒトは，進化の長い年月を通じて，飢餓と戦い続けてきた。そのような戦いを経て，食物を得ることが難しい状況においても，一定の期間，生存を維持できる身体をつくってきた。生命活動を維持するために必要なエネルギー源である**グルコース（ブドウ糖）**を，グリコーゲンと体脂肪に変換し（代謝し），体内に貯蔵するしくみをつくってきた。例えば早めの夕食をとったり，朝食を抜けば次の食事まで10時間以上にわたり，食物は取り込まれなくなる。短期的な飢餓状態におかれることになる。この間，肝臓や筋肉に貯蔵されたグリコーゲンがグルコースに分解され，エネルギー源として用いられる。

グリコーゲンを使い切ると，エネルギー源の主たる供給元は体脂肪となる。脳のエネルギーには，体脂肪から生成されたケトン体が用いられるが，脳で消費するエネルギー総量の25％以上はグルコースから取り込まれる必要がある。はたしてこのグルコースはどのようにして得られるのだろうか。

飢餓状態にある身体は，身体内のタンパク質を分解し，脳が必要とするグルコースをつくり出す。筋肉，内臓さらには心臓を構成するタンパク質がそのために用いられる。すなわちダイエットは体脂肪だけを減らすのではなく，筋肉を減らし，その結果，消化器官や心臓などに悪影響を及ぼす。

体脂肪のすべて，あるいは，身体を構成するタンパク質のほぼ半分が消費されると，心臓は動きを止める。酸素は取り込まれなくなり，血液は流れなくなる。体脂肪や筋肉の量にもよるが，飢餓状態が2週間から8週間続くとヒトは死亡するといわれる(ただし，水の摂取が可能である場合)。

クマなどの動物は冬眠によって食物の枯渇する時期を乗り切る身体のしくみを身につけた。ヒトもまた冬期に入る前には体脂肪を増やそうとする。体脂肪は食物が入手できない状況下においても，生存を一定期間可能とさせる**身体の知恵**なのである。過剰なまでに痩せようとするダイエットに対して，身体は自らの身体(筋肉や消化器官，心臓)を犠牲にしてまでも，そのことに抵抗しようとする。さらにダイエットによって体脂肪が枯渇するようなことがあれば，身体はその後，より以上の体脂肪をため込むようになっていく。ダイエットが総じて成功せず，リバウンド後はダイエットを試みる以前以上の体重になりがちなのはこのような理由からである。

2章で述べたように，エネルギー源(食物)が取り込まれなくなると，生理的必要を満たすための**飢餓感**が生み出される。極端なダイエットはそれ以上に強力な飢餓感を生み出す。それに打ち勝つことは困難であり，仮に一時的に押さえ込むことができたとしてもちょっとしたことでその抑制は解除される。これは**脱抑制**(disinhibition)として知られる現象であり，ダイエットが成功しないもっとも大きな理由である。

ダイエットをしているはずなのに，「ケーキは別腹」と言って甘いものを食べてはいないだろうか？その場の雰囲気に負けて，「明日からダイエットをやり直そう」と弁解しながら，一時的に食べ過ぎてはいないだろうか？私たちの意識は，進化の長い年月を通してつくられてきた身体の知恵に打ち勝つことはできない。少なくともBMIが22.0以下の人[1]はダイエットに励む必要はない。しっかりと筋肉をつけ，姿勢を正す方が外見上の魅力は増すはずである。

1) 体重(kg)を身長(m)の2乗で割った数値がBMIである。身長が1.50 mの人ならばBMI = 22.0の体重は49.5 kgとなる。2章参照のこと。

コラム 6－1 人はなぜ化粧をするのか

人はなぜ化粧をするのだろうか。この問いを3つの側面から考えてみたい。

まず一つ目が，直接的な目的の問題である。一口に化粧というが，体表の衛生・健康を維持し，増進するための「慈しむ化粧」と，印象を演出するための「飾る化粧」という，大まかに分けて二つの目的をもつ。慈しむ化粧はスキンケアが，飾る化粧は印象の視覚的演出を行うメーキャップ・嗅覚的演出を行うフレグランスがその代表である(阿部，2002；以降の記述も同書参照)。

第二は，人はいつから化粧をするようになったのか，という歴史的な問いである。慈しむ化粧については，体表の衛生・健康の維持・増進だけに着目すれば人間に限ったことではない。ラッコは一日中毛づくろいに余念がなく，鳩も水浴びする。ゾウリムシですら，強い酸から逃げる走性がある。これを体表環境の維持と見れば，慈しむ化粧である。慈しむ化粧は，人類誕生はるか以前に成立した動物一般の習性であり，人類はそれを継承していると考えられる。一方，飾る化粧も，トキが分泌物をくちばしで塗り広げて墨色の婚姻色を表示したり，エゾ鹿が黒い泥を体につけて，白く磨いた枝角を強調したりする。しかしこれらの行為と現生人類の飾る化粧の連続性は考え難い。人類の遠い祖先であるアウストラロピテクス・アファレンシスは，顔のような形の石に強い興味をもっていた。3万年ほど前まで共存していたネアンデルタール人も，羽飾りなどの装飾をしていたという。そして現生人類誕生の頃，赤い酸化鉄を墓に敷き，死者に塗ったことが知られている。しかし現代の類人猿ではそのような行為は知られていない。人類の黎明期に顔への特別な関心が芽生え，現生人類誕生の頃，顔を色彩で飾るという固有の行動が開始したと思われる。よって，最初に慈しむ化粧を始めたのは最初の動物，最初に飾る化粧を本格化させたのは最初のホモ・サピエンスということができるだろう。

歴史的な問いを個人史に向けなおしたとき，何歳から化粧をするかという第三の問いが生じる。ベビーローションで慈しむ化粧が開始し，七五三の口紅で飾る化粧を体験する人も多いだろう。しかし，親や周囲から強要されずに，自らの動機で本格的に行うのは思春期以降である。そして慈しむ化粧は私的自意識・自尊心を動機とし，飾る化粧はこれらに加えて公的自意識とのかかわりが深い。

人はなぜ化粧をするのかという問いに対する答えは，「自らの体表の健康・衛生への関心を動機として慈しむ化粧を行い，自分と社会とのかかわりを操作することを動機として飾る化粧を行う。そして慈しむ化粧も飾る化粧も，日常生活に埋め込まれた感情調整装置として機能している」，こうまとめられよう。

〈引用文献〉

阿部恒之 (2002). ストレスと化粧の社会生理心理学　フレグランスジャーナル社

6－2 運　　動

運動(身体運動)とは，安静時以上に筋肉を動かし，心拍を上昇させることである。日々の定期的な運動は心身の健康に好ましい結果を導くことが知られている。運動は，肥満を防ぎ，**メタボリックシンドローム**や**生活習慣病**への罹患率を下げるだけでなく，気分を改善させ(ポジティブ感情を生みだし)，**不安**や**うつ**の低減にも効果をもつ。

しかしながら，「日頃から日常生活の中で，健康の維持・増進のために意識的に体を動かすなどの運動をしている人」の割合は，男性 52.6%，女性 52.8%　(平成８年保健福祉動向調査)にすぎない。身体活動量と死亡率との関連から，「１日１万歩」の歩数を確保することが理想と考えられているが[2)]，その基準に達している人は男性 29.2%，女性 21.8%にすぎない(平成９年度国民栄養調査)。

なぜ多くの人は運動をしないのだろうか？“三日坊主”という言葉があるが，何らかの運動を始めても持続しない人が多いのはなぜだろうか？その一方で，運動を継続させている人がいる。そのような人たちはなぜ運動を続けられるのだろうか？

２章で述べたように，私たちの身体は生理的均衡を維持しようとするしくみをもっている。急激な身体運動によって心拍が上昇すればそれを元のレベルに戻そうとする。そのもっとも簡単な方法は，心拍上昇を招いた運動をやめることである。さらに，限界まで心拍を高めると，運動によって得られる**気分改善効果**は 30 分間先延ばしになるといわれる。この 30 分間の遅延が，運動初心者に対して，運動の継続を阻害する原因になっていると考えられている[3)]。

すなわち私たちの身体は急激な生理変化を好まず，そのような変化をもたらす行為(運動)を可能な限り停止させようとする。また，運動がもたらす気分改善効果は運動終了後から遅延して与えられ，心身に対する健康全般に対する改善効果(**健康改善効果**)となると数ヵ月先のこととなる。すなわち，運動を継続させるためには運動直後に報酬の与えられることが必要であるが，通常はその

2)「健康日本 21」では，１日１万歩を理想とし，現実的な目標値として，１日の平均歩数を男性 9,200 歩，女性 8,300 歩程度としている。なお「健康日本 21」とは，2000 年より厚生省(現，厚生労働省)によって始められた「21 世紀における国民健康づくり運動」のことである。食生活・栄養，身体活動・運動，休養・心の健康づくり，タバコ，アルコールなど９つの分野を対象に，それぞれの目標値を定めている。

3) http://www.apa.org/monitor/2011/12/exercise.aspx

報酬が与えられず，それ故に運動は継続させることが難しいのである。

では運動を継続的に行っている人たちはいかにして運動を持続させているのだろうか？ 2つの理由が考えられる。**内発的動機づけ**と**誘因**である。前者は，身体を動かしたいという内的衝動を満足させるための運動や，自らで目標を設定しその目標達成をめざす運動が該当する。後者は，「30分ジョギングすればチョコレートを食べてもよい」という設定を自らで課したり，競技大会での入賞を目ざして頑張るといったケースが相当する。

いずれにせよ，「健康のために運動をしよう」という意志の力だけで運動を継続させることは困難である。身体を動かすことの内発的動機を高め，その動機を持続させることと，運動が習慣化するまでは，誘因を計画的に設定することが重要となる。

なお近年は，内在性オピオイドである**エンドルフィン**による鎮痛効果がランナーズハイ(走ることが苦痛でなく，むしろ快感となること)を生み出しているとの指摘もある。内発的動機づけの背後にはこのような神経科学的基盤が作用しているともいえよう。

6－3　ギャンブル

日本の宝くじの還元率は50％以下である[4)]。賭け金の半分ももどってこない条件であっても宝くじに夢をたくす人は多い。なぜ多くの人々は，“一攫千金”を狙うのだろうか。パチンコ人口は近年減少の一路をたどっているが，それでも2013年のパチンコ人口は970万人と推定されている[5)]。なぜ多くの人々は，ギャンブルに魅せられるのだろうか。

ギャンブル行動は，**内発的動機**，**外発的動機**，**情動**の3つの観点から説明される。まず内発的動機から見ていこう。

ギャンブルにはさまざまな種類のものがあるが，ゲーム性をもったものが多い。それらはゲーム一般を楽しむことと同様な，興味や関心を満たし，興奮が味わえる。日本において賭博行為は法的に禁止されているが，合法である国々も多い。賭博場(カジノ)ではディーラーとの駆け引きや，同じテーブルで賭博行為を行う人々とのやりとりを楽しむこのできる場でもある。すなわち他者と

---

4)　宝くじ問題検討会報告書　平成22年　宝くじ問題検討会
http://www.soumu.go.jp/main_content/000088278.pdf

5)　レジャー白書2013(2014). 日本生産性本部 http://www.jpc-net.jp/leisure/

のかかわりを楽しむことができる。ギャンブルは，**目標**が明確な場面でもある。勝ち負けを繰り返しながら最終的に勝ち越せば，**目標達成**の満足感が味わえる。これらはすべてギャンブルそのものを楽しむという内発的動機として機能する。

ギャンブルにおいては金銭収支の結果（儲けと損失）が即時に明らかとなる。すなわちギャンブル行動は**間欠強化スケジュール**下における学習行動としての側面をもつ[6)]。間欠強化スケジュールの強化力は大きく，**連続強化スケジュール**と比較すると，より少ない報酬でより多くの反応を生起させることができる。その結果，報酬（ギャンブルの賞金）を求めるという外発的動機が高まり，ギャンブル行動が継続されていくのである。

ギャンブルの勝敗は情動に直結する。ギャンブルにはまり込む人の中には，勝利した時の快感，喜びが忘れがたく，その時の情動体験を繰り返したいがためにギャンブルを続けるという人たちがいる（あの感激をもう一度！）。一方で，仕事や人間関係がうまくいかずに落ち込んでいたり，いらいらしたり，腹立たしい気持ちにある人が，そのような負の情動からの**逃避**を目的に，ギャンブルに熱中することも多い（嫌なことを忘れたい！）。ギャンブルは長時間行えば行うほど，その勝率は平均化され還元率に近づいていく。すなわち負けていく。負けは負の情動を導く新たな要因となる。すなわち，逃避目的のギャンブルは負のフィードバック（悪循環）を引き起こし，より一層ギャンブルにのめり込ませることになるのである。

ギャンブルには常に新しいものが出てくる。例えば，パチスロが登場したのは 1970 年代後半であり，スクラッチ[7)]は 1984 年，ナンバーズ[8)]は 1990 年から発売された。最近ではインターネットを介したオンラインカジノ[9)]も人気のようである。このようなゲーム性に惹（ひ）かれるギャンブル行動は内発的動機によって説明できる。

またギャンブルにのめり込む人たちの一部には，自己の行動に対する**統制感の歪み**があると指摘する研究もある。実際には勝ってはいないにもかかわら

6）実際には毎回掛け金を出し，多くの場合は負けるのであるから，罰スケジュールが同時に走っていることになる。

7）スクラッチ印刷されたインスタントくじのこと。

8）正式には「数字選択式全国自治宝くじ」略して「数字選択式宝くじ」という。

9）オンラインカジノは刑法が禁じる賭博行為に該当するが，相手側（胴元）は海外にあってその国の法規に照らし合わし合法的に運営している企業が多い。国内法の適用については議論が続いており，日本国内からのオンラインカジノへの参加者が摘発・検挙された事例は今のところ発生していない（2015 年 1 月時点）。

ず，勝っていると思い込み，自らのギャンブル行動をうまく自己統制できていると錯覚しているのである。根拠なき自信がギャンブル行動を持続させているといえよう(Goodie, 2005)。

総じて内発的動機によるギャンブル行動よりも外発的動機によるギャンブル行動の方が**依存性**は高くなる。また先に述べたように，逃避を目的としたギャンブル行動は，一時的な気分転換としては有効であるが，習慣化すると生活の破綻につながる。

6-4　先延ばし

皆さんの中には，宿題(レポート)の提出締め切りが事前にわかっているにもかかわらず，締め切りの直前になるまで手がつけられないという人はいないだろうか。同様に，電車やバスの発着時間がわかっているのに家を出る準備ができていない，部屋の掃除をしなければならないのにいつまでも片付けない，といったことが日常化している人はいないだろうか。

何かをしたい，しなければならないと思っていても，私たちの多くは，ついついそれらを先延ばしにしてしまう。“明日できることは今日するな”という皮肉の強い警句を考えた人もいる。このような先延ばしは，(今は)したくないという動機によるものといえる。

先延ばし(procrastination)は，**回避的先延ばし**と**覚醒的先延ばし**の２パターンに分けることができる。回避的先延ばしには，**自尊感情(自尊心)**，**失敗への怖れ**，**セルフ・ハンディキャッピング**，**うつ**，**不安**が関係しており，また**心理的リアクタンス**からうまく説明される。

決められた期日にレポートを提出しなければならない状況について考えてみよう。レポートを書き始めたもののうまく書けない。このようなレポートを出せば点数は低くなるか，場合によると不可になるかもしれない。序々に，うまくレポートを仕上げることができないという怖れが強まる。この怖れの背後には，自分はまともなレポートが書けるはずだという自信，すなわち自尊感情があるといえよう。すなわち先延ばしは，失敗への怖れであり，自尊感情の傷つくことに対する危惧といえる。

自尊感情を傷つけないためにとられやすい戦略は**セルフ・ハンディキャッピング**である。例えば合格する自信のない試験を受ける直前に，「忙しくて，試験勉強の時間を十分にとれなかった」「今日はお腹の調子がわるい」など試験に落ちた時の言い訳を前もって口にすることがある。実際に試験に落ちれば，これらの言い訳が有効になり，本当は試験に合格する実力をもっているにもかかわらず落ちてしまった，と自分自身を納得させることができる。逆に試験に合格すれば“……にもかかわらず試験に合格した。それだけ実力があるということだ”と考えることができる。いずれの場合においても自尊感情が傷つくことはない。

セルフ・ハンディキャッピングは事後の言い訳においても有効である。失敗した後に，“……だったから”と考え，失敗の原因を自己の外部に求めることができる。実際に，セルフ・ハンディキャッピング傾向と先延ばし傾向の間には正の相関がみられている(Steel, 2007)。

先延ばし傾向はうつ，不安の傾向と相関する(Senecal et al., 1997)。レポートなどの課題を過大視し，心理的な負担感を強め，そのことによって生じる精神的な疲れから課題をこなす意欲がでてこないといったケースである。こういったケースでは課題を先延ばしする(あるいは，課題をしない)ことがうつ，不安を悪化させないという点においては適応的であるといえるが，当然のことながら，課題をきちんとこなすことができなければ単位を落とすなど，さまざまな問題が生じ，結果として社会的不適応を引き起こす。

覚醒的先延ばしとは，意図的に課題(や決定)を先延ばしし，直前になって短時間に仕上げるという，いわば“スリル”を楽しむケースである。締め切りギリギリになるまで手を付けず，自分自身を追い込んでいくケースといえる。実際に，追い込まれることによるプレッシャーがないと集中できないと答える人は多い。特に，おもしろみを感じないレポート課題などの場合，その傾向は高くなる。

Steel(2007)は，覚醒的先延ばしに関する諸研究を**メタ分析**し，先延ばしの諸特徴を調べた。**衝動性**と覚醒的先延ばし傾向の間には正の相関があり，この相関は**情緒不安定性**[10]の傾向が高い者においてより顕著であった。すなわち情緒不安定性の傾向が高い者は，不安よりも衝動性によって先延ばしを行いがちとなる。また，先延ばしは**気の散りやすさ**(distractibility)とも正の相関が見られ，逆に**セルフコントロール**とは負の相関が見られた。

レポートを書こうとしているときに友人から誘いのメールが入ってくると，いてもたってもいられなくならないだろうか(衝動性)。あるいは自宅で家族の

---

10) 神経症傾向ともいう。

誰かがテレビを見ており，その音が聞こえてくると気になって仕方がなくならないだろうか(気の散りやすさ)。一度決めたことを最後まで持続させること(セルフコントロール)が苦手ではないだろうか。これらの特徴をもつ人は課題を先送りしがちとなる可能性が高いといえよう。

先延ばしは**心理的リアクタンス**と関連の強いことも知られている。リアクタンス(reactance)の元々の意味は電気抵抗のことで，心理的リアクタンスとは心理的な抵抗，反発という意味である。人は自己裁量による選択の自由を奪われると，それを取り戻そうとしたり，強制された選択肢以外のものを選択したりしようとする。例えば，アイスクリーム売り場で何を食べようかと迷っているときに，他者(親，友人など)が「チョコレートはやめておいた方がいい」と口をはさむと，逆にチョコレートを選びたくなったり，「バニラにしておきなさい」と言われると，バニラではない別のもの(例えば，ストロベリー)を選びたくなるのは心理的リアクタンスによるものである。

大学の授業中に，「一週間後にレポートを提出しなさい」と言われると，これから先一週間における行動選択の自由が束縛されることになる。たとえそのレポート課題が自分自身の興味・関心の強いテーマであっても，誰かから指示され，強制される(行動選択の自由が奪われる)とそれに従いたくないという心理的リアクタンスが生じる。このことによって先延ばし行動が助長されると考えられるのである。

6-5　飲　　酒

飲酒運転によって引き起こされた悲惨な事故が，折に触れ，大きなニュースとなる。飲酒による事故，事件は数多く報告されている。飲酒は自らの健康を害するだけでなく，家族や友人との人間関係を崩壊させるというリスクをもつ。一方，“ともに酒を酌(く)み交わす仲”という言葉があるように，飲酒にはプラスの側面もある。

Imada et al. (2014) は，習慣的に飲酒している成人男女 1000 名を対象に，**飲酒動機**，性格，**主観的幸福感**，飲酒結果，健康状態等との関連性を調査した。習慣的飲酒者との比較を行うために，習慣的に飲酒していない成人男女 500 名の調査も同時に行った。習慣的飲酒者の性格は，非習慣的飲酒者と比較して，**外向性**と**開放性**が高く，**情緒不安定性**が低いというものであった(表**6-1**)。

コラム 6-2　先延ばしと時間選好

禁煙・禁酒・ダイエットなどを遂行できる人と断念してしまう人を予測する指標として，時間選好(time preference)が知られている(依田，2010)。時間選好とは目先の利便や効用を重要視する態度をさす。時間選好の程度は，簡便的には，現時点で受け取ることのできる金額を我慢して，それに代えて未来に受け取ることを要求する金額によって測定され，その金額が高いほど時間選好率が高いとみなされる。例えば，今日の千円は明日の１万円と同じ価値があると考える人は時間選好率が高く，このような人は禁煙などに失敗しやすい。

日常生活では，ある課題の遂行計画を立てた後にそれとは異なる新たな課題がもたらされ，いずれの課題遂行を優先するかの選択に迫られることが常である。この際，筆者を含め多くの人は，新たにもたらされた目先の課題の遂行に正当な理由なく資源を向けてしまうことが多く，結果的にそれ以前の重要な課題を計画通りに遂行できず，先延ばしが生じる。したがって，先延ばしの程度にも，個人特性としての時間選好が影響を与える。

例えば増田(2012)は，時間選好が大学生による学期末レポートの作成の先延ばしに関与していることを報告している。この研究では，まず学期末レポートの提出日の４週間前にレポート課題と提出日を告知し，レポートの着手日と完成日を計画させた。そしてレポート提出日に，実際の着手日と完成日を報告させた。時間選好率については，現時点の１万円を断って１年後の受け取りを要求する金額を回答させることによって測定された。その結果，２万円を超える金額を回答した時間選好率の高い人たちは，２万円未満の金額を回答した人たちよりも，レポートの着手を先延ばしする程度が大きいことが明らかとなった。未来よりも現在の利便や効用を重要視する人は，レポート作成の計画を行動に移そうとする段階で，新たに課される別の課題(例えば，サークル活動や友人に誘われた遊び)の遂行を優先してしまい，結果的にレポート着手を先延ばしする程度が大きくなるものと考えられる。

しかしながら，増田(2012)の研究では，時間選好率の低い人たちでさえ，計画通りにはレポートの着手も完成もしておらず，先延ばしが厳然と生じていた。さらに興味深いことに，時間選好率の高い人たちは客観的には先延ばしの程度が大きいにもかかわらず，主観的には時間選好率の低い人たちと同じ程度の遅延感しか感じていなかった。

防災対策などの人命や財産に関わる遂行期限のない課題では，その先延ばしは本質的に避けるべき行動である。レポート作成という遂行期限が決められている課題でさえ，多くの人が先延ばしをしてしまうことを考えると，その生起メカニズムの検討とともに，生起させないための教育プログラムの開発が今後の課題であろう。

〈引用文献〉

増田尚史（2012）．先延ばしに関する心理学的検討(2)：時間選好率が計画錯誤量に及ぼす影響　広島修大論集，**53**，151-158.

依田高典（2010）．行動経済学　中央公論新社

表 6-1　飲酒者，非飲酒者の性格特性(Imada et al., 2014)

	開放性	情緒不安定性	誠実性	外向性	調和性
飲酒者	4.31	4.15	4.19	4.27	4.38
非飲酒者	4.23	4.20	4.18	4.16	4.37
	$p < .001$	$p < .01$	ns	$p < .001$	ns

表 6-2　性格特性と飲酒動機との関係(相関係数)(Imada et al., 2014)

	対処	気分高揚	社会	食事	抑制
開放性	-0.042	0.075**	0.157**	0.181**	0.100**
情緒不安定性	0.112**	0.022	-0.117**	-0.182**	0.013
誠実性	-0.031	-0.042	0.009	0.160**	0.180**
外向性	-0.029	0.140**	0.375**	0.202**	0.033
調和性	-0.110**	0.042	0.156**	0.104**	0.117**

** $p < .01$

この研究では，飲酒動機は大きく5つの下位尺度に分けられた。ストレス対処(いやなことを忘れるために飲酒する)，気分高揚(ハイな気分になりたい)，社会(人間関係を改善，維持したい)，食事(食事をより楽しみたい)，抑制(飲酒しない，控える)の5つである。これらと性格特性との関係をみると，情緒不安定性が他の4つの性格特性(外向性，開放性，誠実性，共調性)と異なるパターンを示した。後者はすべて飲酒動機の社会，食事と正相関したにもかかわらず，前者の情緒不安定性はそれらと負相関し，さらに対処と正相関するというものであった(表 **6-2**)。

すなわち，飲酒習慣をもつ人たちの中でも，情緒不安定性傾向の高い人たちは，ストレス対処を目的に飲酒する傾向が高く，社交(社会)や食事を楽しむ目的で飲酒する傾向が低いという結果であった。

飲酒の結果は，軽度な健康阻害(眠りが浅くなるなど)，負の心理的影響(ふさぎこむなど)，重度な健康阻害(嘔吐するなど)の3つの下位尺度から測定された。飲酒動機との関連で見ると，3尺度とも，ストレス対処による飲酒との正相関が顕著であった。さらに性格との関連をみると，3つの尺度のいずれにおいても，情緒不安定性傾向との正の相関が見られ，外向性，共調性とは負の相関が見られた。

これらの結果から，ストレス対処に動機づけられた飲酒は心身に悪影響を及ぼし，特に情緒不安定性傾向の高い人たちにおいてはその傾向が顕著であることが指摘される。飲酒は“おいしく，楽しく”飲むことが大事であり，“やけ酒”は一時しのぎのものであって，決して好ましいものではない。特に情緒不安定性傾向の高い人たちの“やけ酒”（ストレス対処を目的とする飲酒）には注意が必要である。

■6章の引用文献

Goodie, A. (2005). The role of perceived control and overconfidence in pathological gambling. *Journal of Gambling Studies*, **21**, 481-502.

Imada, S., Izu, H., & Hasegawa, T. (2014). Gender difference in the relationship among personality, drinking motives, alcohol consumption and subjective happiness. Presented at the 28th International Congress of Applied Psychology (Paris).

Senecal, C., Lavoie, K., & Koestner, R. (1997). Trait and situational factors in procrastination: An interactional model. *Journal of Social Behaviour & Personality*, **12**, 889-903.

Steel, P. (2007). The nature of procrastination: A meta-analytic and theoretical review of quintessential self-regulatory failure. *Psychological Bulletin*, **133**, 65-94.

7章　動機づけの病理と臨床

臨床心理学や精神医学が取り上げる問題の多くは，行動的な問題である。さまざまな心理療法も，考え方こそ多様ではあるが，行動の変容をめざすという点では概ね一致している。そのため，行動を喚起する内的状態だと仮定されている動機づけは，臨床的な問題について研究・実践するうえで欠かせない視点である。この章では，さまざまな行動上の問題を，動機づけの観点から順に解説していく。

7-1　反社会性パーソナリティ障害

悪質で残酷な犯罪に関するニュースなどを見ると，なぜそのような行為におよぶのか，その動機を理解できないと感じることはしばしばである。また，そうしたニュースや新聞記事のなかで，容疑者の人となりを説明するものとして，**反社会性パーソナリティ障害**や，**サイコパス**といった専門用語が使用されることもあるので，これらの言葉を耳にしたことのある読者も多いだろう。反社会性パーソナリティ障害とは，法律や常識といった社会規範を無視し，他者の気持ちや権利を軽視するとともに，嘘（うそ）などの不誠実なふるまいや言語的・身体的な暴力によって他者を傷つけるといった特徴を有する，パーソナリティ障害の一種である。現在，精神障害などの診断基準として標準的に用いられている『精神障害の診断と統計マニュアル　第5版（Diagnostic and Statistical Manual of Mental Disorders, 5th Edition，通称 **DSM-5**）』（American Psychiatric Association, 2013）の基準にしたがって診断される。

反社会性パーソナリティ障害と診断される人々を反社会的行動に動機づけるものは何なのだろうか。一般的な感覚では，何かしらの必要が生じている場合であっても，他者を傷つけたり騙（だま）したりすることには，良心の呵責（かしゃく）が伴うものである。また，攻撃される側の立場にたてば，そうした行動をとることは，行為者にとっても心苦しい経験となるであろう。こうした問を考えるうえでは，反社会的行動の背景となるような，情動的，認知的特性を記述したサイコパスとよばれるパーソナリティ特性が参考になる。

クック（Cooke, D. J.）らは，サイコパス特性の測定尺度であるサイコパス・チェックリスト（PCL-R）を作成し，サイコパスの主要な特性を3つの下位因子（どの因子にも含まれない項目は除く）に大別している（Cooke & Mechie, 2001）。その結果をまとめたものが表**7-1**である（Blair, Mitchell, & Blair, 2005）。これによると，サイコパスの主たる特徴は，尊大で虚偽的な対人関係の様式，感情の欠落，衝動性・無責任の3点である。このうち，特に感情の欠落因子には，良心の呵責，他者への冷淡さ，共感性の欠如といった特性が含まれている。このことは，他者への反社会的行動を抑制するはたらきが期待される，他者指向的な認知・情動的プロセスが障害されていることを意味する。

実際，サイコパスや反社会性パーソナリティ障害の研究においては，行動の抑制に関する問題がよく研究されている。例えば，行動の一次的動機づけシステム（Gray, 1970）である**行動賦活系**（ふかつ）と**行動抑制系**に注目すると，行動抑制系の弱さがサイコパスに関連することが示されている（Newman, MacCoon, Vaughn, & Sadeh, 2005）。サイコパスは目的を達成するためには手段を選ばないことが知られているが，これは何らかの利益を得るための行動を抑制する機能が弱いために起こることなのかもしれない。そこに共感性や良心の欠如が合わさることによって，他者に対する冷淡で残酷なふるまいが出現するものと考えられる。

表 7-1　サイコパスの3因子モデル（Blair, Mitchell, & Blair, 2005）

尊大で虚偽的な対人関係	感情の欠落	衝動的，無責任	どの因子にも含まれない項目
1 口達者/表面的な魅力	6 良心の呵責	3 刺激を求める/退屈しやすい	10 行動のコントロールができない
2 誇大的な自己価値観	7 浅薄な感情	9 寄生的生活様式	11 放逸な性行動
4 病的な虚言	8 冷淡さ，共感性の欠如	13 現実的・長期的な目標の欠如	12 幼少期の問題行動
5 偽り騙す傾向，操作的	16 自分の行動に責任が取れない	14 衝動的	17 数多くの婚姻関係
		15 無責任	18 少年非行 19 仮釈放の取消 20 多種多様な犯罪歴

＊数字は項目番号

7-2　うつとアパシー

動機づけの機能は，何かしらの行動を引き起こすことである。したがって，もしも動機づけが弱くなった場合には，それに対応する行動が起こりにくくなることが推測できる。ここでは，行動を起こさせる力が極端に乏しくなることによって，私たちの生活にどのような影響が現れるのか，うつとアパシーを題材として解説する。

(1)　うつに伴う動機づけの問題

うつと**アパシー**はよく似た状態像であり，ともに意欲や興味関心といった動機づけ的状態の減退を示すと考えられている。しかしながら，この両者には概念上の差異が存在する。抑うつ状態はより広範な問題を含む概念であり，抑うつ的な気分や身体症状といったさまざまな症状がそこに含まれる。一般的にいって，うつは，全般的な意欲や興味関心の低下，さらには食欲や性欲といった生物的必要の減衰など，動機づけの問題が前面にあらわれる病態である。うつに悩まされる人々の多くは，何らかの行動を実行に移す必要があることを認識しており，時にはそうせねばならないとすら考えている。しかし，億劫感や気の重さ，体の重さなどといった無気力状態によって，そうした行動を実行することが難しいと訴えるのである。

うつに伴う無気力状態を説明する理論として，5章でも取り上げた**学習性無力感理論**を挙げることができる。この理論によると，長期間にわたって回避できない苦痛に曝され続けることで，その状況から抜け出すための行動が生起しにくくなるのだという。これは，自らの行動によって望ましい結果を得ることができないという予期を学習した結果であると考えられる。

うつに伴う無気力状態に関しては，他にも，うつと報酬の予期との関連を示した研究からも説明可能である。例えば，うつ病患者が示す**アンヘドニア**の重症度は，報酬を獲得するための努力に向けた動機づけの低さを予測する(Sherdell, Waugh, & Gotlib, 2012)。アンヘドニアは失快感症ともよばれ，以前は楽しめていたことであっても，全般的に喜びを感じることができなくなった状態をさす。一般的にいって，心地よい経験をした場合，その後その行動の生起頻度は高まる。しかし，アンヘドニアの状態では，そもそも心地よさを覚えることが少ない。それはすなわち，いかなる行動にも報酬が伴いにくいということであるから，結果として「行動しても報酬は生じない(喜びや心地よさは得られない)」という予期が形成され，次の機会が来てもその行動をとるようには動機づけられなくなるのである。

(2) アパシー

うつが極めて多様な症状を含むものとして定義されているのに比べて，アパシーは自発性と反応性の低下に焦点を絞った概念として定義される。アパシーの診断基準の背景には，アパシーを情動的アパシー，認知的アパシー，行動的アパシーの3つに分類するという考え方がある(Stuss, Van Reekum, & Murphy, 2000)。情動的アパシーとは情動反応の低下と関心の欠如，そしてパーソナリティの鈍化を特徴とするものであり，認知的アパシーは行動のプランを組み立てることの障害によって特徴づけられる。行動的アパシーは自発的な行動の減少や，行動するための努力の欠如，そして生産性の低下をその特徴とする。つまり，アパシーはさまざまな心理的側面の問題を含むものだと考えられており，単にやる気が出ないだけの状態とは異なることがわかるだろう。

(3) スチューデント・アパシー

スチューデント・アパシーとは，特定の原因がないにもかかわらず，勉学に対する無気力状態を呈し，無感情化した大学生の状態を示す概念である。スチューデント・アパシーの研究は大学における学生相談の臨床実践からスタートし，1970年代から1980年代頃に一般化して以降，現在でも盛んに研究が行われている。スチューデント・アパシーと抑うつ状態の違いは，後者には長引く抑うつ感が存在するが，前者は必ずしもそれを含まないこととされている(狩野・津川, 2008)。またスチューデント・アパシーの心理的特徴は，悩めないこと，つまり自分自身の問題について深く考えられないことである(下山, 1996)。この点は，抑うつ状態が自己に関する否定的思考と結び付けられていることと対照的である。

こうした両者の違いを踏まえ，継続的な勉学への無関心状態を呈する一般大学生について調査し，アパシーによる無気力と，抑うつ状態による無気力との区別を試みた研究がある。その結果，勉学への無気力状態を呈する大学生には，抑うつ感を伴うものと伴わないものが存在することがわかった(狩野・津川, 2011)。さらに，両者の「考え込み」の違いについても検討を行っており，抑うつ的な無気力者は考え込みの頻度が高く，アパシー型の無気力者は，考え込みの頻度が低いことが示された(図7-1)。こうした結果は，上に挙げた先行

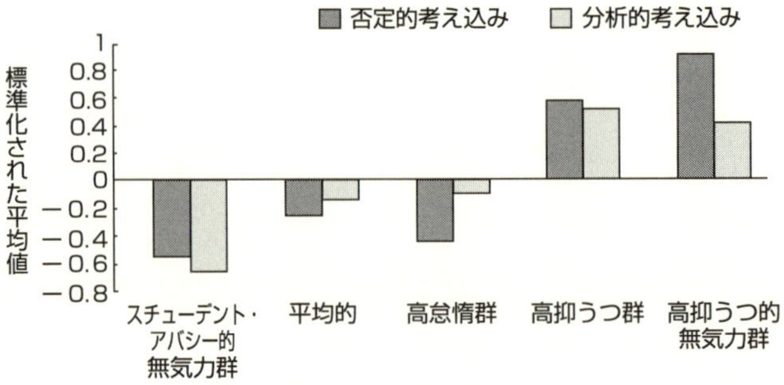

図 7-1　アパシーとうつにおける考え込みの違い(狩野・津川，2011)

研究における仮説を直接的に支持するものだといえる。以上のように，外見上同じように無気力なものであっても，その心理的な特徴に注目すれば，抑うつ的な無気力とアパシー的な無気力を区別することができる。こうした区別は，実際に援助を行う際のヒントにもなり得ることから，臨床的にも注目に値するものといえる。

7-3　ナルシシズム

うつやアパシーに見られるような動機づけの低下は，幅広い行動に影響をおよぼす全般的な問題であった。一方で，特定の種類の動機づけによって生じる，より狭い範囲の行動が，臨床的な問題となることも少なくない。ここではその例として，まずナルシシズムと自己高揚動機について説明する。

(1)　ナルシシズムの心理学的定義

ナルシシズム(または**自己愛**)の語源は，ギリシャ神話に登場するナルキッソスの名にあるとされている(川崎，2011)。ナルキッソスは美しい青年であったが，自分に想いを寄せる他者にはもっぱら冷淡であった。そして，他者を傷つけたことの報いとして神罰を受け，水面に映る自らの姿を愛し，それにとらわれることとなった。しかし，その愛は決して報われぬものであり，それを苦にしたナルキッソスは，ついに自ら死を選んだ。この神話にあるように，ナルシシズムとは，自分自身に対する愛情であり，それが過剰になった場合には，他者には愛情を向けず，自己にのみ肯定的な関心を向ける状態となるのである。

ナルシシズムに関する研究は，心理学よりもむしろ精神分析学の領域で発展した。精神分析学の創始者であるフロイト(Freud, S.)は，当時においてはまだ性倒錯の一種だと考えられていた男性同性愛に関する論考のなかで，そのメカニズムを説明するものとしてナルシシズムの概念を用いた。フロイトによれば，乳児は自己と他者を区別して認識することが難しいため，主観的には自己のみが存在するという認識をもつ。関心を向け得る対象も自己だけしか存在しない。そのため，心的なエネルギーであるリビドーも，自己に向けるより他にないのである。こうした，発達の初期において必然的に生じるナルシシズムを，**一次的ナルシシズム**とよぶ。心身の発達に伴って，人は徐々に自己と他者を区別して認識できるようになっていく。そのことによって，他者にも関心やリビドーが向けられるようになる。そして，心理的・生理的満足を得ることにより，他者に愛を向けることを学ぶのだとフロイトは論じた。しかし，満足を得ることに失敗し続けると，他者に向けていた関心やリビドーを，再び自己にのみ向けるようになる。この結果，自己にのみ愛を向ける**二次的ナルシシズム**の状態が構成される。

精神分析学的なナルシシズム研究は，フロイトの理論をベースとして，これを批判，修正することで発展してきた。そのなかでも特に有名なのはコフート(Kohut, H.)による**自己愛性パーソナリティ障害**の研究である(Kohut, 1971)。コフートは，ナルシシズムのすべてを病理的なものとは考えず，むしろ他者からの賞賛を求める素朴な誇大感がナルシシズムの源泉だとしている。素朴な誇大感に対して，養育者からある程度の共感が示されれば，その誇大感は成熟した自尊心へと形を変えていく。しかし共感が得られなければ，その後の人生においても，誇大感を維持してくれるような反応を他者に求め続けることに動機づけられるようになる。コフートは，こうした状態を病的なナルシシズムだと考えた。

以上のような精神分析学的研究を足がかりとして，ナルシシズムは心理学の研究対象として注目されるようになっていった。そこでは，主に質問紙調査や因子分析といった心理測定的手法によって，ナルシシズムを定義する試みが行われてきた。例えば，**自己愛人格目録(NPI)**とよばれるナルシシズムの測定尺度について検討したエモンズ(Emmons, R. A.)は，搾取・権利意識，指導性・権力，優越感・高慢さ，自己耽溺（たんでん）・自己賞賛という4因子によってナルシシズムの特徴を定義した(Emmons, 1984)。NPIについてはその他にもさまざまな因子構造が報告されている。また，NPIとは異なる側面に焦点を当てた測定尺度も複数開発されている。すなわち，ナルシシズムの心理学的定義については，未だ明確に定まっているとは言いがたい状況である。

(2)　ナルシシズムと自己高揚動機

ナルシシズムを「自尊心を維持・高揚しようとする心理的な制御機能である」とする定義もある(川崎, 2011)。これは，自尊心を適度な水準に保つために，さまざまな方法によって自己を高揚するよう行動を動機づけるという，ナルシシズムの機能的な側面に注目した定義である。こうした動機づけは**自己高揚動機**とよばれ，特にナルシシズムの心理的機制を理解するうえで重要である。

自己を高揚させるための行動はさまざまであり，認知的方略によるもの(認知的自己調整)，対人的な方略によるもの(対人的自己調整)，達成行動による自己調整(行動的自己調整)の3種に大別される(中山, 2008)。認知的自己調整とは，自己に関する認知を歪曲することで自己評価を維持することである。例えば，必要以上に他者の能力を見下すことで，自己評価を相対的に高めようとすることなどがこれにあたる。対人的自己調整とは，自己評価を高めるために他者を利用するものである。例えば，自分のことを褒(ほ)めるよう，他者に圧力をかけることなどがこれにあたる。そして行動的自己調整は他者との交流を含まず，何らかの分野における達成を目ざすことで自己評価を高めようとするものである。

上に挙げた3つの方略のうち，対人的自己調整はナルシシズムの対人的特徴を反映したものとして注目される。他者と親しくしようとする親和動機(4章参照)のあり方とナルシシズムとの関係を検討した研究では，ポジティブな刺激や肯定的な評価を求めて他者と親和しようとする動機づけが強い者ほど，ナルシシズムも強い傾向にあった(川崎・小玉, 2007)。さらに，ナルシシズムの下位側面である優越感・有能感は，ポジティブな刺激と外的評価に関する親和動機と関連し，注目・賞賛欲求は外的評価に関する親和動機と関連することが見出された。一方で，情緒的支持や是認を求めて親和する動機は，ナルシシズムと関連しなかった。この結果は，優越感や注目，賞賛を得たいがために，ポジティブな刺激や評価を求めて他者と親和しようとするナルシストの特徴を反映する。このように，ナルシシズムの強い者は他者を利用してでも自己高揚するよう動機づけられており，それが結果的に，彼らの人間関係をいびつなものにしていく。

7-4 性倒錯（せいとうさく）

性欲に関する病理もまた，動機づけの異常として臨床的な問題となる。ここでは性倒錯に関する基本的な知見を概観し，いかにして性欲が種々の問題行動を動機づけるか解説する。

(1) 性倒錯とは

性倒錯とは性的目標の異常である。通常の性行為とは異なる行為が性的目標となる場合に，性倒錯であるとみなされる。性的目標と性欲の強さは，互いに区別されるものであり，性的目標に異常があるからといって，必ずしもその性欲が過剰だとは限らない。また，その逆も然りである。

性的目標については，その個人が属する社会や文化，さらに時代によって規範が変化するものであるから，なにを正常とみなすかという基準は常に移り変わる可能性がある。そのため，ある社会や文化，もしくは時代において正常であるとされた性的目標が，他では異常であるとみなされる場合がある。性倒錯はDSM-5などによる精神医学的な診断の対象ともなっているが，過去この範疇に含められていた同性愛は既に除外されている。ここからも，性倒錯概念の移ろいやすさが理解されるであろう。

性倒錯は**パラフィリア障害群**という診断カテゴリーとして，DSM-5に採用されている。ただし，単に性的嗜好の特徴のみでパラフィリア障害群の診断が下されるわけではない。むしろ，そうした性的嗜好を他者の同意なく実行に移すこと，その実行によって他者に危害を加えること，さらに性的嗜好に関連する衝動や空想によって，著しい苦痛や日常的な機能水準の低下が引き起こされることなどが，パラフィリア障害群の診断を左右する。繰り返しになるが，決して性的嗜好そのものが精神障害として定義されているわけではない，という点に注意しなければならない。

(2) さまざまな性倒錯とその心理的背景

性倒錯の例としては，露出症，窃視症（せっし），サディズム，マゾヒズムが挙げられる（大熊, 2013）。露出症とは，性の対象となる異性や同性，または子どもなどに対して，自己の性器や裸身などを露出して見せることで性的満足を得るものである。窃視症はのぞきともよばれ，性対象の性器や裸身をのぞき見ることで性的満足を得るものである。サディズムは加虐（かぎゃく）性愛ともよばれ，性対象に身体的・精神的苦痛を与えることで性的満足を得るものである。そしてマゾヒズムは被虐（ひぎゃく）性愛ともよばれ，性対象から身体的・精神的苦痛を与えられることで性的満足を得るものである。なお，サディズムとマゾヒズムは疼痛（とうつう）性愛とよばれ，この両者を併せもつ者も存在することが知られている。

さらに，大きな社会問題ともなっている性倒錯に**小児性愛**がある。小児性愛とは，年少者に対する性的嗜好であり，DSM-5では，本人が16歳以上で，対象者が思春期前（通常13歳以下）であるとの基準が定められている。こうした精神医学的な診断基準とは別に，小児性愛という問題自体が，社会に対して与えるインパクトは大きい。近年では児童ポルノの規制に関する話題が新聞紙面を飾ることも増えており，社会全体が小児性愛に対して厳しい目を向けるようになってきていることがわかる。なお小児性愛は，法律によっても禁止されている。1999年に成立した，いわゆる児童買春・児童ポルノ禁止法によると，児童買春をした者は，懲役5年以下，500万円以下の罰金（もしくはこの両方）に処される。

性倒錯の心理的背景は未だ十分に明らかでないが，ある研究では，性倒錯者は神経症傾向が強く，協調性や誠実性の低いことが示されている（Fagan, Wise, Schmidt, Ponticas, Marshall, & Costa, 1991）。これは，性倒錯者が対人関係における利他性や自己統制に乏しく，また情緒的に不安定になりやすいことを示している。他にも，共感性の低さ（Hanson, 2003）や，サイコパス傾向（Briken, Habermann, Kafka, Wolfgang, & Andreas, 2006）が性倒錯のリスク要因として取り上げられている。こうした知見は，他者を思いやったり共感したりといった心理特性の弱さが，偏（かたよ）った性的目標を実行に移させる一因となっていることを示唆している。逆にいえば，たとえ性的目標が偏っていても，以上のような他者指向的態度を有するならば，他者を傷つけることへの抵抗感から，一方的な性倒錯行動は抑制されるものと考えられる。

7-5 嗜癖（しへき）と依存症

本章の最後に，特定の物質や行動に対する動機づけの病理として，嗜癖と依存症を取り上げる。嗜癖や依存症は，ときに当事者の人生を破壊することもあるほど，極めて深刻な問題であることから，その動機づけ的側面に関する理解は臨床的にも重要である。

(1) 嗜癖の定義

嗜癖とは，もともと合目的的で適応的であったひとつの行動が，適切な自己調節機能を欠いたまま積み重ねられ，もはや個体の利益にそぐわなくなってしまった状態である。嗜癖の対象となる行動には，アルコールやニコチン，ドラッグといった物質の摂取行動だけでなく，買い物やギャンブル，性行為といった行動も含まれる。前者は身体的な依存性を有する物質への耽溺を主な特徴とするものであり，**物質依存**(症)とよぶのが一般的である。一方，後者は化学物質の薬理効果でなく，あくまで行動そのものに耽溺するものであり，**行動嗜癖**ともよばれる(Khantzian & Albanese, 2008)。

このように，物質依存と行動嗜癖には行動上の相違点が存在する一方で，いくらかの共通点を指摘することもできる。例えば，物質以外への嗜癖を含めて依存症を定義しようと試みた研究では，継続的な行動制御の失敗，望ましくない結果が生じるにもかかわらず同じ行動を継続すること，突発的・衝動的に行ってしまうことの3点が，さまざまな嗜癖に共通する心理的プロセスであるとされている(Smith & Seymour, 2004)。こうした議論を背景として，DSM-5においては，ギャンブルへの嗜癖を主な症状とする**ギャンブル障害**が，アルコール関連障害や幻覚薬関連障害といった物質依存と同じカテゴリー(物質関連障害および嗜癖性障害群)に含まれることとなった(6章も参照)。

物質依存に伴う大きな問題の一つは**離脱症状**である。離脱症状とは，長期間にわたって大量に摂取していた物質の使用を中止もしくは減量した際に生じる症状の一群である。例えばアルコールの離脱症状には不安，抑うつ感，不眠，怒りっぽさ，手の震えといった症状が含まれ，重篤な場合には一過性の幻覚や痙攣発作(けいれんほっさ)が生じることもある。こうした症状は物質の直接的な作用を反映したものであるが，物質の摂取を伴わない行動嗜癖にも，離脱症状とよべるような一連の症状が存在する。例えばギャンブル障害においては，賭博行為を中断した際のいらだちや落ち着かなさが，DSM-5の診断基準に含まれている。こうした心理的症状は，薬物依存における離脱症状と同様に不快なものであるため，これらの発生を回避するよう，さらなる行動嗜癖が動機づけられるのである。

(2) 嗜癖と依存症の背景

嗜癖や依存症はどのようにして起こるのであろうか。その説明のひとつが，物質の使用や嗜癖行動に伴う快感や興奮等の反応が報酬となり，それらの行動を強化しているとするものである。物質依存における快感は，物質を摂取することで生じる**ドーパミン**の放出と関連している(14章参照)。報酬に関連する処理を行う脳内機構は**脳内報酬系**とよばれるが，依存症においては，この報酬系の機能に異常が生じる。例えば，同じ物質を繰り返し摂取するとドーパミン放出量は減少し，多少の摂取では報酬系が反応しなくなってしまい，より多量の物質を摂取せねばならなくなる。これは耐性とよばれる現象であり，さらなる物質乱用を動機づけるものといえる。

上記のような，報酬による説明とは異なる立場から提唱されたのが，**自己治療仮説**である(Khantzian & Albanese, 2008)。この仮説は，報酬の獲得という積極的な動機づけによる部分があると認めつつも，嗜癖せざるを得ないほどの苦しみが先行して存在することを強調する。そして，そうした苦しみを低減するために，物質依存なり行動嗜癖にはまっていくのだという。例えば，モルヒネ等のオピオイドは，身体的苦痛を緩和するとともに，心理的には強い鎮静効果をもたらすことが知られている。そのため，怒りや不安，焦燥感といった強烈な情動にさいなまれ続けている者がオピオイドを使用すれば，その鎮静効果によって束の間の安堵感を得ることができる。こうした経験は，次に同じような苦痛を経験した際に，同じ物質を利用する行動を動機づけるだろう。このように嗜癖は，最終的には有害で破壊的な結果がもたらされるとしても，特定の物質がもつ効用によって何らかの症状を自己治療するものであると考えられるのである。これは報酬による正の強化というよりも，むしろ苦痛の消失による負の強化であるとも言える。なお，自己治療仮説にはいくらかの批判も存在するが，実際の援助を考える際には，単に物質依存や行動嗜癖をやめさせるという発想を超え，その背景にある心理的苦痛に焦点を当てているという点で，極めて実際的な考え方であるといえよう。

■7章の引用文献

American Psychiatric Association (2013). *DSM-5: Diagnostic and Statistical Manual of Mental Disorders.* 5th ed. Arlington, VA: American Psychiatric Publishing. (高橋三郎・大野裕(監訳) (2014). DSM-5 精神疾患の診断・統計マニュアル　医学書院)

Blair, J., Mitchell, D., & Blair, K. (2005). *The Psychopath: Emotion and the Brain.* Oxford: Blackwell. (福井裕輝(訳) (2009). サイコパス―冷淡な脳　星和書店)

Briken, P., Habermann, N., Kafka, M. P., Berner, W., & Hill, A. (2006). The Paraphilia - Related Disorders: An Investigation of the Relevance of the Concept in Sexual Murderers. *Journal of Forensic Sciences,* **51**(3), 683-688.

Cooke, D. J., & Michie, C. (2001). Refining the Construct of Psychopathy: Towards a

Hierarchical Model. *Psychological Assessment*, **13**(2), 171-188.
Emmons, R. A. (1987). Narcissism: theory and measurement. *Journal of Personality and Social Psychology*, **52**(1), 11-17.
Fagan, P. J., Wise, T. N., Schmidt Jr, C. W., Ponticas, Y., Marshall, R. D., & Costa Jr, P. T. (1991). A comparison of five-factor personality dimensions in males with sexual dysfunction and males with paraphilia. *Journal of Personality Assessment*, **57**(3), 434-448.
Gray, J. A. (1970). The psychophysiological basis of introversion-extraversion. *Behaviour research and therapy*, **8**(3), 249-266.
Hanson, R. K. (2003). Empathy deficits of sexual offenders: a conceptual model. *Journal of Sexual Aggression*, **9**(1), 13-23.
狩野武道・津川律子 (2008). 大学生における無気力の分類の試み―スチューデント・アパシーと抑うつの観点から　こころの健康, **23**(2), 2-10.
狩野武道・津川律子 (2011). 大学生における無気力の分類とその特徴―スチューデント・アパシーと抑うつの視点から　教育心理学研究, **59**(2), 168-178.
川崎直樹 (2011). 自己愛の心理学的研究の歴史　小塩真司・川崎直樹(編)自己愛の心理学：概念・測定・パーソナリティ・対人関係　金子書房
川崎直樹・小玉正博 (2007). 親和動機のあり方から見た自己愛傾向と対人恐怖傾向　パーソナリティ研究, **15**(3), 301-312.
Khantzian, E. J., & Albanese, M. J. (2008). *Understanding Addiction as Self Medication: Finding Hope Behind the Pain*. Lanham, MD:　Rowman & Littlefield Publishers. (松本俊彦(訳) (2013). 人はなぜ依存症になるのか―自己治療としてのアディクション　星和書店)
Kohut, H. (1971). *The Analysis of the Self*. New York: International Universities Press. (本城秀次・笠原嘉 (監訳) (1995). 自己の治療　みすず書房)
Maier, S. F., & Seligman, M. E. (1976). Learned Helplessness: Theory and Evidence. *Journal of Experimental Psychology: General*, **105**(1), 3-46.
中山留美子 (2008). 自己愛的自己調整プロセス　教育心理学研究, **56**(1), 127-141.
Newman, J. P., MacCoon, D. G., Vaughn, L. J., & Sadeh, N. (2005). Validating a distinction between primary and secondary psychopathy with measures of Gray's BIS and BAS constructs. *Journal of Abnormal Psychology*, **114**(2), 319-323.
大熊輝雄 (2013). 現代臨床精神医学　金原出版
Robert, P. et al. (2009). Proposed diagnostic criteria for apathy in Alzheimer's disease and other neuropsychiatric disorders. *European Psychiatry*, **24**(2), 98-104.
Sherdell, L., Waugh, C. E., & Gotlib, I. H. (2012). Anticipatory pleasure predicts motivation for reward in major depression. *Journal of Abnormal Psychology*, **121**(1), 51-60.
下山晴彦 (1996). スチューデント・アパシー研究の展望　教育心理学研究, **44**(3), 350-363.
Smith, D. E., & Seymour, R. B. (2004). The Nature of Addiction. in C, R, Holman. (Ed), (2004). *Handbook of addictive disorders: A practical guide to diagnosis and treatment*. Hoboken, NJ: John Wiley & Sons Inc. pp.3-30.
Stuss, D. T., Van Reekum, R. J. M. K., & Murphy, K. J. (2000). Differentiation of states and causes of apathy. In J, Borono. (Ed), *The Neuropsychology of emotion*, New York: Oxford. pp.340-363.

8章　情動Ⅰ：情動の基礎

情動とは誰もがその存在を疑わないが，誰もがそれを正確に定義することができないものといわれる。文芸作品を対象にさまざまな情動表現の事例を収集した中村(1995)の『感覚表現辞典』には5000を超える用例が収録されている。恐怖や不安といった直接的な表現だけでなく，直喩，隠喩，擬声語等を用いて，私たちは日々経験する“感じ”を多様かつ詳細に文字化してきた。このことは同時に，情動が容易に言語化できず，曖昧でつかみどころのないものであることを示している。

現代心理学の父といわれるジェームズ(James, W.)の時代から情動は多くの心理学者の関心の的であった。しかしながら，科学的心理学の研究対象としては扱いにくく，実際に，他の研究対象と比較しても，その研究の進展ははかばかしいものではなかった。近年になってようやく，表情の微細な分析，情動体験時の脳変化の様相，認知心理学における研究成果の情動研究への応用などが行われるようになり，情動は多くの研究者の注目を浴びる研究対象となってきた。情動は古くて新しい研究対象であるといえよう。

8－1　情動とその関連語

(1)　情動・感情・情緒

心理学の基本用語の中には英語と日本語の対応が不完全なものがある。その代表例は**情動**である。情動に対応する英語はemotionであるが，emotionは**情緒**とも，**感情**とも訳されてきた。一般に，情動の生物的側面，行動的側面，臨床的側面に焦点が当てられる場合は“情動”が使用され，認知的側面や社会文化的側面に言及する場合は“感情”が使用される傾向にある。また発達心理学領域では伝統的に“情緒”が使用されてきた。これは母子間の情緒的つながりに注目することが多かったためである。

行動主義心理学が主流であった時代，emotion は，その**動機づけ機能**と行動的側面に関心が集中していた。しかし，認知心理学の隆盛とともに emotion の認知的側面，社会文化的側面に注意が向けられるようになっていった。日本における emotion 研究が，そのもっとも基本となる用語を“情動”と“感情”のどちらにするかで意思統一が図られてこなかった背景にはこのような歴史的背景がある[1)]。本書では“情動”を主に使用するが，文脈によっては“感情”も使用している[2)]。これらの用語の使い分けに混乱しそうな時は，情動，感情，情緒ともに emotion という一つの概念でくくられるものと理解されたい。

では，アメリカでは情動に関連する専門用語はどのように使い分けられているのだろうか。**APA（アメリカ心理学会）**が作成している**シソーラス**[3)]を用いて emotion に関連する用語間の関係を調べると，Emotions が最上位語に位置していることがわかる。Emotions は 1967 年に登録され，Feelings の意味としても用いられると説明されている。さらに，可能な限り，より限定的な意味をもつ他の用語を使用しなさいとの注意書きがある。図 **8–1** に示したように，Emotions の下位に位置する用語は Desire，Emotional States の 2 つであり，Emotional States の下位には数多くの用語が位置づけられている。その 1 つである Anxiety（不安）の下には，さらに数多くの用語（コンピューター不安，社会性不安，スピーチ不安など）が位置づけられている。

シソーラスには用語の意味上の上下関係だけでなく，意味的に関連する語（関連語）も示されている。Emotions の関連語は，Affective Valence（感情価），Emotion Focused Therapy（情動焦点療法），Emotion Recognition（情動再認），Emotional Adjustment（情動調節）などである。これらの用語もそれぞれが関連語をもつので，用語間の関係性は実に複雑なものとなる。

なお，APA のシソーラスはオンラインの心理学文献検索サービスである **PsycINFO**[4)] からアクセスすることができる。また，残念ながら，日本語の心

1）emotion を専門的に研究する学会として，日本では，日本感情心理学会（1993－）と日本情動心理学会（2006－）の 2 つがある。また国際学会としては ISRE（International Society for Research on Emotion）がある。

2）本章後半でもポジティブ感情，ネガティブ感情という表記を行っている。厳密にはポジティブな感情状態（positive affective state），ネガティブな感情状態（negative affective state）と表記すべきであるが，ポジティブ感情，ネガティブ感情と表記するのが慣例であるので，それに合わせた。

3）単語間の意味上のつながりや上下関係を体系的にまとめた辞書のこと。例えば「怒り」は「情動」と意味上のつながりがあり，かつ「情動」の下位に位置する。日本語全体については『分類語彙表』（国立国語研究所）がある。また，複数の出版社から類語辞典（辞書）が出されており，オンラインで利用できるサービスもある。

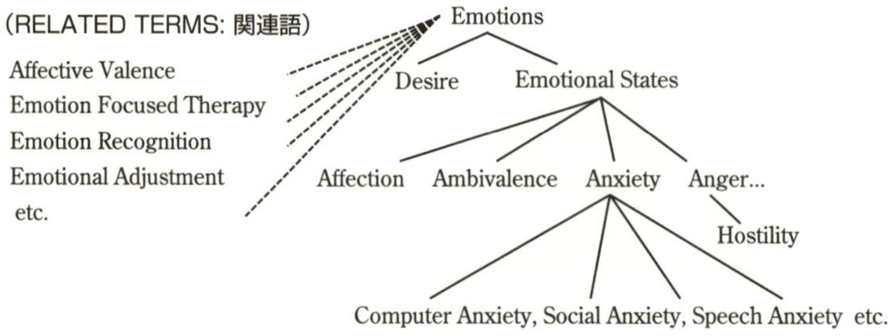

図 8-1　APA シソーラスによる情動関連語の分類(全体の一部を抜粋)

理学用語を対象としたシソーラスは開発されていない。

(2)　時間軸からみた情動

情動に関連する用語を，時間軸に沿って見ていこう(図 **8-2**)。のんびりと道路を歩いている時に，オートバイが突然，あなたの正面に飛び出してきたとする。身体は危急反応を示し，あなたは驚きとも恐怖ともつかぬ**表情(情動表出)**を示すだろう。身体が一瞬に硬直し，そのことを意識する間もなく身構えるはずだ。この反応は身体が瞬時かつ自動的に反応した結果であり，意図的に表出されたものではない。

そのオートバイはあなたの身体の側面ぎりぎりを，きわどく通り過ぎていった。あなたの心臓はまだドキドキしている。やがて，**恐怖**，**不安**といった情動がわきでてくる。無謀なドライバーに対する**怒り**や**嫌悪**もでてくるかもしれない。怒りが収まらずに，去りゆくオートバイに対して罵詈雑言(ばりぞうごん)を浴びせかけるかもしれない。これらは情動によって**動機づけられた行動**である。

やがて，怒りや恐怖はやわらいでいく。しかし，この時の不愉快な経験を，何日も，場合によると何週間も引きずるかもしれない。これが**気分(ムード)**である。気分は正(ポジティブ)か負(ネガティブ)の方向をもつことが一般的であり，また，そのような気分に陥った原因の特定できないことが多い。なぜかよくわからないが妙にうれしい，今日はどうもイライラして落ち着かないといっ

4)　PsycINFO は，APA が提供する有料のデータベース(インターネット上のサービス)である。PsycINFO で検索された論文をダウンロードできる PsycARTICLES とセットで使用されることが多い。心理学科など心理学の専門課程をもつ大学では図書館でサイトライセンス契約をしていることが多い。

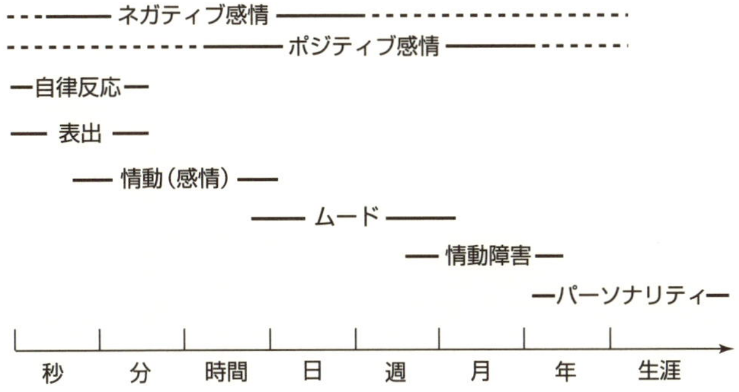

図 8-2　時間軸にそった情動の諸相（Keltner et al., 2014 をもとに一部改変）

た気分は誰しもが経験しているだろう。

情動障害とは，負方向の気分が慢性化し，うつや不安に陥り，健全な社会生活をおくれなくなる状態のことである。数週間から数年という中長期にわたることも珍しくない。

パーソナリティと情動は一見すると関連しないと思える。しかし，パーソナリティを特徴づけるものの多くは情動上の特徴でもある。例えば，内向的傾向の高い人は**恥**（shame）や不安を感じやすく，外向性傾向の高い人は**ポジティブ感情**を経験しやすい。協調性傾向の高い人は，他者の感情状態を読み取る能力である**情動知能**が高いとの研究結果もある。

このようにパーソナリティと情動はさまざまな側面において高い関連性をもつ。なお情動という用語は，図 8-2 に示された“情動”に限定的な意味として使用されることもあれば，情動関連語の全体を代表する概念として使用されることもある。

8－2　情動の種類

（1）　基本情動

スマートフォンで写真や動画を楽しんでいる人も多いだろう。その画面は小さな点（画素）で構成されており，それぞれの画素は RGB とよばれる 3 原色（赤，緑，青）からの発色によってつくられている。このような画素の集合体が画像であり，画像がきわめて短い間隔で連続提示されることにより動画がつく

表 8-1 基本情動の提唱者と基本情動の種類(Ortony & Turner, 1990 より作成)

研究者	基本情動	基本情動(訳)
Arnold (1960)	Anger, aversion, courage, dejection, desire, despair, fear, hate, hope, love, sadness	怒り，嫌悪，勇気，落胆，欲望，失望，恐怖，憎悪，希望，愛，悲しみ
Ekman, Friesen, & Ellsworth (1982)	Anger, disgust, fear, joy, sadness, surprise	怒り，嫌悪，恐怖，喜び，哀しみ，驚き
Gray (1982)	Rage and terror, anxiety, joy	激怒と恐怖，不安，喜び
Izard (1971)	Anger, contempt, disgust, distress, fear, guilt, interest, joy, shame, surprise	怒り，軽蔑，嫌悪，苦痛，恐怖，罪悪感，興味，喜び，恥，驚き
James (1884)	Fear, grief, love, rage	恐怖，悲嘆，愛，激怒
McDougall (1926)	Anger, disgust, elation, fear, subjection, tender-emotion, wonder	怒り，嫌悪，歓喜，恐怖，服従，やさしさ，驚異
Mowrer (1960)	Pain, pleasure	苦痛，快
Oatley & Johnson-Laird (1987)	Anger, disgust, anxiety, happiness, sadness	怒り，嫌悪，不安，幸福，悲しみ
Panksepp (1982)	Expectancy, fear, rage, panic	期待，恐怖，激怒，パニック
Plutchik (1980)	Acceptance, anger, anticipation, disgust, joy, fear, sadness, surprise	受容，怒り，予期，嫌悪，喜び，恐怖，悲しみ，驚き
Tomkins(1984)	Anger, interest, contempt, disgust, distress, fear,joy, shame, surprise	怒り，興味，軽蔑，嫌悪，苦痛，恐怖，喜び，恥，驚き
Watson (1930)	Fear, love,rage	恐怖，愛，激怒
Weiner & Graham (1984)	Happiness, sadness	幸福，悲しみ

られる。写真や動画は，外界を細かな要素に分解し，それを再構成することによってつくられているのである。

何らかの対象を理解する一つの方法は，その対象を細かな要素に分解していくというやり方である。近代科学はこのような**還元主義**を実践することによって飛躍的に発展してきた。心理学の歴史の中では，19 世紀の後半から 20 世紀の初期にかけて**構成主義**の考え方が広くいきわたっていた。意識を構成する要素を**内観**という手法によって特定し，それら要素間の結合法則を見いだすことにより，基本要素から意識を再構成しようという手法である[5)]。

情動が**基本情動**(basic emotions)から構成されるとする考え方は古くから

5) 内観は，実験心理学の創始者であるドイツのヴントが提唱し，それを受け継いだティチェナーが広めた。ジェームズやデューイに代表される機能主義心理学者らの考え方とは対立する。

あった。表 **8-1** は，そのような考え方をとる研究者とそこで主張された基本情動の一覧である。研究者によって，その数だけでなく種類もかなり異なることに驚かされる。はたして情動は基本情動に分解できるものだろうか。逆にいえば，我々が日々経験する情動は基本情動から構成されたものなのだろうか。

エクマン(Ekman, P.)は基本情動説を主張する代表的な研究者であり，彼は6種の情動(怒り，嫌悪，恐怖，喜び，哀しみ，驚き)を基本情動とみなした[6)]。その根拠(基準)は以下の5点に要約される。

1. 基本情動は地上のすべての人々に共有される。
2. 基本情動は生存への適応機能をもつ。
3. 基本情動は生後の早い段階で出現する。
4. 基本情動は表情・発声など固有の表出行動を喚起させる。
5. 基本情動はそれぞれ個別の生理的基礎をもつ。

エクマンらはこれら5点を証拠づける研究結果を提出してきたが，他の研究者からは，その一般性に疑問を投げかける反証も出された。基本情動説にもっとも批判的な考え方が，**情動の社会構成説**である。情動の社会構成説によれば，情動は，個々の社会・文化に固有の思考法，経験，情動表出法に基づいて獲得されるものであり，それ故に情動のあり様は社会・文化によって異なる。基本情動説が生物としてのヒトを強調しているのに対して，情動の社会構成説は社会的存在としての人さらに文化的存在としての人間を強調しているといえよう(1章参照)。

情動のある一面は進化の産物であり，多くの他の動物と共通する要素をもつ。すなわち情動の喚起，表出，機能における生得性は否定できない。一方で，人が高度に発達した文明社会を築き，そこで生き，異なる言語と文化のもとで暮らしている存在である以上，情動の他の側面においては，社会・文化が大きな影響を与えていることを否定することもできない。すなわち基本情動説と情動の社会構成説は対立するものではなく，共存しうるものといえよう。生物としてのヒトを重視するか，社会的存在，文化的存在としての人間を重視するかの違いといえる。

---

6) Ekman (1999) はその後，11の情動を基本情動のリストに付け加えている。それらは，Amusement, Contempt, Contentment, Embarrassment, Excitement, Guilt, Pride in achievement, Relief, Satisfaction, Sensory pleasure, and Shame である。

(2) 情動次元説

基本情動説に批判的な研究者の一人にラッセル(Russell, J. A.)がいる。彼は多数の情動語(英語)間の意味類似度を数値化し，情動語は“快－不快”と“覚醒－睡眠”の2次元に付置できるとみなした[7](図**8-3**)。またそれらはゆるやかな円環状に配置されることから**円環モデル**と名づけた(Russell, 1980)。さらにラッセルは，他文化の言語(インドのグジャラート語，クロアチア語，日本語，中国語)についても同様な分析を行い，それぞれの情動語が英語と同様に，“快－不快”と“覚醒－睡眠”の2軸で構成される空間上に，ほぼ円環状に配置されることを示した(Russell, 1983)。

基本情動説と円環モデルは情動を個別要素に還元されるものとみなすか，連続するものとみなすかという点では対立する考え方である。しかしながら，基本情動説が個別の(代表的な)情動に焦点を当てているのに対して，情動次元説は情動の全体を俯瞰しており，情動に対する接近法が根本的に異なる。基本情動説が生存に直結する情動の機能的側面に焦点を当てているのに対して，円環モデルは，情動の主観的に感じられる側面(特に，快であるか不快であるか)に焦点をあてているともいえよう。先の情動の社会構成説同様に，両者は二者択

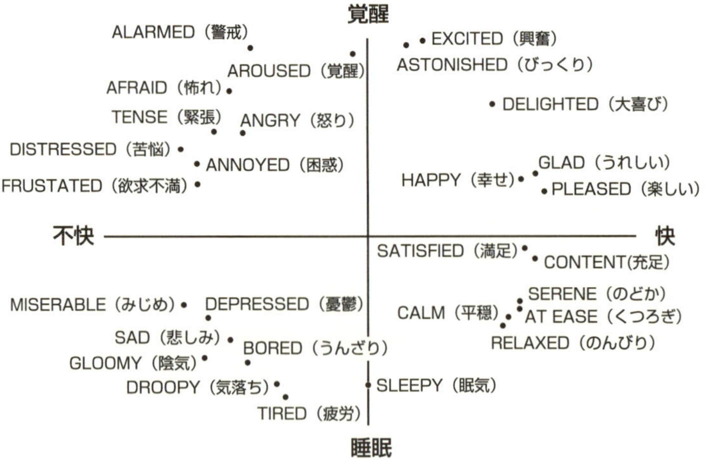

図 8-3 情動の円環モデル(Russell, 1980 をもとに作成)

7) 情動が少数の次元から構成されるとする考え方は，ヴントにさかのぼることができる。さらにウッドワースの弟子であるシュロスバーグも，72枚の表情写真が“快－不快”“注目－拒否”の2軸で構成される空間に配置されることを示した(後に，第3の軸として“緊張－眠り”次元を追加した)。

一を迫られる対立関係にある考え方ではない。

8－3　情動喚起のプロセス

（1）　評価の役割

情動がどのようなしくみによって喚起され，喚起された情動がどのような行動を動機づけるのかについては，多くの理論が出され，またそれらを検証するための数多くの研究が行われてきた。ここではまず誰もが経験しているであろう日常例から見ていこう。

大学の食堂(学食)で食事を終えたあなたは，教室へ向かいながら，食堂に携帯電話を置き忘れたことに気づいた。大急ぎで食堂へ戻るが，自分の食べていたテーブルの上にあるべきはずの携帯電話がない。その時あなたはどのように考え，どのような情動を体験するだろうか。

“取られた！”という考えが最初に頭に浮かぶと怒りの情動がでてくるだろう。“なくした！”という考えがでてくれば，悲しみの情動がでてくるだろう。“誰かが遺失物として届けてくれているかもしれない”という考えがでてくると，希望(ポジティブな情動)がでてくるだろう。“見つからないかもしれない”という考えがでてくると，不安がでてくるだろう。

携帯電話を置き忘れたという状況(出来事)は同じであるが，その状況をいかに解釈するか，すなわちその状況をいかに**評価**(appraisal)するかによって，喚起される情動の種類とその強度は大きく変わるのである。

さらに，喚起された情動の違いによってその後の行動も変わっていく。怒り

A　：状況 → 評価 → 情動 → 末梢反応・行動

B1：状況 → 末梢反応・行動 → 情動

B2：状況 → (評価) → 末梢反応・行動 → 主観的に感じられる情動

C　：状況 → 中枢 { (評価) / 主観的に感じられる情動 } → 末梢反応・行動

図 8-4　情動喚起のプロセスに関する学説
A：情動の認知評価説，B1 と B2：情動の末梢反応説，C：情動の中枢説

が喚起されれば，“自分に悪意をもっている者は誰か”と周りの様子をうかがうかもしれない。悲しみならば落ち込んだ表情になり，希望ならば学食の従業員に届けられていないかどうかを聞きに行くだろう。すなわち情動は，状況→評価→情動→行動という一連の流れの中で喚起されると説明される（図 **8–4** の A を参照）。

このような評価重視の考え方は**情動の認知評価説**とよばれ，情動研究史の中ではアーノルド（Arnold, M. B.）が最初に提唱した考え方である。アーノルドは，評価という認知プロセスが情動喚起に先行し，このプロセスなくして情動は喚起されないと論じた。

はたして評価は情動喚起に必須のプロセスなのだろうか。古くはジェームズ（James, W.）が，「悲しいから泣くのではない。泣くから悲しいのだ」という有名なフレーズで知られる**情動の末梢起源説**を提唱している。これは当時，デンマークのランゲ（Lange, C. G.）も同様な考え方をしていたことから**ジェームズ–ランゲ説**ともよばれている考え方である（図 **8–4** の B1 を参照）。

あなたは，紅葉を楽しもうと山に向かい，山中深く入りすぎてしまい，道に迷ってしまったとしよう。そこに突然クマが現れた。あなたの自律神経は瞬時に反応し，鼓動が高まり，血管は収縮し（血圧が上昇し），全身の筋肉は緊張し，呼吸も止まりそうになる。そういった末梢反応は情動（の意識的）体験に先行する。“怖い”と意識する間もない全身の反応である。ジェームズは，こういった末梢反応を（時間的に遅れて）知覚することにより情動が喚起されると説明したのである。ランゲがおもしろい例を上げている。ワインを飲むと不安が和らぐのは，ワインがストレス反応を緩和させ，その緩和という身体反応の変化が不安（情動）を低減させるからだ，という説明である。

しかしながら，ジェームズは評価のプロセスを否定していたわけではない。むしろ自明のこととして強調しなかっただけであると見なされる。またジェームズの強調点は，主観的に感じられる情動の一側面にあり，認知的側面ではなかった点にも留意しておく必要がある[8)]（図 **8–4** の B2 を参照）。

（2）　情動喚起の諸理論

情動喚起のプロセスに関しては，生理学者であるキャノン（Cannon, W.）とそ

---

8)　心理学が認知評価のプロセスを重視するようになったのは，1950 年代の認知革命以降のことである。ジェームズとランゲが情動の末梢反応説を提唱した 1880 年代は，認知プロセスが重視されるようになる半世紀以上も以前である点に留意しておく必要がある。

コラム 8-1　ニオイ研究のおもしろさ

ニオイを研究している心理学者は，日本では数えるほどしかいない。おそらく，ニオイという存在はとらえどころがなく，提示する時間や空間などの制御が難しいと思われているからだろう。しかし，世界的には非常におもしろく，人々の役にも立つ研究が多く報告されている。そのいくつかを紹介しよう。

・甘いニオイは痛みを弱める

プレスコットらは(Prescott & Wilkie, 2007)，5℃の水(かなり冷たく，痛みを感じる)に腕を浸けて，どのくらいの時間我慢できるかということを調べた。その結果，ニオイのない条件および甘くない香りの漂う条件では，最大1分程度しか我慢できなかったが，甘いニオイの漂う条件では2分間我慢できたことが報告された。

・甘いニオイは人を親切にさせる

バロンは(Baron, 1997)，ショッピングモールを実験場所に選び，いろいろな場所で親切行動(実験者が落としたペンを拾ってくれるか，一ドル札の両替を頼んだときに応じてくれるか)の生起率を検討した。その結果，クッキーを焼くニオイやコーヒー豆を炒(い)るニオイが漂っている環境では，ほぼ半分の人が親切にしてくれる(ニオイのない条件の2〜4倍！)ことがわかった。また，この傾向は女性に顕著であった。甘いニオイは気持ちを穏やかにし，向社会的行動を喚起させやすいのかもしれない。

・甘いニオイをまとうといい人と思われる？

さまざまな研究者が，身にまとっている香りによって他人に与える印象が変わることを報告している（大和久・坂井，2013)。ではよい香りを身につければ誰にでも好印象を持たれるだろうか？どうもそう単純ではないようだ。我々の研究では，自分の見た目の印象に合った香りを身につけなければ，香りの効果がないどころか，印象を悪くしてしまうこともあることがわかっている。香りの効果を得るには，自分に合う香りを見つける努力が必要である。

ニオイは五感の1つとして研究されてきた。しかし視覚，聴覚，味覚と比べると研究者の関心は総じて低い。筆者はニオイを感受する嗅覚は五感の中心にあり，五感を総括するほどの役割を担っていると考えている。さらに，感覚・知覚という領域を越えて，情動，社会行動といった幅広い分野をカバーするものではないかと考えている。

〈引用文献〉

Baron, R. A. (1997). The sweet smell of ... helping: Effects of pleasant ambient fragrance on prosocial behavior in shopping malls. *Personality and Social Psychology Bulletin*, **23**, 498-503.

大和久美紀・坂井信之（2013）．香りによる対人印象・魅力の変化　*Fragrance Journal*, **3**, 81-86.

Prescott, J., & Wilkie, J. (2007). Pain tolerance selectively increased by a sweet-smelling odor. *Psychological Science*, **18**, 308-311.

の弟子であるバード(Bard, P.)による**情動の中枢起源説**(**キャノン-バード説**ともいう)ならびに社会心理学者であるシャクター(Schacter, S.)とジンガー(Singer, J.)による**情動2要因説**もよく知られている。情動の中枢起源説は，情動の末梢反応説とは異なり，脳中枢プロセスが末梢反応に先行するとみなしている(図**8-4**のC参照)。すなわち末梢反応や行動が情動を生み出すわけではない。情動の中枢起源説は，情動の発生機序に関する神経生理学的基礎に関する研究を生み出す契機となった研究であるが，現在，この理論をそのままのかたちで受け入れる研究者は見あたらない。

情動2要因説は，情動の主観的に感じられる側面と認知評価される側面を分離して考えようとするものである。以下では，シャクターとジンガーによって行われた有名な実験を紹介する(Schachter & Singer, 1962)。

実験参加者の半数には，交感神経系の興奮をひきおこす薬物[9)]が注射された。さらにその内の半数は，注射された薬物の薬理効果(心拍が上がり，汗をかき，ドキドキ感がでてくるなど)が事前に説明されたが，残る半数にはそのような説明はなされなかった。これら2群の実験参加者は，さらに，それぞれ半数ずつに分けられ，“楽しい場面”条件と“怒り場面”条件のいずれかに配置された(2 × 2の要因計画である)。

実験参加者は最初，実験準備室で待機することが求められたが，その部屋には別の実験参加者(サクラ)が居た。サクラは“楽しい場面”条件の場合，楽しくて仕方のない人を演じ，“怒り場面”条件では怒りが爆発した人を演じた。

“楽しい場面”でのサクラは，紙の束を屑箱に投げ入れたり，紙飛行機を飛ばしたり，紙フォルダーでタワーを作ったり，フラフープで遊んだりした。また，(真の)実験参加者に対しても一緒に遊ぼうと誘いかけた。

“怒り場面”では，実験者から質問票に回答することが求められたが，その内容はひどいものであった。例えば，あなたのお父さんの年収はいくらか，あなたの家族の中でお風呂に入っていない人は誰か，あなたの家族の中で精神科での治療が必要な人は誰か，あなたのお母さんは何人の男性と浮気をしているか，といったものであった。サクラはブツブツとつぶやきながらいらだった様子を演じ，ついには質問票を破り捨て，激怒しながら部屋をでていった(すべて演技である)。

この実験の結果は以下のようなものであった。1：薬物を注射され，その効

---

9) エピネフリン(アドレナリンと同じ)で，ストレス反応時に副腎髄質より分泌されるホルモン。心拍数や血圧を上げ，瞳孔を拡大させ，血糖値を上げるなどの作用がある。

果を事前に説明された実験参加者らは，“楽しい場面”と“怒り場面”のいずれにおいても顕著な情動反応は示さなかった。2：薬物を注射され，その効果を事前に説明されなかった実験参加者らは，“楽しい場面”と“怒り場面”のいずれにおいても顕著な情動反応を示した。例えば，“楽しい場面”におかれた実験参加者らの多くは，サクラと一緒に遊び始めた。“怒り場面”におかれた実験参加者らの一部はサクラ同様に怒りはじめ，質問票に回答することをやめた。

この実験を通じて，シャクターとシンガーは，情動の生起には，身体反応のプロセスとその身体反応を評価するプロセスの2つが必要であると論じた。その根拠となることは，薬物の注射によって同様な身体興奮に誘導された実験参加者であっても，“楽しい場面”，“怒り場面”のいずれに配置されるかによって，一方は楽しさを，他方は怒りの情動反応を表出したこと，さらに，薬物注射による薬理効果が事前に説明された実験参加者らにはそのような顕著な情動反応が生じなかったことである[10)]。

情動が喚起されるプロセスに関してこれまで，さまざまな理論，研究が行われてきた。現在，多くの研究者らの見解は，情動は**主観的に感じられる側面**(the feeling aspect)と**認知評価される側面**(the cognitive appraisal aspect)の2面をもつこと，さらに，認知評価というプロセスなくして情動は喚起されないという点において，ほぼ一致している。しかしながら**閾下知覚**による快不快感情の変容(**サブリミナル効果**)に見られるように，情動喚起には必ずしも認知評価のプロセスを必要としないという見解もある。情動が喚起されるプロセスに関する研究は現在も引き続き行われている。

8－4　情動と気分

情動と**気分**は，先行条件の違い，行為限定性，タイムコースの違いから区別される。情動は，**先行条件**が比較的明瞭であるが，気分は，その先行条件の不明であることが多い。情動は特定の表情，しぐさ，行動をとらせ，方向づけるという**行為限定性**をもつが，気分は，主に認知に影響を与え，思考を一定方向に方向づける。情動は通常，数秒から数分間生起し，その後は比較的すみやか

10）　興味深いことに，薬物を注射されなかった条件の実験参加者らも，“楽しい場面”，“怒り場面”におかれると，薬物を注射され薬理効果の説明をうけなかった実験参加者と同様な情動反応を示すということが見られた。

表 8-2　多面的感情状態尺度の8尺度とそれぞれの尺度において因子負荷量の比較的高い項目(寺崎ら，1992より作成)

尺度	項目例	尺度	項目例
抑うつ・不安	気がかりな 引け目を感じている 不安な	敵意	敵意のある 攻撃的な 憎らしい
倦怠	つまらない 不機嫌な ばからしい	活動的快	活気のある 元気いっぱいの 気力に満ちた
非活動的快	のんびりした ゆっくりした のどかな	親和	いとおいしい 愛らしい 恋しい
集中	慎重な ていねいな 丁重な	驚愕	びっくりした びくりとした 驚いた

に収束していくが，気分は数時間から，場合によっては数日にわたって持続する。すなわち両者の**タイムコース**は異なる。

私たちは1日24時間のなかでほぼ1000分程度の覚醒された時間をもつ。しかし，怒り，恐怖，喜びといった明瞭な情動を経験する時間は1日の中のほんの数分にすぎない。その一方で，気分はより長い時間続き，私たちの生活に大きな影響をあたえる。

寺崎ら(1992)は，感情状態[11)]を表現する648個の形容詞を大学生に評価させ，最終的に8つの感情状態因子を見いだした(表**8-2**)。それらは，抑うつ・不安，倦怠，非活動的快，集中，敵意，活動的快，親和，驚愕と命名され，欧米の研究者らが見いだした結果と比較的類似する結果となった。

表**8-2**をみていくと，気分はポジティブかネガティブかの方向性をもつことがわかる。私たちは普段の生活で，“今日は気分がいい”“今日の気分は最悪だ”といった言葉をよく口にしている。快適で前向きな感情状態を**ポジティブ感情**とよび，不快で落ち着かない感情状態を**ネガティブ感情**とよぶ。これらの感情状態は私たち日々の生活のさまざまな側面に影響を与えている。

11) “感情状態”は“気分”とほぼ同義である。

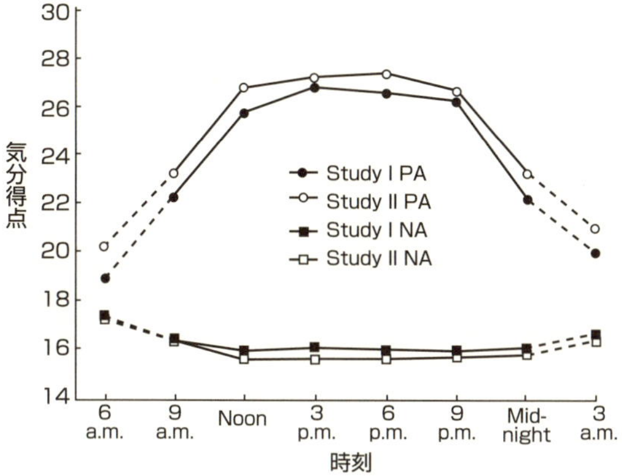

図 8-5 ポジティブ感情(PA)とネガティブ感情(NA)の日周リズム
研究Ⅰ(Study Ⅰ)と研究Ⅱ(Study Ⅱ)の結果を示す。
(Clark, Watson, & Keeka, 1989 より)

ポジティブ感情とネガティブ感情は対極にあるものではなく，相互に独立している。ポジティブ感情は覚醒睡眠リズムにほぼ同期して変化するが，ネガティブ感情は同期しない。図 **8-5** に示すように，ポジティブ感情は覚醒前においては低く，午前中に急速に高まる。日中は高止まりし，夜に急速に下がっていく。それに対してネガティブ感情は，そのような明確な日周リズムをもたず，一日の中であまり変化をしない。私たちが主観的に感じる気分は，このポジティブ感情とネガティブ感情の 2 つが混合されたものである。

ポジティブ感情が高まると熱意(やる気)が高まり，エネルギーのわき出てくるような気持ちになり，活発かつ機敏となり，楽観的になる。一方，低くなると無気力になり，何ごとに対しても無関心，無感動になっていく。ネガティブ感情が高まると不満足感が高まり，神経質になり，イライラしやすくなる。一方，低めになると落ち着いた気分になり，リラックスする。主観的に体験する気分とはこれらが混合したものといえる。多くの人は，日中は“やる気”に満ちあふれているが，夜になるとその“やる気”も失せていく。このような日々のリズムはポジティブ感情の日内変動に支えられているといえよう。

ポジティブ感情は**ドーパミン**系の神経機構と関連している。これは望ましい事象の生起を予期することによって活性化する。ネガティブ感情は**セロトニン**系ならびに**ノルアドレナリン**系の神経機構と関連している。これらは負の結果を予期することによって活性化する。これらの研究から導かれた結論は，ポジティブ感情とネガティブ感情は，相反するものではなく相互に独立したものであるということであった。

8－5　情動と動機づけの違い

情動と動機づけの間にはどのような違いがあるのだろうか。両者は，“行動を喚起する(何かを行おうとする)内的衝動”という点で一致している。しかし飢餓感や渇感を情動とはよばない。

情動と動機づけを明瞭に区別することは難しい。情動は多くの場合，何らかの行動を動機づけ，その行動はしばしば情動表出をともなう。例えば，怒りは攻撃を動機づけ，恐怖は逃走を動機づける。その一方で，動機づけもまた情動反応を生起させることが多い。山で遭難し，食料も水もなくなれば，激しい飢餓感とともに餓死の恐怖，不安を感じ始める。マラソンランナーは，ゴールインの直後，普段の生活では決して得られない喜び(快感)を体感する。情動と動機づけは相互に関連し合っているのである。

しかしながら，両者はいくつかの点で区別される。第1：喚起された行動の持続力が異なる。情動は，数秒から数分間生起し，比較的すみやかに収束するため，行動の持続力は弱い。他方，動機づけ(生物的動機)は，動機づけられた行動が目標に到達するまで(飢餓感に動機づけられた行動ならば，食物を摂取するまで)行動を持続させる。第2：内的要因の関与の仕方が異なる。動機づけられた行動の多くは，内的要因すなわち生物的必要と心理的必要によって喚起されるが，情動の多くは外的事象に対する反応として生起する。第3：認知プロセスの関与の仕方が異なる。情動は多くの場合，外的事象の認知評価のプロセスを必要とするが，動機づけられた行動の喚起において認知プロセスは必ずしも必要ではない。

これらの中でもっとも明確な違いは，認知評価のプロセスであろう。例えばあなたの家の近所で交通事故が発生し，パトロールカーや救急車のサイレン音が鳴り響いたとする。あなたは驚き，不安を覚えるだろう。あなたの家族，親しい友人が当事者である可能性があるためだ。急いで事故現場へ向かい，誰がどのようなけがをしたのかを確かめてみたくなる。もし事故の犠牲者があなたの家族や友人であれば，不安，恐怖は一気に増幅するが，まったくの他人であれば，不安は低減し，(申し訳ないと思いながらも)ほっとした気持ちになるだろう。すなわち，同じサイレン音を聞いても，そのサイレン音の意味をいかに理解するか(評価するか)によって喚起される情動とその強度は変わるのである。

■ 8 章の引用文献

Clark, L. A., Watson, D., & Leeka, J. (1989). Diurnal variation in the positive affects. *Motivation and Emotion*, **13**, 205-234.

Ekman, P. (1999). Basic Emotions in Dalgleish, T., & Power, M. (Eds), *Handbook of Cognition and Emotion*, Sussex, UK: John Wiley & Sons.

中村明(編) (1995).　感覚表現辞典　東京堂出版

Ortony, A., & Turner, T. (1990). What's basic about basic emotions? *Psychological Review*, **97**, 315-331.

Russell, J. A. (1980). A curcumplex model of affect. *Journal of Personality and Social Psychology*, **39**, 1161-1178.

Russell, J. A. (1983). Pancultural aspects of the human conceptual organization of emotions. *Journal of Personality and Social Psychology*, **45**, 1281-1288.

Schacter, S., & J. E. Singer (1962). Cognitive, Social and Physiological Determinants of Emotional States. *Psychological Review*, **69**, 379-399.

寺崎正治・岸本陽一・古賀愛人 (1992). 多面的感情状態尺度の作成　心理学研究, **62**, 350-356.

9 章　情動Ⅱ：情動の機能

悲しみ，怒り，嫉妬，不安といった情動を経験している時は，気分がふさぎ込み，苦痛すら感じる。誰しもが，なんとかして，この状態から抜け出したいという気持ちになるだろう。情動，特にネガティブな情動は日々の生活における厄介者であり，なんの役にも立たないように思われる。はたして，情動はどのような役割，機能をもっているのだろう。

9－1　情動の機能

（1）　適応機能

情動の機能に関する先駆的研究は，ダーウィン（Darwin, C.）によって著された『人と動物における情動表出』（*The Expression of Emotions in Man and Animals*, 1872）にさかのぼることができる[1)]。ダーウィンは，その著書の中で，情動は環境の変化に対処する**適応機能**をもつと論じている。例えば，自己の縄張りを守ろうと，歯をむき出し，うなり声をあげているイヌは，自分の縄張りが荒らされるという脅威に対して，威嚇という方法で対処している。（図 **9-1** の左図）。怒りが縄張りの維持に役立っている（機能している）のである。

一方，しっぽを丸め込み卑屈な姿勢をしめすイヌは，飼い主に対する献身，従順さを示している（図 **9-1** の右図）。仮にそのイヌが大変ないたずらをしたとしても，その姿を見れば，懲らしめる気持ちも多少は削（そ）がれるだろう。言葉をもたないイヌであっても，表情，しぐさ，声などを用いることによって他者とのコミュニケーションをとっているのである。

プルチック（Plutchik, 1980）は 8 つの情動について，それらが，どのような状況で喚起され，どのような行動を生みだし，どのような機能をもつかを論じ

1)　ダーウィンの著作のすべては以下のサイトよりダウンロードすることができる。
http://www.darwin-online.org.uk

図 9-1　イヌの情動表出(Darwin, 1872)

表 9-1　8つの情動における，情動が喚起される状況，情動によって生じる行動および情動の機能(Plutchik, 1980 をもとに一部改変)

情動	状況	行動	機能
恐怖	脅威	逃走	防衛
怒り	障害	攻撃	破壊
喜び	潜在的配偶者	交際	再生(生殖)
悲しみ	喪失	援助要請	再会・再結合
受容	仲間	世話・分配	親善・協力
嫌悪	ぞっとするもの	嘔吐・忌避	拒否
予期	新奇性	調査	検索
驚き	新奇対象の出現	停止・警戒	(再)方向づけ

ている。以下，表 **9-1** にそって説明していく。

生存に脅威を与える状況下では**恐怖**が喚起され，逃走が生み出される。すなわち恐怖は，個体の生存を防衛・維持する機能をもつ。目標達成に向けた行動を妨害するもの，その障害となるものが出現する状況下においては**怒り**が喚起され，攻撃が生み出される。攻撃は障害となるものを破壊し目標を達成するという機能をもつ。

配偶者(夫あるいは妻)となる可能性が高い異性が出現すると**喜び**が喚起され，交際へとつながる。交際が結婚へとつながれば新たな生命が誕生するだろう。喜びは，ヒトという生物種の維持・発展に機能している[2)]。

家族や親友など大切に思っている人を失ったり，大事にしているものを失う

2)　喜びが異性の獲得だけに限定される情動でないことはいうまでもない。ここでは喜びという情動が有する機能の一例を示していると理解されたい。他の情動についても同様である。

と**悲しみ**が喚起される。その表情，様子を見た周りの人から優しく声をかけられたり，励まされたりするだろう。そのような援助行動によって，失われたと思っていたもの(人)を取り戻すことができるかもしれない。あるいは失われたもの(人)に代わる新たなもの(人)を獲得できるかもしれない。悲しみはそのような再会・再結合の機能を有している。

受容は，わかりづらい情動である。他者を仲間として受け入れる際に感じる情動であり，同時に，自らが仲間の一人として受け入れられる際に感じられる情動で，**共感性**や**親和性**に関係する。個人にふりかかる負担や苦痛を，一時的に他者に負担してもらえると個人の負担は軽減される。負担を負わせる他者に対しては，個人が獲得した利益や喜びを他者に分配すること(分かち合うこと)も必要である。利益や負担を他者と(部分的に)共有することによって成立するものが仲間である。すなわち受容は仲間同士の親善・協力に役立ち，仲間同士の**集団凝集性**を高めていくことに機能する。

嫌悪はぞっとするもの(例えば，ゴキブリ，交通事故直後の様子など)を見ることによって喚起され，吐き気，嘔吐，目をそむける(忌避する)といった行動を生じさせる。受け入れること(実際に摂取するというレベルから，その存在を認めるというレベルまで)を拒否するという機能を果たしている。拒否することによって，心身の被害を避けられる。

予想していなかった人物や知らない人物が突然に現われたり，予想外の事柄が起こると**驚き**が喚起される。また，驚きと同時に，何かいいこと(わるいこと)が起こるのではないかという**予期**も生まれる。驚きと予期はこのような**外的事象の新奇性**によって喚起される。驚きは，今現在行っている行動を一時中断させ(停止させ)，週辺を警戒させることに機能する。一方，予期はこれからどのような展開になるのかについて注意を払わせ，ささいなことであっても見過ごさないように調べさせる(調査する)役割をはたす。予期と驚きは，このように，外的事象の**新奇性**によって生み出され，近い未来に生じる可能性のある状況変化に対処する準備をさせることに機能する情動といえる。

(2)　社会的機能

ボーリング場でストライクを出した人の表情を注意深く観察してみよう。ストライクを出した直後の表情と，一緒にゲームをしている仲間たちの方へ振り返った時の表情はずいぶんと違うことに気づくだろう。喜びの情動表出は，ストライクを出した直後よりも，仲間たちに振り返った時の方がはるかに大きい。仲間たちと喜びを分かち合いたいという気持ちがその表情をつくらせるのである。

悲しい出来事を経験したとしよう。親しい友人にその話をしているうちに，より大きな悲しみがおしよせ，その友人と一緒になって泣き始めたという経験はないだろうか。そのような経験をした人が，その後その友人とより親密な関係になり，やがて無二の親友になっていったということも珍しくない。情動には，自己の感情状態を他者に伝え(あるいは，他者の感情状態が自己に伝えられ)，そのことによって自己と他者との**社会的交互作用**が生みだされ，人間関係をより親密にさせるという社会的機能がある。

軽い冗談のつもりで口にした一言に相手が激しく反応し，相手が怒りの表情を見せたとしよう。この時の表情は相手からの**攻撃行動**を予測させるシグナルとなる。そのシグナルをキャッチすることによって，あなたは相手に謝り，相手との不用な争いを未然に防ぐことができる。

あなたの何気ない言動に対して相手が嫌悪の表情を浮かべたとしよう。あなたの行動が，不衛生であったり，社会ルールに反するものであったりしている可能性がある。相手の嫌悪表情を見て，あなたは自らの行動を見直すはずである。すなわち，嫌悪はその表情の向けられた人に対して，行為の不衛生さ，社会ルールや道徳からの逸脱について再考させる機会を与えてくれる。

情動の社会的機能の原型は**母子関係**に見られる。乳幼児は表情，声，しぐさなどによって他者(多くは養育者である母)との意思疎通をはかる。誕生直後から，新生児は喜び，興味，嫌悪の情動を表出することができる。2ヵ月齢になると，悲しみ，怒りを表出できるようになり，6ヵ月齢になると恐怖を表出できるようになる。やがて，興味，喜び，悲しみ，嫌悪，怒りの表情なども表出するようになる。他者(母，養育者)はこれらの情動表出を介して，乳幼児が何を求めているのかを推測することができる。すなわち幼児の情動表出は養育者をして適切な養育行動をとらせることを可能とさせる。

情動表出は，子ども同士のけんか場面でも効果を発する。例えば，子ども同士がおもちゃを取り合うという葛藤場面において，怒りや悲しみを表出した子どもはそのような表出をしなかった子どもと比較して，おもちゃを奪われずにすむことが多い(Reynolds, 1982)。すなわち，怒りや悲しみの表情を発することにより，“ぼくはどのように感じているか”という情報を相手に与え，相手に“これから何が起こるか(怒り出す，泣き出すなど)”を予想させ，その予想に基づき，相手に適切な行動(おもちゃを奪わない)をとらせることができると

コラム 9-1　笑いの不思議：笑顔の三分類説

日本語の「笑い」には，文字通りの笑いから，笑い顔，微笑み，にこにこした顔，にやにやした顔など，さまざまな表情が含まれている。はたして，笑顔はいくつに分類できるだろう。一般的には，声を伴うような表情としての笑い顔と微笑みの区別がなされることが多いが，ここでは，シェーラー（Scherer, 2001）の要素処理説（component process model）に基づいて考えてみよう。この理論は評価モデルの一つで，表情を全体として説明するのではなく，顔面部位ごとの動作の意味を重視している。

具体的には，口を開け歯を見せる動作は自分の統制力を示し（①），上下の唇が離れて口角を引く動作は統制力の弱さを（②），口角を斜め後方に引き上げる動作は快を（③），緊張がゆるみ目を細めるような動作は物事が順調であることを示す（④）と考えられる。

このような動作の組み合わせには際限がないが，笑顔については大まかに3種類に分類することができるのではないだろうか（**表1**）。つまり，おかしさや楽しさ，自分の有能さを感じるときの笑い顔（表1では，笑い顔），穏やかな快と結びついた微笑（同，微笑1），さらに，あいさつや弱さを示す表情（同，微笑2）である。表情の強度が弱まるとこの3種類の笑顔を区別することが難しくなるし，日常生活における感情体験は動的で複雑であり，一度に複数の感情が表出されることも珍しくはないため，私たちは実際にはあまり厳密に表情を区別していないのかもしれない。ただ，赤ちゃんを見てかわいいと感じるような慈愛の微笑はいくら強くなったとしても大笑いに結びつくことはないし，あいさつや不安を感じているときの口角を引く微笑も同様である。このように，部位ごとの動作の意味に基づいて表情を分類してみることは興味深く，今後さらに検証していく価値のあるものと考えられる。

表1　笑顔の三分類説

項目	笑い顔	微笑1（快の微笑）	微笑2（劣位の微笑）
関係部位	口と目を中心とした顔全体（①，③，④）	口と目の周辺（③，④）	口周辺（②）
表情の強度	相対的に強いが変動が大きく，発声を伴うことがある（強度が低い場合，微笑1，微笑2と区別が困難）。	相対的に弱い（強度が高くなっても笑いにはならない。口周辺のみで表出された場合は微笑2と区別が困難）。	相対的に弱い
動作の速度	相対的に速い	相対的に遅い	相対的に速い
感情	おかしさ，楽しさ，喜び，達成感，有能感，優越感…／感情を伴わない	快さ，受容，慈愛，…	感情を伴わない／恐れ，不安，恥ずかしさ，…
機能	共有，支配，…／ごまかし	共有，…	あいさつ（有効性）／服従，媚び，…
起源	遊び，威嚇，…	快の表出，…	支配-服従関係，弱い統制，…

〈引用文献〉

Scherer, K. R. (2001). Appraisal considered as a process of multilevel sequential checking. In K. R. Scherer, A. Schorr, & T. Johnstone (Eds.), *Appraisal process of emotion: Theory, methods, research.* pp.92-120. Oxford: Oxford University Press.

いうことである。

微笑みについて見ていこう。チンパンジーは，相手からの敵対行動を鎮めることや相手との友好関係を維持する目的をもって微笑む。またヒトの幼児は，新来者に接近する時は微笑むことが多い。その新来者が微笑み返してくれると，微笑んでくれない時と比較して，幼児はより以上に近づこうとする。

社会的場面でみっともない思いをした人は微笑み(にが笑い)を表出しやすい。これは“今の私の言動は，本来の意図とは異なるものです”というメッセージである。また，微笑みは世界共通の挨拶ジェスチャーであり，“私は友好的な人間だ。友だちになろう”というメッセージを与える。このように見ていくと，微笑みは，**友好と赦(ゆる)し(社会的免罪)**を目的とした社会的動機をもつ情動であるといえる。

9－2　情動と情報の処理

(1)　注意集中効果と注意制限効果

なんらかの刺激によって情動が喚起されると，その刺激に注意が向けられる。ある実験では，“5 chart 8”といった刺激がコンピューターのディスプレイ上に提示された(Harris & Pashler, 2004)。両方の数字が共に奇数か偶数ならばキー X を押し，そうでなければ(2 つの数字を足して奇数になれば)キー Y を押すという課題が課せられた。中央にでてくる文字は無視するように指示されていたが，情動語(例えば“kill”といった言葉)が提示されると，反応までの時間(反応潜時)が長くなるという結果となった。すなわち私たちは情動を喚起する刺激(ここでは“kill”という単語)に対して，それを無視してよいとわかっていても，つい注意を傾けてしまい，結果として本来の課題をこなすまでに時間がかかってしまうのである。

次頁をめくり，そこに掲載されている図 **9-2** を数秒見てから，再びこのページに戻って欲しい(何分もかけて詳細に観察しないように)。

それでは質問をしよう。写真の後方に女性は写っていましたか？写真の右側には調理人が着ているエプロンが写っていましたか？魚は 20 匹より多かったと思いますか，少なかったと思いますか？

これらの質問に対して，どれだけの人が自信をもって答えることができるだろうか。皆さんは，頭部だけが切り取られ，それらが整然と並べられた異様な光景に注意が集中し，その周りの光景にはほとんど注意が向けられなかったは

図 9-2　魚の頭部のみが並べられた売り場

ずである。我々は情動を喚起する刺激が与えられるとその刺激に注意が集中し，その刺激の周辺には注意を払わなくなる。

さらに興味深い実験を一つ紹介しよう(Schmidt, 2002)。実験参加者らは 15 枚の写真を見せられた後，その内容を再生することが求められた。写真の中の一枚はヌード写真であり，当然のことながら，その写真の再生率は高かった。この結果だけを見れば，**系列位置効果**における**孤立効果**として説明される。しかし，ヌード写真の背景がどのようなものであったかについての再生率は低く，さらにヌード写真に続く数枚の写真についてはほとんど再生されなかった。一枚のヌード写真に目が奪われ，その他のものに注意が払われなくなったためである。このような情動刺激に対する**注意集中効果**と，その刺激周辺に対する**注意制限効果**は，恐怖や不安といったネガティブな情動において特に顕著である。

（2） 帰属と認知

自動車やバスに乗って道路を走っているとしよう。普段はそれほど込まない道路なのに渋滞している。事故か取り締まりか，何が原因なのだろうかと考えるはずである。このような原因推測の思考に対しても情動は影響を与える。

怒りの情動を感じている人は，人(他者)をその原因とみなしやすい。例えば渋滞で車が列をなして走っている時に，車間をたっぷりと取り，ゆっくりと走る車がいれば，このようなクルマ(ドライバー)がいるために渋滞がひどくなると考えてしまう。一方で，悲しみの情動を感じている人は，人(他者)ではなく状況を原因と見なしやすい。例えば，前方で道路工事をしているのかもしれないとか，どこかで接触事故が発生したのかもしれないと考えがちとなる(Keltner et al., 1993)。

2001 年 9 月 11 日はアメリカ人にとっては忘れられない日である。テロリストにハイジャックされた 2 機の航空機が，ニューヨークのワールド・トレイド・センターに激突し，2 棟の高層ビルが崩壊した。この悲惨な事故に関して，ある研究では 1700 名を超える調査参加者をランダムに 3 群に割り当て，3 群の参加者らのそれぞれに「どれほどの怒りを感じたか？」「どれほどの悲しみを感じたか？」「どれほどの恐怖を感じたか？」について記述することを求めた(Lerner et al., 2003)。その後，3 群共通に，「あなた自身とアメリカは，これから，どれほどの危険に晒(さら)されると思うか」を記述させた。結果は，恐怖を記述した群が他の 2 群と比較して，より以上に危険であると予想した。すなわち恐怖の情動は，未来をより悲観的に予想させるのである。

将来の予想，予期という作業は知的なものであり，情動状態に左右されないはずである。しかしながら，先ほど見てきた原因推測と同様に，我々はその時の情動状態によってその予期内容を変える。フォーガス(Fogas, 1995)は，ものごとの解釈や評価(appraisal)，さらにそれらに基づく意志決定が情動状態に左右されるとする認知の**感情インフュージョンモデル**(affect infusion model of cognition)を提出した[3)]。

「あなたの人生はうまくいっていると思いますか？」と質問された時，あなたは何と答えるだろうか？「問題が山積みだ」と答えるだろうか，あるいは「うまくいっている」と答えるだろうか？ある研究によれば，この質問への回答内容は，回答時の天気によってずいぶんと変わる(Cunningham, 1979)。快晴の時はうまくいっていると回答され，曇り空の時はあまりうまくいっていないと回答されたのである。

---

3)　フォーガスの理論は 12 章において再び取り上げる(p. 139 参照)。

この研究で興味深いことは，気分が天気によるものであると回答者自身が認知していると(すなわち，気分の原因を天候に**帰属**させていると)，2条件下で差がなくなった点である。より一般的に言うと，気分が今一つであり，かつその原因がはっきりしない時は人生そのものが不幸せに思えるが，その原因が明らかであると思える時はさほど不幸せとは感じなくなるのである(Clore, 1992)。

9－3　気分の機能

(1)　無意識性

何ごともない平和な日常を想像してみよう。からりと晴れ渡った日中，特に差し迫った予定もなく公園をのんびりと散歩していた。自然と口笛を吹いてしまう。家に帰ると，旅行から戻ってきた友人からのお土産が届いていた。こういったありふれた日常は誰しもが経験しているだろう。

その時の様子はどのようなものだろうか。表情は穏和で，楽しい記憶をよみがえらせ，人と会えば挨拶をかわす。これらの行動はすべて気分によって支えられている。しかしながら，その時の気分は意識されていない。何かのきっかけでそのことを意識してしまうと，気分は変化していく。

このような気分の**無意識性**は，情動とは対照的である。情動の目的は，注意を喚起し，行動を方向づけることにある。気分は，特定の対象に対して注意を喚起することも，特定の行動をひきおこすこともないが，より長時間にわたり，私たちの認知プロセス(情報処理や思考)に影響を与え，意志決定を方向づけ，対人関係を円滑に，より好ましいもの(あるいはより非社交的な，こじれたもの)へと導いてくれる。

気分がポジティブな方向性をもつものとネガティブな方向性をもつものに大別されることは前章(8章)で述べた。以下では，ポジティブな方向性をもつ気分すなわちポジティブ感情の機能について見ていく。

(2)　ポジティブ感情と社会行動

人は，ポジティブ感情が高まると，他者に寛大になり，他者をより好ましく評価し，他者に対してより協力的，援助的になる。アイセンら(Isen & Levin, 1972)は，公衆電話の釣り銭返却口にあらかじめ小銭を入れておく条件と入れておかない条件の2条件を設定し，ポジティブ感情が他者への**援助行動**に及ぼす効果を検討した。アイセンらは，ポジティブ感情を高める操作として，電話をかけ終わった人が釣り銭を確認した際に，釣り銭返却口に余分な小銭を発見するという方法を用いた。わずかな小銭であれば届けることもなく，得をした気分になるだろうと仮定したのである。この実験では，公衆電話から出てきた人に対して，若い女性が“偶然に”[4)]ぶつかり，手に持っていた一抱えの書物を道路に落とすという方法が用いられた。ポジティブ感情が高まっている人はそうでない人と比較して，より以上に援助的になり，道に落ちた書物を一緒に拾い上げるという援助行動を示すと予想された。

結果は，予想どおりであり，ポジティブ感情が高まっている人たち(多めの釣り銭を手にした人たち)の多くは援助行動を示したが(16 名中 14 名が手をさしのべた)，そうでない条件の人たちのほとんどは援助行動を示さなかった(25 名中 1 名だけであった)。すなわち，ささいなできごとであっても，それによって高まったポジティブ感情(いい気分)は，他者への援助行動を促進するのである。

(3) 創造的思考

ポジティブ感情は認知的柔軟性を高め，問題解決においてはより創造的な解決法の発見を促す。アイセンらは，大学生を対象に，ポジティブ感情を誘導する条件と誘導しない条件を設け，問題の解決に創造性を必要とする 2 問，すなわちロウソク課題と RAT 課題を与えた(Isen et al., 1987)。

まず皆さん自身で図 **9–3** に示した問題を解いてみて欲しい(RAT 問題は，問題語，正解語共に英語であるために，ここでは筆者が新たに作成したものを例示した。なお，回答は最終頁に示した)。皆さんはこれらの問題を解くことができるだろうか。さらに，今現在の感情状態がポジティブといえるものなのかどうかも考えて欲しい。

さらに問題を一つ追加する。「ゲーム　ショッピング　試験」という 3 単語に共通する言葉は何だろうか。あなたは答えられるだろうか？ 「ゲーム」という言葉から連想される言葉は数多くある。「ショッピング」「試験」についても同様である。しかしその 3 単語に共通して連想される言葉はごく少数である。その単語にたどりつくためには，固くなった頭を解きほぐす必要がある。発想力，想像力，想像力といわれるものを高める必要がある。ポジティブ感情

---

4) 実験者によって仕組まれた意図的な行為である。

A. ロウソク問題

問題：ロウソクとマッチ，さらに箱一杯の画びょうがあります。床に蝋がたれないようにロウソクを壁(コルク板)に取り付けてください。

B. RAT 問題

問題：3つの漢字を提示します。それぞれと結合してある単語を構成する漢字1文字を発見してください。例えば，問題語が“異”，“口”，“序”であれば，正解は“論”となります(それぞれ“異論”，“口論”，“序論”という単語を構成します)。

問題語

1) 照，加，考

2) 床，源，点

3) 源，拠，幹

図 9-3　創造的思考を必要とする問題
(A: Mednick, 1964，B：寺井他，2013 を参考に新規作成)

にはこのような思考の柔軟性を高める効果があるといえよう(この問題の答えは，“センター”である)。

さて，アイセンらの実験結果は，ポジティブ感情に誘導された実験参加者らの成績は，そうでない実験参加者らと比較して，いずれの問題への正答率も高くなるというものであった。すなわちポジティブ感情が，これらの問題を解決する上で必要とされる**創造的思考**を活性化させたのである。ポジティブ感情は，創造性，効率的な意志決定，社会性，向社会的行動，忍耐を促進させる。

(4) 拡張形成モデル

フレドリクソン(Fredrickson, 2000)は**拡張形成モデル**(broaden-and-build model)によって，ポジティブ感情の効果を一般化した。ポジティブ感情は，特定の刺激に注意を集中させるのではなく(特定の行動に従事させようとするのではなく)，通常は無視してしまう背景や周辺状況に対して注意を向けさせるようになる。行動や考え方の幅を拡張させ，課題の解決を導き，人生により有利なものを得る可能性を高めていく。

フレドリクソンらが行った実験にこのようなものがある。大学生を対象に，快，中性，不快のいずれかを喚起させる短い映画を見せ，その後に「今ただちにしたいことは何か」という課題を与えた。すると快の映画を見せられた学生らは，中性や不快な映画を見せられた学生らよりも，より多くの項目を書いたのである(Fredrickson & Branigan, 2005)。思考や行動のレパートリーが“拡張”すれば，新たな経験を行う機会が増え，それが積み重なることにより，人生の諸問題に対処する資源が増加する。人生の成功はポジティブ感情を導き，さらに思考や行動のレパートリーを“拡張”させていく。ポジティブ感情はこのようなループを繰り返させることにより，人間の成長をみちびくのである。

■ 9章の引用文献

Clore, G. L. (1992). Coginitive phenomenology: Feelings and the construction of judgment. In L. L. Martin & A. Tesser (Eds.), *The construction of social judgments*. Hillsdale, NJ: Erlbaum. pp. 133-163.

Cunningham, M. R. (1979). Weather, mood, and helping behavior: Quasi experiments with the sunshine samaritan. *Journal of Personality and Social Psychology*, **37**, 1947-1956.

Darwin, C. (1872). *The Expression of Emotions in Man and Animals*. London: John Murray.

Fogas, J. P. (1995). Mood and judgment: The affect infusion model (AIM). *Psychological Bulletin*, **117**, 39-66.

Fredrickson, B. L., & Branigan, C. (2005). Positive emotions broaden the scope of attention and thought-action repertoires. *Cognition and Emotion*, **19**, 313-332.

Harris, C. R., & Pashler, H. (2004). Attention and the processing of emotional words and names. *Psychological Science*, **15**, 171-178.

Isen, A. M., & Levin, P. F. (1972). The effect of feeling good on helping: Cookies and kindness. *Journal Personality and Social Psychology*, **21**, 384-388

Isen, A. M., Daubman, K. A., & Nowicki, G. P. (1987). Positive affect facilitates creative problem solving. *Journal of Personality and Social Psychology*, **52**, 1122-1131.

Keltner, D., Ellsworth, P. C., & Edwards, K. (1993). Beyond simple pessimism: Effects of sadness and anger o social perception. *Journal of Personality and Social Psychology*, **64**, 740-752.

Lerner J. S., Gonzalez, R. M., Small, D. A., & Fischhoff, B. (2003). Effects of fear and anger on perceived risks of terrorism: A national field experiment. *Psychological Science*, **14**, 144-150.

Mednick, M. T., Mednick, S. A., & Mednick, E. V. (1964). Incubation of creative performance and specific associative priming. *Journal of Abnormal and Social Psychology*, **69**, 84-88.

Plutchik, R. (1980). *Emotion: A psychoevolutionary analysis*. New York: Harper & Row.

Reynolds, P. C. (1982). Affect and instrumentality: An alternativec view on Eibl-Eibesfeldt's human ethology. *Behavioral and Brain Science*, **5**, 267-268.

Schmidt, S. R. (2002). Outstanding memories: The positive and negative effects of nudes on memory. *Journal of Experimental Psychology: Learning Memory and Cognition*, **28**, 353-361.

寺井仁・三輪和久・浅見和亮 (2013). 日本語版 Remote Associates Test の作成と評価　心理学研究, **84**, 419-428.

〈図 9-3 の解答〉

A.

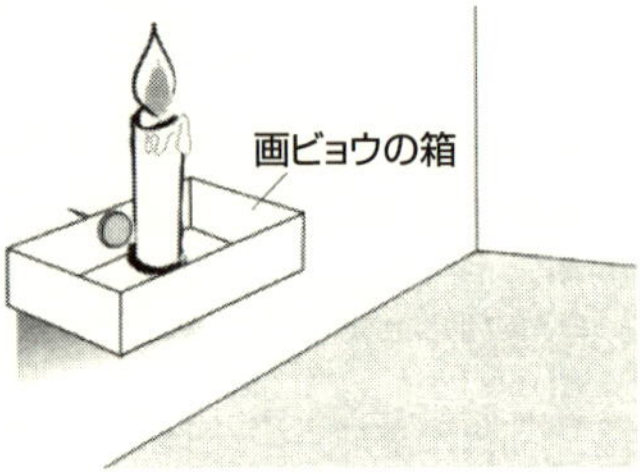

B.

1）参（参照，参加，参考）
2）起（起床，起源，起点）
3）根（根源，根拠，根幹）

10章　自己意識的情動

「してはいけないことをしてしまった」時，また「欲しいものを友だちが持っていた」時に，あなたはどのような情動を経験するだろうか。「してはいけないことをしてしまった」時は罪悪感や恥，「欲しいものを友だちが持っていた」時は，嫉妬(しっと)や妬(ねた)みを経験するだろう。罪悪感や恥は，自分の行動が**規範**を逸脱しているか，他者から見てよくないかを自己評価することで経験されるため，**自己評価的情動**とよばれる。また，嫉妬や妬みは，自己と他者を比較することで経験されるため，**社会的比較情動**とよばれる。自己評価的情動と社会的比較情動はともに，自己意識が介在するので**自己意識的情動**(self-conscious emotion)とまとめられる。自己意識的情動は，生死に関係しないため基本情動には含まれない。しかし，我々が社会生活に適応していくためには，きわめて重要な情動である。

10－1　自己評価的情動：恥と罪悪感，誇りと思い上がり

(1)　自己評価的情動の種類とそのモデル

「人前で失敗した」時には，不安，怒り，恥，罪悪感などさまざまな情動を経験する。また，「テストで80点を取った」という状況で誇らしい気持ちになる人もいれば，屈辱を感じる人もいる。情動の認知的評価理論によると，ある出来事に対してどのような情動を経験するかは，その出来事をどのように評価するかによる。**自己意識的情動の過程モデル**(Tracy & Robins, 2007)によれば，自己意識的情動は，生存目標，自己への注目，アイデンティティ目標，原因帰属という認知的過程を経て喚起される。例えば，上司や親に「失敗して叱られた」時に，それが「クビになる」「ご飯を抜かれる」など生死に関わるようなものだと考えた(評価した)場合は，恐怖や怒りという基本情動を経験する。同じ状況で，生死とは関係なく，自分がどの程度傷ついたかを評価し(**自**

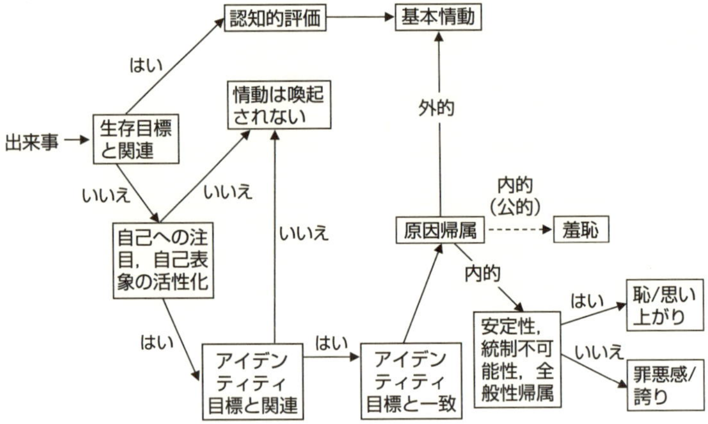

図 10-1　自己意識的情動の過程モデル(Tracy & Robins, 2007)

己への注目)，こうありたい自分(**アイデンティティ目標**)に関わっていると，自己意識的情動が喚起される。仮に「たまたま親の機嫌が悪かったから」と自己(内的)でなく他者(外的)に責任があると考えれば(**原因帰属**させれば)，怒りなどの基本情動を経験する。一方で，「他者が見ていたから失敗した」と公的な自己意識に帰属させた場合は**羞恥**(embarrassment)，「今回は努力不足だった」と自己の一時的な原因に帰属した場合は**罪悪感**(guilt)，「自分の能力が不足していた」と自己の安定的な原因に帰属した場合は**恥**(shame)を経験する。

自己評価的情動には，ネガティブ情動である罪悪感や恥以外にも，ポジティブ情動である**誇り**(pride)や**思い上がり**(hubris)という情動も存在する。競技大会で優勝した，志望校に合格したといった社会的成功を成し遂げた時には，誇らしい気持ちや，思い上がった傲慢な気持ちになるだろう。図 10-1 に示したように，誇りや思い上がりも，罪悪感や恥と同様に認知過程によって区別される。例えば，「志望校に合格した」という状況で，「合格したい」と思っていて(アイデンティティ目標と一致)，「努力したから」と自分の一時的な要因によるものと考えれば誇りを経験する。一方，「頭がもともと良いから」という自分の安定的な能力に帰属させれば思い上がりを経験する。

自己評価的情動には，罪悪感，恥，誇り，思い上がり以外にも多くの情動が存在する。罪悪感と後悔(regret)，恥と屈辱(humiliation)は，それぞれ原因帰属のあり方に違いはないが，経験内容や社会的機能に多少の違いがある。羞恥，恥に関連したものとして「体裁が悪い」「照れる」「緊張した」「気まずい」などがある。例えば，自分の失敗や過失が露見したときには「体裁が悪い」「ばつが悪い」という気持ちになるが，他者に日頃見せていない自分を見せてしまったときには「照れる」「はにかむ」という気持ちになる。一方，人前での自分に自信がもてない時には「緊張した」，人前で自分の役割に混乱が生じた時には「気まずい」という気持ちになる。

なお英語の“shame”は恥と翻訳され，本書でもそれに従っているが，“shame”は「叱られたとき」など重大な失敗が露見したときに経験されるよりかなり強い否定的な情動であり，日本語では「恥」よりは「屈辱」に近い。また英語の“embarrassment”は，当惑と翻訳されることも多く，日本語の「恥」に近い意味合いをもつ。よって本書では「羞恥」としている。

(2) 自己評価的情動の社会的機能

自己評価的情動は，基本情動と同様に社会的機能をもつ。他者を傷つけたときには罪悪感を経験し，すぐに謝罪したり，何かで穴埋めをしようとするなど，何らかの補償行動が動機づけられる。その結果人間関係が維持されるのである。人を傷つけて「悪いことをした」と思わず，謝ることもなければ，相手から嫌われるだけでなく周囲の人からも非難されることになる。

恥は，自らの失敗が露見したときに経験され，自己像を修正するための行動を喚起する。例えば，スピーチで間違いに気づいたときに言い直したり，後で修正のコメントを出すことがあるが，これは常に観衆(他者)にどう思われているかを意識し，自己像が理想とズレたことを認識した結果であり，そのことによって修正行動が喚起されたのである。

身体に関する恥もあり，体重や身体に恥を感じた女性は，例えばダイエットを積極的に行う。女性はやせているほうが好ましいと思う傾向が強く，他者から見てやせているにかかわらずダイエットに励む女性もいるが，これは恥を過剰に感じることが原因となっている。また，修正行動がとれない場合は，照れ笑いをしたり，赤面したり，言い訳をするといった行動が出現する。これは，少しでも傷ついた自己像を元に戻し，他者からの非難を避けるための行動といえる。

ポジティブな自己評価的情動は，成功によって高まった自己評価を維持したり，社会的立場を高める行動を動機づける。良いことをして賞賛されたときに，「努力したことがよかった」という一時的な原因に帰属し，自尊感情を高め誇らしい気持ちになることで，高まった自尊感情を維持するためにまた同じ努力をしようとしたり，他者からの評価を維持するために積極的な行動をしたりするようになる。例えば，誇りを経験した人は，より一層努力したり，新たな行動を行うだけでなく，ボランティア活動をしたり募金をしたりと，他者からの賞賛を維持するための行動にも従事する。

またポジティブな自己評価的情動は，誇らしい姿を他者にアピールして，他者に「優れた人」という印象を与え，他者がその評価に応じて次のチャンスを与えてくれることを促す機能もある。しかし，成功しても照れた表情をすれば，周囲には「それほどでもないんだな」と思われ，さらなる期待のなされることがなくなる。思い上がりは，「自分の能力が高い」から成功したという全般的な原因帰属から経験されるため，「(どのようなことであっても)やればできる」といった万能感につながり，さらに積極的な行動が喚起される。思い上がりを経験した人は，他者からは「傲慢だ」「自信過剰だ」と否定的に評価される危険性もある一方，「頼りになる」「やってくれそう」「リーダーシップがある」など肯定的な評価が行われることによって，社会的上位の立場としての活動を期待されることが増える。

(3)　自己評価的情動の非言語的表出

図 10-2 の写真は，何の情動を表しているかわかるだろうか。順に，恥(図 10-2 の a，以下同)，照れ(b)，誇り(c)の典型的な非言語的表出を表している。写真はアメリカの研究(Tracy & Robins, 2007)で高い認識率が得られたものを日本人が演じたものである(Arimitsu, 2015)。恥の表出は，(a)のようにうつむいた姿勢で視線を避け，口を一文字にするものが「恥」と認識される率がもっとも高いが，罪悪感，後悔，悲しみと混同される傾向も高く，認識率は

(a)　(b)　(c)

図 10-2　自己評価的情動の非言語的表出

50%以下である。これは，照れや誇りの認識率が90% 程度であるのに比べるとかなり低い。

人前で失敗した時や，他者を傷つけた時に恥を表出すると，それが非言語的メッセージとなり，他者の怒りをなだめることが知られている。視線回避から敵意がないこと，うつむいて体を小さくしていることから自分が劣位にあることが伝わり，他者は「恥ずかしがっている」「悪いと思っている」と表出者の情動を想像する。さらに他者は，恥の表出者には一定の道徳観念があり所属集団への帰属意識があると認識し，表出者への敵意や排他意識を低下させる。

(a)では表現されていないが，恥や罪悪感の表出には赤面もある。赤面は自分自身ではなかなかコントロールできず，身体的な負担も大きいため，比較的強い恥を他者に伝えることができる。一方，恥や罪悪感には謝罪や言い訳という言語的表出もあるが，他者の怒りを鎮めるというよりは，むしろ自分の罪悪感や恥を低減させることに効果がある。

照れの非言語的表出(b)は，視線を回避し，うつむく点は恥と同じであるが，微笑を浮かべて，指を顔につける点が異なっている。照れの表出には，舌を出して頭をかくというものもある。照れの表出は，他者にとってなじみのない自己像が露呈したときに「いつもの自分ではありません」「もう見ないでください」というメッセージを伝える。照れは他者を害するような状況で経験されるわけではないため，微笑というやや劣位にある情動の表出によって，他者の印象を元に戻そうとしているのである。

誇りの非言語的表出は図(c)に示すように，あごを少し上げ，胸を出して腕を腰に当てる姿勢が典型的である。喜びと異なるのは，上から見下ろす視線であり，同時に胸を前に押し出し，社会的な優位性を示している。誇りの非言語的表出は，自己意識が未発達の3歳だと30%程度しか正しく認識されないが，年齢を経るに従って認識率が上がり，7歳では80%を超えることが知られている(Tracy & Robins, 2007)。

(4) 自己評価的情動と文化

自己評価的情動の中でも日本に特徴的とされるのは恥である。新渡戸稲造の『武士道』(1900)では，「恥を知る心(廉恥心)は，少年の教育において第一の徳目であり，“笑われるぞ”，“体面を汚すぞ”，“恥ずかしくないか”などの言葉は，少年に対して，正しい行動を促すときの最後のいましめであった」と述べ，日本人がいかに恥をかくのを恐れているかを強調した。

アメリカの文化人類学者であるベネディクト(Benedict, R.)は，その代表的著書である『菊と刀』(1946)の中で，日本は恥の文化，西洋は罪の文化と対比した。『菊と刀』では，日本人は恥をかかないように他者を意識することで他律的に行動を制御しているが，西洋は神という絶対的基準に従い罪を犯さないように行動を制御しているとされる。また，「日本人は恩を受けたら負い目を感じ，それを必ず返さないといけないという信念があり，孝行が重んじられている」とも述べられている。

恥の文化とよばれるものは，儒教の影響によるものが大きい。孔子は，恥の意識が道徳や礼儀によって養われる内面的な倫理意識であるとみなした。中国では，儒教を正統思想としており，「心が清らかで恥を知る心が強いこと」である「廉恥」が美徳とされている。日本でも「破廉恥(はれんち)」という言葉はよく知られるところで，「破廉恥」すなわち「恥知らず」は道徳的によくないことを意味する。

このような文化的背景から，恥については儒教文化圏の国々(中国，韓国，日本など)とキリスト教文化圏の国々(主に西洋)との間で比較が行われてきた。それらの研究を通じて，儒教文化圏の国々の言語においては，英語と比べて恥に関連する語彙が多いこと，アメリカ人と比べて中国と中国系アメリカ人では，他者を意識させ「恥をかく」ことに注目した子育てをする傾向が強いこと，日米韓の小学生を調査対象とした研究結果では，恥の傾向は日本が最も高く，罪悪感の傾向は韓国が最も高く，誇りの得点はアメリカが最も高いこと(Furukawa et al., 2012)などが調べられてきた。すなわち，儒教文化においては恥の意識の強いことが明らかにされてきた。また，日本でも中国でも「自分の理想が達成できない」という状況では恥が経験されるが，西洋においては，「失敗したとき」，「社会的に不適切なことをしたとき」という状況下で恥が経験される。

恥と誇りの非言語的表出については，文化普遍性と文化間の相違が明らかにされている(Tracy & Matsumoto, 2008)。2004年に行われたオリンピック選手とパラリンピック選手の成功，失敗時の情動表出を比較したところ，同じ表出であることが明らかにされた。通常の視力をもつ者と先天的な全盲者が同じ状況で同じ情動表出を示すことは，生まれながらにして情動表出を知っている可能性を示している。この結果は，文化普遍性を示すものとみなされる。また，集団主義，個人主義という文化的枠組みから，恥と誇りの非言語的表出には文化差のあることが示された。

すなわち，恥の表出は，集団への帰属を重視する集団主義の国では受け入れられやすく抑制されないが，個人主義の国では個人の能力を疑われる可能性が高いため抑制されやすい。一方，誇りの表出は個人の優位性を示すため集団主義の国では個人主義の国より抑制される。37ヵ国の参加者を個人主義，集団主義の国に分類し，その情動表出を比較したところ，これらの仮説通りの結果が得られた(Tracy & Matsumoto, 2008)。すなわち，集団主義の国では勝ったときに，腕を外に出す，腕を上げる，胸を広げるなどの誇りを表す表出をあまり行わないこと，個人主義の国では負けたときに，胸を狭めたり，肩を落とすという恥の表出をあまり行わないことが明らかにされたのである。

10－2　社会的比較情動：嫉妬と妬み，シャーデンフロイデ

人と自分を比較することで,「うらやましい」,「妬ましい」,「憎らしい」など否定的な情動を経験することもあれば,「すごいな」,「すばらしい」,「さすがだ」などの肯定的な情動を経験することもある。他者と自分を比較したとき経験する嫉妬(jealousy)，妬(ねた)み(envy)，嘲(あざけ)り(contempt)，憐(あわ)れみ(pity)といった情動を社会的比較情動(social comparison emotion)という。

社会的比較情動は，**比較過程**と**反映過程**という自己評価維持のプロセスによって経験される。例えば，自己関連性が高い科目で友だちの成績がよければ，その友だちに対して嫉妬や妬みを強く感じる(比較過程)。恋愛においても，自分の好きな異性を友だちも好きだとわかったときは，強い嫉妬を感じるだろう。嫉妬や妬みによって，対象を手に入れるための行動が喚起され，欲求不満状態を解消して自己評価を維持しようとするのである。また，自分より成績がよい友だちがいたとしても，もし自分も成績がよいか，もしくは成績を重視していない場合は，嫉妬や妬みは生じず，むしろ称賛や羨望を経験し，友だちと自分を同一視し，自己評価を維持しようとする(反映過程)。

嫉妬と妬みは混同されやすいが，異なる特徴をもつ。嫉妬は，自分にとって重要な他者が奪われることに対して経験されることが多く，妬みより強い情動を経験する(例：胸が引き裂かれる，いてもたってもいられないなど)。嫉妬を経験することで，人間関係を脅かす他者を攻撃して排除することが可能となる。例えば，自分が好きな人を他の人が好きだと知って嫉妬したとすれば，恋敵にいやがらせをしたり，好きな人をより自分に近づけるための行動をしようとするだろう。

一方で妬みは，成績，能力，物，お金など自分が手に入れていないものを他者が持っている場合に経験され，嫉妬よりも強度は低い。妬みを経験すると，幼児の場合であれば相手の物を奪うということがあるし，児童期以降になると間接的に相手を攻撃することで，自己評価を維持しようとする。例えば，自分よりも成績が良いとかスポーツがよくできる人に妬みを感じて，集団でいじめてその人の評価を下げ，相対的に自己評価を維持するということがある。

妬みには，いじめにつながるような対人関係を悪化させるような**悪意のある妬み**(malicious envy)だけでなく，**良性の妬み**(benign envy)もある。良性の妬みとは，「妬んだとき，将来同じぐらい成功するにはどうしたらよいか考える」，「妬むことで目標の達成が動機づけられる」など，相手には無害で自分にとってよい行動の喚起されることをいう。この妬みは，言い換えれば**羨望**(せんぼう)とも言え，相手をうらやましいと思うと同時に，相手のよさを認めてそれを目標にするという，建設的な対処を促す情動である。

嫉妬や妬みは，自分よりも優位にある他者との比較によって生じる社会的比較情動であるが，自分よりも劣位にある他者との比較によって生じる憐れみ，嘲りという社会比較情動も存在する。

下方比較による情動として，**シャーデンフロイデ**(schadenfreude)がある。シャーデンフロイデとは，優位にあった他者の失敗を見てほくそ笑むという，喜びに近い情動である。同情は対象が努力して成功したにもかかわらず，失敗したときに強く感じられるが，シャーデンフロイデはその逆で，対象が努力せずに成功しその後に失敗したときに強く感じられ，対象への恨みや身の程を思い知らせたい欲求によって強められる(Feather & Sherman, 2002)。また，自分が支持する政党とは対立する政党が擁立した大統領候補の不幸には，比較的幸せを感じやすいが，自分の支持する政党が擁立した大統領候補の不幸にはあまり幸せを感じないなど，自分の態度によってもシャーデンフロイデを感じたり，感じなかったりする。

10－3 道徳的情動：共感，感謝，尊敬

道徳的情動(moral emotion)とは道徳規範に関連した情動であり，罪悪感や恥など自己意識に関連した情動だけでなく，他者意識に関連した**怒り**，**嫌悪**，**コンパッション**(compassion)，**畏敬**(いけい)(awe)，**感謝**(gratitude)を含む(Haidt, 2003)。怒りや嫌悪は，規範を逸脱した他者を批判し，攻撃したり排除するこ

とを動機づける。コンパッションとは，他者の苦痛に注目することで経験される情動であり，たとえ見知らぬ他者であってもその人の幸せを願い，罰や害を与えないように，より寛大で協調的になる行動を動機づける。畏敬や感謝は，優れた他者の行動に注目して賞賛するときに経験され，畏怖は他者から力をもらう，感謝は他者と親しくなるという機能をもつ。

助けてもらった後には，たとえ見知らぬ人でも助けようとするなど，他者への援助行動が増加する。また，自分が行った親切に対して感謝の手紙をもらうという実験では，自分が社会に認められたと考え，自己効力感が増し，第三者への援助行動が増加することが見られた(Grant & Gino, 2010)。

感謝や愛情は，身体接触によって伝えることができる。ある実験では，カーテンで互いの姿が見えないようにされ，身体接触以外ではコミュニケーションのできない状況が作られた。その結果，愛情，感謝，同情，怒り，嫌悪，恐怖は前腕部で，幸福や悲しみは身体全体で伝えられることがわかった(Hertenstein et al., 2009)。

身体接触には，なぐさめる，安全を示す，協調を促す，快感を与えるという4つの機能がある。コンパッションや同情はなぐさめるために，感謝は協調を促すために，愛情は4つのすべてに機能する。

愛情には，性的な欲求に根差したものの他に，**コンパッション・ラブ**(compassionate love)がある。コンパッション・ラブには，友人や家族に向かうものと，見知らぬ人に向かうものがあるが，いずれも**主観的幸福感**を高める。パートナーへのコンパッション・ラブはより長期間の結婚生活につながる要因となる。また，他者の幸せを願う愛を**ラビングカインドネス**(loving kindness)という。それを高める方法として，ラビングカインドネス瞑想(loving kindness meditation)がある。この瞑想は，自分だけでなく，他者の幸せも願う瞑想であるが，5週間の訓練で心理的資源(他者評価に依存しない自尊心など)を向上させ，主観的幸福感を高め，抑うつ傾向を減少させる効果がある(Fredrickson et al., 2008)。

■ 10章の引用文献

Arimitsu, K. (2015). Nonverbal expressions of pride, hubris, jealousy and envy in Japan. *Proceedings of Annual Convention of SPSP2015*, Longbeach, CA.

Benedict, R. (1946). *The chrysanthemum and the sword*. London: Secker and Warburg. (長谷川松治(訳) (2005). 菊と刀　講談社)

Feather, N., & Sherman, R. (2002). Envy, resentment, schadenfreude, and sympathy: Reactions to deserved and undeserved achievement and subsequent failure. *Personality and Social Psychology Bulletin*, **28**, 953-961.

Furukawa, E., Tangney, J., & Higashibara, F. (2012). Cross-cultural continuities and discontinuities in shame, guilt, and pride: A study of children residing in Japan, Korea and the USA. *Self and Identity*, **11**, 90-113.

Fredrickson, B. L., Cohn, M. A., Coffey, K. A., Pek, J., & Finkel, S. A. (2008). Open hearts build lives: Positive emotions, induced through loving-kindness meditation, build consequential personal resources. *Journal of Personality and Social Psychology*, **95**, 1045-1062.

Grant, A. M., & Gino, F. (2010). A little thanks goes a long way: Explaining why gratitude expressions motivate prosocial behavior. *Journal of Personality and Social Psychology*, **98**, 946-955.

Haidt, J. (2003). The moral emotions. In R. J. Davidson, K. R. Scherer, &H. H. Goldsmith (Eds.), *Handbook of affective sciences*. Oxford, England: Oxford University Press. pp. 852-870.

Hertenstein, M. J., Holmes, R., McCullough, M., & Keltner, D. (2009). The communication of emotion via touch. *Emotion*, **9**, 566-573.

Nitobe, I. (1900). *Bushido: The soul of Japan*. Philadelphia: The Leeds & Biddle, Co. (須知徳平(訳)(1998). 対訳「武士道」 講談社)

Tracy, J., & Matsumoto, D. (2008). The spontaneous expression of pride and shame: Evidence for biologically innate nonverbal displays. *Proceedings of the National Academy of Sciences*, **105**, 11655-11660.

Tracy, J. L., & Robins, R. W. (2007). Self-conscious emotions: Where self and emotion meet. In C. Sedikides & S. Spence (Eds.), *The self in social psychology. Frontiers of social psychology series*. New York: Psychology Press. pp. 187-209.

11 章　情動の発達

あなたは，赤ちゃんの日常にふれたことがあるだろうか。生まれて間もない赤ちゃんは，1日のうちに寝たり起きたりを繰り返す。ぐっすり寝ていた赤ちゃんが目を覚ますと，むずかったり，泣いたりする。お母さんは，赤ちゃんが口を動かす様子を見て，お腹がすいているのだろうとおっぱいを与える。おっぱいを飲んですっかりお腹がいっぱいになった赤ちゃんは顔の表情がゆったりして，体もリラックスしている。お母さんは，赤ちゃんを抱っこして見つめながら話しかける。赤ちゃんもぼんやりお母さんを見つめている。そのうちに，赤ちゃんはだんだんと疲れて，飽きてきてあくびをしたり，体をばたつかせたり，ときにはぐずりだす。お母さんは，赤ちゃんが眠たくなったことに気がつき，横抱きにしてゆっくり揺すり，眠りに導いていく。

情動といえば，私たちは「喜び」「悲しみ」「怒り」などを想像する。しかしながら，赤ちゃんの情動は，私たちがふだん思い浮かべるようなものとは様相を異にしている。

本章では，ヒトが誕生してからどのように情動が発達するのかについて，主に誕生からの生後3年間を中心にみていくこととする。はじめに，情動発達に関する考え方を紹介し，次にルイスの情動発達のモデルを取り上げ，情動に対する認知がどのように発達するのかをみていく。最後に，子どもがどのような過程を経て自らの情動を調整するようになるのかについて，主に養育者との関係性の発達という観点から検討していく。

11－1　情動発達の理論

(1)　情動発達の考え方

情動発達についての考え方にはいくつかの立場があるが，その中でも代表的なものとして2つの立場がある。第1は，イザード(Izard, C. E.)らが提唱する

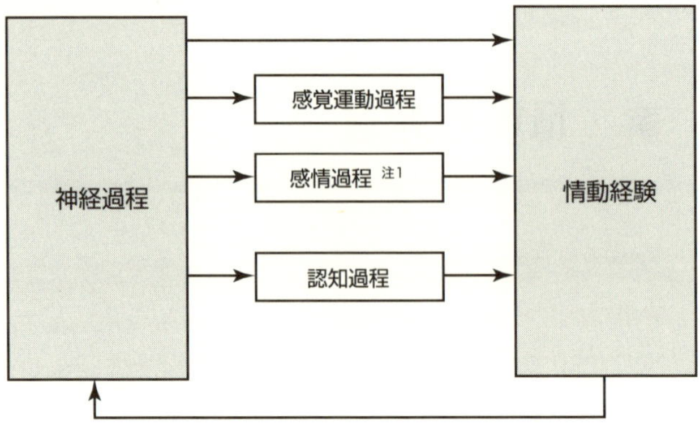

注） 図中の「感情過程」は本文中の「動機」に対応する。

図 11-1 情動活性化のマルチシステムモデル(Izard, 1993)

分離情動理論(discrete emotion theory)というもので，進化論的立場をとるものである。その主な考え方は，赤ちゃんの表情は情動の表れであり，興味(intrest)，喜び／幸せ(joy/hapiness)，悲しみ(sadness)，怒り(anger)，嫌悪(disgust)，恐怖(fear)という基本情動(分離情動)は，文化を超えてヒトに普遍的であること，これらの基本情動は生得的に分化しており，情動それ自体は発達するものではないとするものである。

イザードは，図 11-1 に示すようなマルチシステムモデルを提唱している(Izard, 1993)。このモデルは，情動の活性化を神経過程(ある種の神経伝達物質と脳の構造の活性化)，感覚運動過程(遠心性あるいは求心性のフィードバックを含む過程)，動機(生得的に結びついているあるいは学習によって関連づけられた他の情動の活性化)，認知過程(情動を導く評価と帰属の過程)の４つの過程(システム)で構成されている。このモデルでは，情動の活性化には，神経過程が必要不可欠であり，神経過程が直接的に情動の活性化につながる場合もあれば，感覚運動過程，動機，認知過程を経由する場合もあると考えられている。

第２の立場は，**分化理論**(differential theory)である。分化理論では，情動は誕生時には分化しておらず，乳児期の早いうちに情動表出にまとまりが生じてくる。この立場の代表的な研究者として，ルイス(Lewis, M.)とスルーフ(Sroufe, L. A.)があげられる。

情動発達の理論についてはどちらの立場が正しく，どちらの立場が間違っているかということを容易に判断することはできない。しかしながら，分離情動理論については，他の立場からの批判も多く，反証する知見も得られている。以下，分化理論の立場の１つであるルイスの情動発達の理論についてみてみよう。

（2） ルイスの情動発達のモデル

ルイスは，情動発達について，図 **11-2** のようなモデルを示している（Lewis, 2008）。誕生時には，両極的な２つの情動が認められる。１つは，泣きやぐずりとして現れる苦痛（distress）である。もう１つは，満ち足りていたり（contentment），環境に注意を向けたり，興味をもったりするといった快（pleasure）の状態である。このように，環境への注意や興味を誕生時からみられるものとしているところがルイスの理論の特徴的な点である。

喜びと悲しみ，嫌悪は生後３ヵ月頃までに現れる。喜びは，人の顔を見たときなどに笑顔や興奮／幸せなどとして現れる。悲しみは，母親が赤ちゃんに関わるのをやめるなど，ポジティブな刺激が与えられなくなったときに現れる。嫌悪は，口の中にある不快な味のものをはき出したり，取り除いたときに現れ

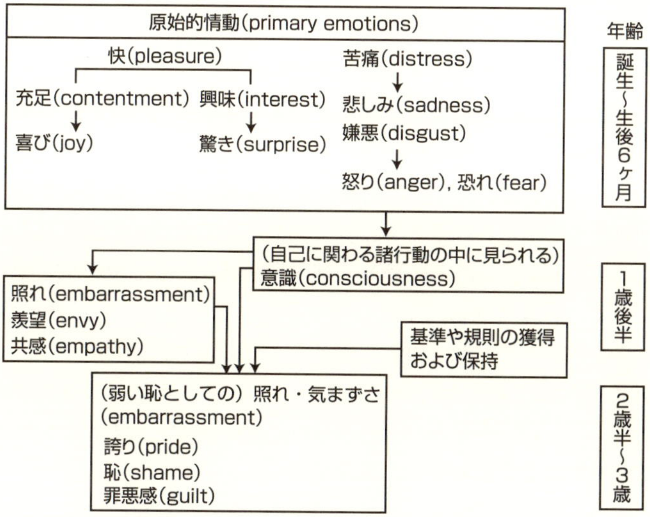

図 11-2 ルイスの情動発達のモデル
（Lewis, 2008/遠藤，2013）

る情動である。このような喜び，悲しみ，嫌悪は赤ちゃんがおかれた状況にふさわしいかたちで表情として現れる。

怒りは生後4〜6ヵ月頃に現れる。怒りは，赤ちゃんの手や腕が制止され，動くことができなかったり，くじけたときなどに生ずる。怒りは，目標をさえぎるものを打ち負かそうとする試みであり，手段と目的に関する知識があって生じる，すなわち認知的な能力と関連するものである。一方，恐れは怒りよりももう少し後の7〜8ヵ月頃に出現する。赤ちゃんは，見知らぬ人に恐れを抱く。これは，普段からなじみのある顔を記憶し，それらと比較してなじみのない顔を識別しているためであり，これもまた認知能力を反映している。

驚きもまた，生後6ヵ月頃に現れる。驚きは，子どもだと認識していた人が極端に背の低い大人だとわかったときや，腕で引っ張るおもちゃを赤ちゃん自身がうまく引っ張ることができたときなどに観察され，期待を裏切られたときや「そうか，わかった！」というような発見の反応として示される。このように1歳までの情動の出現には，認知的なプロセスが重要な役割を果たしており，ルイスは，これらの情動を**原初的情動**とよんだ。

1歳の後半になると，新たな認知的能力，すなわち自己意識が情動をもたらす。これは自己意識的情動とよばれており，照れ(embarrassment)，共感(empathy)，羨望(envy)に分けられる(コラム11-1参照)。これらの情動の測定には，単に顔の表情の測定のみならず，身体と発声の測定も必要である。例えば，照れでは，もじもじと体をさわったり，微笑したり，目をそらしたりする。また，これらの情動は自己意識を反映するが2歳半以降にみられるような自己評価は反映しない。

2歳半から3歳頃になると，親や先生から認められたりほめられたりするといった外的基準，あるいは子ども自身の内的基準に自分の行動が反しているかどうかを評価するようになる。誇り，恥，罪悪感は，自己意識的評価の情動とよばれている。誇りと恥は，幸せと悲しみとは全く違うものである。例えば，私たちは賭けに勝ってお金を得たら幸せだと感じるが，賭けに勝つことは自分の内面が評価されるような行動ではないので，誇りを感じることはない。また，私たちは何かができなかったら悲しいと感じるが，それが自分の過失ではなければ恥や罪悪感を感じることはない。

以上のように，誕生時においては，充足，興味，苦痛にすぎなかった情動は，新たな経験をしたり，付加的な意味を学んだり，認知的な能力が高まることによって，より精緻化され，複雑な情動システムとなっていく。ルイスは，

コラム 11-1　自己意識とは：鏡の中の人はだあれ？

人はいつ頃「自分」に気づくのだろうか。自分に向けられる意識のことを自己意識という。赤ちゃんは，生後3ヵ月頃になると自分の手をじっと見つめたり(ハンド・リガード)，自分の足をつかんだりするようになる。このような行動は，赤ちゃんが自分の体に気づいたということを示している。

では，自分の容姿が自分であることに気づくのはいつ頃だろうか。Lewis & Brooks-Gunn (1979)は，9，12，15，18，21，24ヵ月の子どもを対象として鏡を用いた興味深い実験を行っている(鏡像認知実験)。子どもが気づかないように鼻の頭に赤いルージュで印をつけた後，子どもを鏡の前に立たせる。そのとき，子どもが鏡を見て，自分の鼻を触ったら，その子どもは鏡に映った像が自分自身であることを認識していると判断される。その結果，9，12ヵ月の子どもは，ほとんど自分の鼻を触れることはなく，15，18ヵ月児では20%程度，21，24ヵ月児では60〜70%程度の子どもが自分の鼻に手を触れた。このことから，およそ1歳後半から子どもは鏡に映った像を自分であると認識し始める，すなわち客体的自己が獲得されることが明らかとなった(図 **11-3**)。

また，ルイスらがその後に行なった，平均22カ月の子どもを対象とした実験では，鏡像認知条件で赤いルージュを鼻の頭に塗ったときに，鏡を見て自分の鼻の頭を触った子ども(客体的自己を認識している子ども)は，鼻を触らなかった子どもと比較して，鏡の前で立つだけの場面，大げさにほめられる場面，ダンスを踊るように促される場面(母親と踊る，実験者と踊る)において，照れを示すことが多かった。このようなことから，照れといった情動は，自己意識の発達と関係していることがみてとれる。

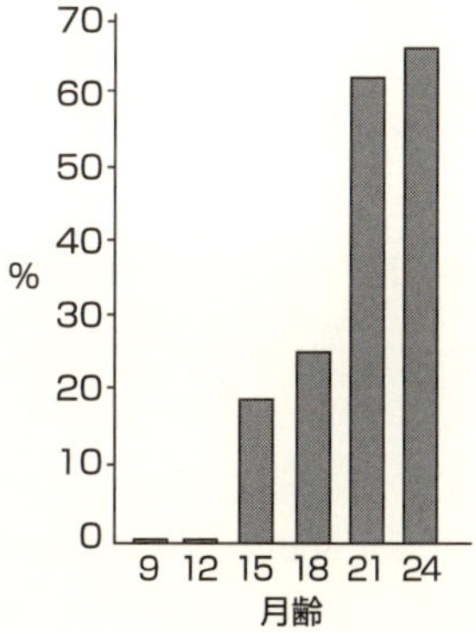

図 11-3　鏡像認知の実験結果
(Lewis & Brooks-Gunn, 1979)

ダーウィンが人間の種に個有なものとした自己意識的情動は3歳までに現れるようになるとみなしている。

11－2　情動理解の発達

人は情動を自発するだけでなく，自分自身の情動や他者の情動がどのようなものであるかを意識したり，理解したりする。本節では，新生児期から幼児期までの情動発達についてみていこう。

(1)　情動伝染

私たちは，相手とコミュニケーションをとっているとき，無意識のうちに相手の表情と似たような表情を示すことがある。例えば，相手が辛（つら）く悲しい話をしているときには，自分も辛そうな表情になる。相手が微笑みを浮かべながらうれしそうに話していると，自分の口元もほころび笑顔になる。このような現象を**情動伝染**(emotional contagion)という。このような情動伝染は新生児期からみられ，**新生児模倣**(newborn's imitation)とよばれる。

新生児模倣の代表的な研究として，メルツォフとムーアの一連の実験を紹介しよう(Melzoff & Moore，1977)。生後42分～71時間の赤ちゃんは，大人が口を開く，舌を突き出すという表情を示すと，同様な表情を模倣した。そのような模倣は大人がそのような顔の表情をやめた後でもみられた。また，生後12～21日の赤ちゃんでは，大人による舌の突き出し，口開き，唇の突き出しという顔の表情に加えて，指を動かして手を閉じたり開いたりする連続的な動きも模倣できることが明らかとなった(図11-4)。

新生児期からみられる情動伝染とは，他者の顔の表情，発声，姿勢，動きを自動的に模倣(mimicry)したり，同期(synchrony)させたりして，結果として情動が伝染することである(Hatfield, Cacioppo, & Rapson, 1994)。関連する研究では，生後2～4日の赤ちゃんが他の赤ちゃんの泣き声を聞くと，つられて泣いたり，生後1日の赤ちゃんが母親の語りにあわせて，体を動かしたりすることが示されている。

しかし，この時期の情動伝染や模倣は，相手の情動を認識した上で，あるいはなんらかの意図をもって模倣しているわけではなく，自動的かつ反射的に生じるものとみなされる。近年，これらの現象を神経生理学的に説明するものとして，ミラーニューロンシステムの存在が明らかにされた(Rizolatti &

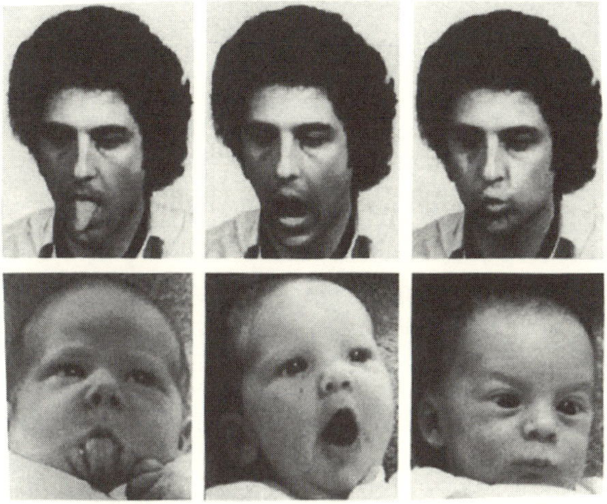

図 11-4 新生児の表情模倣(右：舌の突き出し，中央：口開け，左：唇の突き出し)
(Melzoff & Moore, 1977 より転載)

Singaglia, 2008)。ミラーニューロンとは，自分が行動するときと他者の行動を見るときに発火する神経細胞であり，模倣行動や共感性に関与するとされる。リゾラッティらは，新生児模倣にもこのようなミュラーニューロンが関与すると考えている。

生後 3 ヵ月頃になると，赤ちゃんは他者の情動表出を区別できるようになる。この時期の赤ちゃんが，母親が幸福，悲しみ，怒りの表情をするとどのような表情になるかを検討した研究では，母親が幸福な表情をしたときは，赤ちゃんも同様に幸福な表情を示した。しかしながら，母親が悲しみ，怒りの表情を示したときには，赤ちゃんは母親の表情とマッチした表情をしなかった。すなわち，母親が悲しみの表情をしたときには，口をもぐもぐ動かし，母親が怒りの表情をしたときには，動きがみられなかった。これらの結果から，生後 3 ヵ月頃には，赤ちゃんは母親の情動表出の種類を区別した上で，それぞれの表情に対応する反応を行うと考えられた(Haviland & Lelwica, 1987)。

(2) 社会的参照

生後 9 ヵ月頃になると，赤ちゃんは自分がどのように行動したらよいかわからない曖昧な状況に直面したとき，支援者(母親)の表情からその曖昧な状況に対処するための手がかりを得ようとする。これを，**社会的参照**(social referencing)という。1歳の赤ちゃんを対象とした社会的参照の実験(Sorce, Emde, Campos, & Klinnert, 1985)を紹介しよう。実験の状況は次の通りである。視覚的断崖の実験装置(コラム 11-2)の深い側の端に魅力的なおもちゃが置いてある。赤ちゃんは深い溝の方に這(は)って行かなければならず，どのように行動すればよいのかわからなくなる状況設定となっている。深い溝の端には母親が立っていて，喜び，興味，恐怖，怒りの表情のいずれかを浮かべている。赤ちゃんは，母親が喜び，興味の表情をしていると母親の立っている深い側に渡っていき，恐怖，怒りの表情をしているとほとんどの赤ちゃんは深い側には行かなかった。

このように赤ちゃんが母親と内的な状態を共有したり，社会的参照を行ったりするには，他者(この実験では母親)にも自分と同じような気持ち(意図・情動)があるということに気がつくこと，すなわち**間主観性**(intersubjectivity)が必要である。

(3) 言語表現からとらえる情動理解

子どもが言葉を話すようになってくると，自分や他者の内的な状態を言葉を用いて表現するようになる。5名の子どもを対象に2〜5歳の間に情動に関する言葉(情動語)がどのように使用されるかを縦断的に検討した研究では，2歳までには，次のような言葉を使用することが明らかとなった(Wellman, Harris, Banerjee, & Sinclair, 1995)。まず，語彙については，幸せ，悲しい，泣く，怖い，怒ったなどの基本情動に関する言葉を用いていた。時制については現在形だけでなく，過去形や未来形も使用していた。人称については，自分だけでなく，2人称，3人称を用い，さらに，人形やぬいぐるみなどのおもちゃに対する情動表現も用いた。

2歳から5歳にかけての特徴として，語彙については，驚き，興奮，飽き，寂しさといったより複雑な情動状態を表現する言葉を使用するようになること，時制については，過去形，未来形が減り，仮定的未来が増加すること，人称についてはおもちゃに対する情動表現の減少していくことが示された。子どもが情動語を話すようになるのは，20〜24ヵ月頃といわれているが，この研究から，2歳頃には語彙や文章は単純であっても，自分以外のさまざまな人(もの)や状況において情動を表現するようになることがわかるだろう。

コラム 11－2　視覚的断崖実験

ギブソンとウォークは，乳児の奥行き知覚がいつ頃成立するかを検討するために，視覚的断崖を用いた実験を行った(Gibson & Walk，1960)。この実験では特別な実験装置が用いられた（図 11-5 A，B 参照)。装置の全体は浅い側と深い側とに分かれ，底面には同じ市松模様が描かれており，浅い側から深い側を覗き込むと，深い断崖があるかのように見えるようになっていた。すなわち，浅い側にいる赤ちゃんが深い側に落ちないように，装置上面はすべて厚いガラス板でおおわれていた。浅い側に置かれた赤ちゃんが深い側へ向かって這っていくと，途中から断崖が現れるかのように見えることから，視覚的断崖の実験装置とよばれた。

実験では，この装置の浅い側に生後 6〜14ヵ月の赤ちゃん(36 名）が一人ずつ置かれた。この月齢の赤ちゃんは這うことのできる発達段階にある。そして，それぞれのお母さんたちに，浅い側あるいは深い側の向こう端に立ってもらい，赤ちゃんの名前を呼ぶことが求められた。

母親が浅い側から声をかけたとき，多くの赤ちゃん（27 名）は母親のもとに這っていこうとした。しかしながら，母親が深い側から声をかけると（視覚的断崖を超えていかないと母親のもとにいけない)，多くの赤ちゃんは母親から逃げるような動作をした。中には泣き出す赤ちゃんもいた。この実験結果から，ギブソンらは，這うことのできる発達段階にある赤ちゃんは，奥行き(断崖の深さ)を知覚できるとみなした。

這うという身体移動能力と情動発達との関係を調べた研究者にキャンポスがいる(Campos, Langer & Krowitz, 1970)。彼らは，複数の発達段階にある乳児を対象に，視覚的断崖の実験装置を用いて一連の実験を行なった。結果を要約する。まだ這う

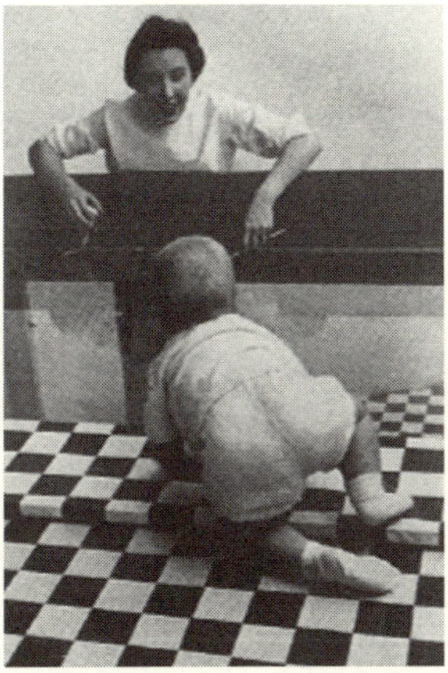

A

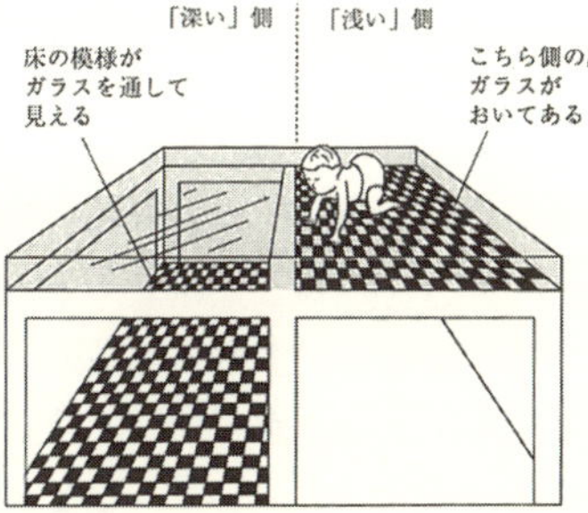

B

図 11-5　視覚的断崖実験装置

A：Gibson & Walk(1960)，B：山上（1990)

ことのできない（身体の移動能力をもたない）生後2ヵ月〜3ヵ月半と5ヵ月の赤ちゃんを断崖を覗き込むことができる浅い側に置くと，赤ちゃんは深い側を興味深げに覗き込むという行動を示した。その時に測定された心拍は低下していた。一方で，這うことのできる（身体の移動能力をもつ）9ヵ月の赤ちゃんは，ギブソンらの実験結果と同様な行動を示し，その時に測定された心拍は上昇していた。

一般に恐れや恐怖を感じると心拍は上昇し，興味や関心を示すと低下する。キャンポスらの実験結果から，這うという身体移動ができるようになって始めて，赤ちゃんは怖れや恐怖の情動を経験するようになることが示唆された（這うという行為に限定的な恐れや恐怖ではあるが)。この実験から，身体移動能力の発達は情動の発達とつよい結びつきのあることが考えられる。すなわち断崖から落下する可能性がない発達段階にあっては（身体移動ができないのであるから自ら落下していくことはない)，落下の恐怖を感じないのである。

11－3 情動調整の発達

私たちは，いやなことがあっても，人前であるとそのことを悟られまいとじっとこらえることがある。うれしいことがあったときでさえ，喜びを押し殺そうとする。すなわち，自分の情動を自分自身で調整しているのである。**情動調整**(emotional regulation)とは，個体と環境との間にじょうずな適合を生みだすはたらきのことという(須田，1999)[1)]。

幼い子どもは自分だけで情動を調整することができず，養育者との相互作用を通じて行う。ここでは，発達に伴い情動調整がいかに変化していくかをみていこう。

(1) 養育者との関係の中での情動調整のはじまり

新生児期の赤ちゃんは，本章の冒頭に記述したような毎日を過ごしている。養育者は不快な情動を示す赤ちゃんをなだめることによって，不快な状態を和らげようとする。また，赤ちゃんが目覚めてご機嫌な状態で，赤ちゃんと養育者との間に見つめ合いが生じているときは，ちょうどよく適合している状態ということもできるだろう。また，11-2の情動理解のところでみたように，赤ちゃんは生まれて間もなくから，母親の声にあわせるように手足を動かし，同期的なリズムを示す。新生児期は，赤ちゃんと養育者間の行動のやりとりのリ

---

1) 須田(1999)では，emotion(al)を情緒としている。

ズムがうまくあうようになり，このような早期の相互作用が，その後の情動調整の基盤となっていく。

生後３ヵ月頃になると，赤ちゃんは目覚めている時間が長くなり，外界に興味をもつようになる。赤ちゃんは，養育者を見て頻繁に微笑するようになる。このような微笑を**社会的微笑**(social smiling)という。また，養育者に向かって「あぐぅぅ」「あー，あー」などというような声を出したりもする（クーイング)。このように，生後３ヵ月頃になるとそれまでと比べて人とのかかわり方がいちだんと増加していく。日々めざましく変化する赤ちゃんを，養育者はこれまで以上に「かわいい」と感じ，赤ちゃんにひきつけられるように関わる。例えば，赤ちゃんが何かものを見つめたりすると，養育者は赤ちゃんの気持ちを代弁するように，「おもちゃが欲しいのね」などと声がけをする。一方，赤ちゃんが泣いたり，ぐずったりしたときは，気持ちを紛らわせるために，他の刺激の方へ関心を向かわせたりする。養育者が赤ちゃんの情動の調整を繰り返すことによって，赤ちゃんは養育者のことを「自分を気持ちよくしてくれる，安心できる存在」ととらえるようになっていく。

一方，生後６ヵ月ぐらいまでの間で，赤ちゃんも自分自身で情動を調整するようになる。赤ちゃんは養育者と一定時間見つめあうと，目をそらし，見つめ合いと目そらしがリズミカルに行なわれる。赤ちゃんが目をそらしたときに，養育者が何らかのはたらきかけを行なうと，目をそらす時間が長くなっていく。これは，見つめているときは注意を集中しており，目をそらしているときは弛緩しているというサイクルを乱されることを意味する。養育者が赤ちゃんの注意－弛緩のリズムにあわせるように関わると，赤ちゃんは目そらしの時間を短くし，養育者とより長い相互作用を行なうようになる。

（2） 感情調律

次の２つの場面に描かれた子どもと母親の事例(Stern, 1984)を想像してみよう。

■場面１：

９ヵ月の女の子が，おもちゃにとても興奮し，そのおもちゃをつかもうとしている。それをつかむと，彼女は「あぁぁぁ」という元気に満ちあふれた声をあげながら，お母さんを見る。お母さんは見つめ返し，肩をすくめて，ダンサーのように上半身を激しくゆする。お母さんのその動きは，娘が「あぁぁぁ」と言って

いる間だけ続き，お母さんも娘と同じように興奮し，喜びに満ちあふれている。

■場面2：

8ヵ月半の男の子が，あともう少しで届きそうなおもちゃに手を伸ばしている。彼は静かにそのおもちゃの方向に体を伸ばして，体を傾かせて，腕と指をいっぱいに伸ばす。まだおもちゃには届かないので，手が届くまでの数インチを絞り出すように自分の体を伸ばす。そのとき，お母さんは，張りつめた生体に空気を押し出すようにして息を吐き出し「あぁぁ‥‥あぁぁ！」とピッチをあげた。お母さんが段々と音量をあげていくと赤ちゃんも段々と身体に力を入れた。

これらの2つの場面では，母親は赤ちゃんの体の動きにあわせて声をだすなど，母親は赤ちゃんの体の動きに対して同じ体の動きではなく，声という赤ちゃんとは異なった体の部位を用いてマッチさせている。スターンは，このような子どもの感情表出にあわせた母親の反応を**感情調律**(affect attunement)と名づけた。スターンは，感情調律では，強さ(例：赤ちゃんの体の動きの強さと母親の声の強さ)，タイミング(ビート，リズム，持続時間)，形(例：赤ちゃんの腕の上げ下げという垂直方向の形に母親は自分の頭の動きを合わせる)の3つの次元がマッチするととらえた。感情調律はこれまでみてきたような新生児模倣や情動伝染とは異なる。すなわち，新生児模倣や情動伝染は，自動的反射的に生じるものであったが，8，9ヵ月頃から見られる感情調律は，赤ちゃんと母親が内的状態を共有していることにより生じるものといえるからである。

(3)　養育者による情動調整の支援

乳児期の情動調整は，主に身体を通して，「今，ここで」生じている現象に対して，養育者がはたらきかけることによって生じる。乳児期では，人やものとの関係は行動のやりとりによって生じていたが，幼児期になると，表象機能がはたらくことにより，周囲とのかかわり方も言葉を用いることが増えてくる。そのようなことから，「今，ここで」のみならず，「あのとき，あのこと」の情動について語り合いができるようになり，子どもがした評価とは異なる評価を親が伝えることが可能となる。このように子どもの諸機能が発達するに従って，養育者は子どもが自分で情動調整ができるように支援していくようになる(久保，2008)。

24ヵ月の子どもに恐れが生じるエピソード，フラストレーションが生じるエピソードをそれぞれ2つずつ用意して，子どもが母親に向けてどのような苦痛の表情を示すのかを検討した研究では，子どもは母親が自分を見ているときに，怒りや恐れよりも悲しみの表情を多く表出した(Buss & Kiel, 2004)。すなわち，2歳頃になると，自分がどのような感情を表出すれば社会的な環境からの支援が受けられるかということに気づくようになるのである。

コラム 11－3　アタッチメントシステムとは？

2歳頃の子どもが，見知らぬ人に出会うと，お母さんの後ろに隠れて，こっそりその人を見つめたりすることがある。お母さんと公園に行ったとき，子どもが遠くに遊具を見つけて，一人でよちよち歩いて行った。ふと，お母さんがそばにいないことに気づいて，慌ててお母さんのところに戻ってきて抱っこをしてもらい，ホッとした顔をして，また遊具のところに向かって行った。自分自身の遠い記憶として，このような想い出があったり，あるいはそのような光景を見たことがあるだろう。

子どもは，不安や緊張というネガティブな情動状態になると，養育者の元に向かい，その情動を和らげようとする。このように，赤ちゃんの不安，緊張を養育者を介して和らげていくシステムをアタッチメントシステム(Bowlby, 1969/1982)という。アタッチメントシステムが安定的に機能するためには，本文で述べてきたように，赤ちゃんが誕生して以降の養育者とのかかわりにおいて，養育者を信頼できる存在ととらえられるような関係性をもつことが重要である。子どもは，情動状態が安定していると，外界を探索しようとする。1歳頃の赤ちゃんは，養育者が目の前からいなくなると，ネガティブな情動が生じて，養育者がいなくなることを回避しようとする。しかし，2〜3歳頃の子どもは，表象機能が育ち，「ママは自分が困ったときには助けてくれる」「ママは今いないけれど，必ず戻ってくれる」というような主観的な確信がもてるようになり，離れていても落ち着いて待つことができるようになる。子どもがこのような確信をもてるようになるには，養育者が子どもの様子に，適切かつ敏感に反応すること，そのかかわりに一貫性があることが重要となる。一方，子どもが同じような行動をしても，養育者があるときは厳しく叱ったかと思えば，あるときは猫なで声でなだめるなど，養育者の気分や都合によって，かかわり方を変えたり，子どもの様子とは無関係に養育者が子どもをコントロールしたり，子どもとの関係が回避的であると，子どもは養育者を介して，不安，緊張を和らげていくシステムを育てていくことができなくなる。子どもと養育者の日々のかかわりの1つ1つの積み重ねが，子どもと養育者の関係性を築いていくのである。

（4）表示規則と子ども自身の情動調整

3歳頃になると，**表示規則**(display rule)に則(のっと)った情動調整が可能になっている。表示規則とは，情動を適切に表出するための社会文化的なルールであり，どのようなときにどのような情動を表出すべきか，あるいは表出するべきでないかについてのルールである。コールは，2つの実験を行い，子どもが何歳で情動の表出をコントロールできるようになるのかを検討した(Cole, 1986)。最初の実験では幼稚園の年中，小学1年生，3年生の子どもを対象として，ある議論をした後に，そのごほうびとして子どもに，子ども自身が望んでいるプレゼントを与える状況と，がっかりするようなプレゼントを与えるという状況を設定した。その結果，年齢に関係なく女子の方が男子よりも，がっかりするような状況においてネガティブな情動の表出をコントロールして，ポジティブな表情を表出しようとすることが示された。女子は，自分が望んでいないプレゼントを渡されたときでも，欲しかったプレゼントをもらったときと同じような笑顔を見せていたが，男子は欲しかったプレゼントをもらったときは，女子と同じように笑顔を見せたが，望んでいないプレゼントを渡されたときは，女子が見せたような笑顔は見せなかった。このことから，女子はすでに幼稚園の年中になれば，表示規則を学習していることがわかる。

さらに，より年齢の低い3，4歳の女子のみを対象にした第2の実験において，半分の参加者は，子どもにプレゼントを渡した後にすぐにその人が立ち去る条件とし，もう半分の参加者はプレゼントを渡した人はその後もそこに残る条件として，2つの条件間に違いがあるかを検討した。その結果，プレゼントを手渡してくれた人が残る条件の方が，そうでない条件よりもポジティブな表情がより多く表出され，ネガティブな表情の表出の少なかったことが示された。また，欲しかったプレゼントを渡されたときのインタビューでは，すべての子どもたちは自分のポジティブな気持ちを認識していたが，望んでいないプレゼントについてのインタビューでは，40%の女子は自分のネガティブな気持ち(腹が立つ，悲しい，悪い)を認識していたが，50%の女子は幸せな気分であると述べた。このように，3，4歳の女子はプレゼントを手渡してくれた人の前では笑顔を見せてネガティブな情動の表出を抑制したが，本当はどのような気持ちだったのかを認識して言語化するには至らない子どももいることが示唆された。

以上のように本章では，乳幼児期の子どもの情動を，情動発達の理論，情動の理解の発達，情動調整の発達の３つの側面から，主に養育者との関係性を中心にみてきた。いずれの側面についても，情動の発達は単独に生じるのではなく，身体発達，認知発達，対人関係の発達などさまざまなものが密接に関与していることがわかるだろう。

本章では触れなかった要因として，次の２つが挙げられる。１つは，養育者以外との人間関係である。幼児期になると，子どもはそれまでの養育者を中心とした関係から友人をはじめとしたさまざまな人間との関係をもつようになる。もう１つは，社会文化的な影響である。子どもの成長，発達には直接，間接的に社会文化の影響が認められる。これら２つの要因もまた子どもの情動発達に大きな影響を与えている。

近年，本章で紹介したさまざまな理論に対して脳内基盤の存在を確認するような研究が増えてきた。赤ちゃんの情動研究は，言葉を手がかりにできないために，大きな困難を伴ってきたが，さまざまな次元からのアプローチが可能になるとまた新たな知見が得られるようになる。

■ 11 章の引用文献

Bowlby, J. (1969/1982). *Attachment and Loss: Vol.1 Attachment.* New York: Basic Books.

Buss, K. A., & Kiel, E. J. (2004). Comparison of sadness, anger and fear facial expression when toddlers look at their mothers. *Child Development*, **75**, 1761-1773.

Campos, J. J., Langer, A., & Krowitz, A. (1970). Cardiac responses on the visual cliff in prelocomotor human in fants. *Science*, **170**, 196-197.

Cole, P. M. (1986). Children's spontaneous control of facial expression. *Child Development*, **57**, 1309-1321.

遠藤利彦 (2013). 「情の理」論：情動の合理性をめぐる心理学的考究　東京大学出版会

Gibson, E. J., & Walk, R. D. (1960). The "visual cliff." *Scientific American*, **202**, 64-71.

Hatfield, E., Cacioppo, J. T., & Rapson, R.L. (1994). *Emotional contagion: Studies in emotion & social interaction.* New York: Cambridge University Press.

Haviland, J. M., & Lelwica, M. (1987). The induced affect response: 10- week- old infants' responses to three emotion expressions. *Developmental Psychology*, **23**, 97-104.

Izard, C. E. (1993). Four systems for emotion activation: Cognitive and noncognitive processes. *Psychological Review*, **100**, 68-90.

久保ゆかり (2008). 幼児期の感情　上淵寿(編)　感情と動機づけの発達心理学　ナカニシヤ出版 pp. 65-84.

Lewis, M. (2008). The emergence of human emotions. In M. Lewis & J. M. Haviland-Jones, & L. F. Barrett (Eds.), *Handbook of emotions.* 3rd ed. New York: Guilford Press, pp.304-319.

Lewis, M. & Brooks-Gunn, J. (1979). *Social cognition and the acquisition of self.* New York: Plenum.

Melzoff, A. N., & Moore, M. K. (1977). Imitation of facial and manual gestures by human neonates. *Science*, **198**, 75-78.

Rizzolatti, G., & Sinigaglia, C. (2006/2008). *Mirrors in the brain: How our minds share actions and emotions*. New York: Oxford University Press.

Sorce, J. F., Emde, R. N., Campos, J., & Klinnert, M. D. (1985). Maternal emotional signaling: Its effect on the visual cliff behavior of 1- year- olds. *Developmental Psychology*, **21**, 195-200.

Stern, D. N. (1994). Affect attunement. In J. D. Call, E. Galenson, & R. L. Tyson (Eds.). *Frontiers of infant psychiatry*. Vol. II. New York: Basic Books. pp. 3-14.

須田治 (1999). 情緒がつむぐ発達：情緒調整とからだ，こころ，世界　新曜社

Wellman, H. M., Harris, P. L., Banerjee, M., & Sinclair, A. (1995). Early understanding of emotion: Evidence from natural language. *Cognition and Emotion*, **9**, 117-149.

山上精次 (1990). 発達(発達心理学)　金城辰夫(編)　図説現代心理学入門　培風館　p. 127.

12章　情動，気分と認知

「恋は盲目」という。誰しも，恋をすると情動に支配され，「あれ，なんであんなことを言った(した)のだろう」など，後になって落ち着いて考えてみれば説明のつかない行動をしたという経験があるだろう。一般的には，理性を保つことが人間的であり，情動に従って行動することは動物的ととらえられるため，情動を露(あらわ)にすることにあまりよい印象はもたれない。理性と情動は，相容(あいい)れない，相反的なものと考えられがちであるが，実際には情動には理性が関わっているし，理性には情動が影響している。本章では，さまざまな事例とモデルを交えて，情動と理性(認知)のかかわりについて考えていきたい。

12－1　情動と認知のかかわり

(1)　情動の認知的評価理論

テストの点数が同じであっても，うれしい人もいれば，悲しい人もいる。叱られて，ひどく落ち込む人もいれば，怒りを爆発させる人もいる。このように，客観的に共通した状況でも，その状況をどのように評価するかによって経験する情動が異なってくる。このような考え方を**情動の認知的評価理論**という。

認知的評価には，肯定的か否定的かを評価する**一次的評価**，個別の感情に関連したテーマを評価する**二次的評価**がある。一次的評価は，自動的かつ無意識に行われる。私たちの認知が無意識下で行われているかどうかを確かめる方法として，記憶に残らないほどのスピードで刺激を提示して(サブリミナル刺激)，その後にその刺激がどのような影響を与えたかを調べる方法がある。一次的評価を調べるために，幸福，怒りを表出した表情を4ミリ秒という知覚困難な短い時間で提示した後に，漢字で書かれた無意味つづり(英語話者にとっては意味のわからない図形)の好悪を評価させるという実験が行なわれた

(Murphy & Zajonc, 1993)。その結果は，怒り顔を見た後の方が幸せな顔を見たときより好意度が低くなるが，1秒間写真を見た場合は，漢字の無意味つづりの好悪評価には条件差がないというものであった。写真の後に提示された無意味つづり(中立刺激)を快，不快の方向に評価したことから，意識下で提示された情動刺激であっても，快，不快情動が喚起されたことがわかる。このように，一次的評価は無意識下で自動的にすばやく行われる。

二次的評価は，目標との一致，自我の関与度から評価される(Lazarus, 1991)。出来事が目標と一致していれば肯定的情動を経験し，さらに自己が関与していれば幸福を，自尊感情が高まれば誇りを，相思相愛と思えば愛を経験する。出来事が目標と一致しなければ否定的情動を経験し，さらに自尊感情を傷つけられれば怒りを，自己への脅威があれば恐怖または不安を，自己に関する喪失があれば悲しみを経験する。

(2)　情動の階層的ネットワーク

一次的評価は，生存に関わる基本情動を喚起させる必要があるため，即時的に行なわれる。一次的評価は，いわば生存のための無意識の信号であり，情動に深く関わる部位である大脳辺縁系によって統制されている。二次的評価は，より時間のかかる認知であり，出来事をどうとらえるか，その原因や意味を考えさせるはたらきがある。

12-2　情動と社会的判断

(1)　気分一致効果と情動インフュージョンモデル

何か良いことがあった後に，過去のさまざまな良いことを思い出したり，何か悪いことがあった後に過去のイヤな出来事を思い出すということがある。また，良い気分のときには，ポジティブな音楽を聴きたくなったり，悪い気分のときには陰うつな音楽を聴きたくなることがある。このように，気分に一致した認知的判断がなされることを**気分一致効果**という。実際に行われた実験においても，快気分，不快気分に誘導された参加者に楽しい物語と悲しい物語の両方を読ませ，後日再生させると，快気分に誘導された参加者は楽しい物語を，不快気分に誘導された参加者は悲しい物語を再生しやすいことが明らかにされている(Bower et al., 1981)。

一方，気分がよくないときに，ポジティブな記憶を思い出すこともある。これは，**気分不一致効果**とよばれている。これは不快なときには，気分を緩和しようとする動機が強まるため，ポジティブな記憶を思い出すことで感情制御を行おうとするためであると説明される。

気分一致効果は，そのときの気分に一致した記憶が活性化されやすいために，気分と一致した記憶や判断が行われやすくなると考えられていた。しかし，気分不一致効果も確認されたために，現在は**情動インフュージョンモデル**(affect infusion model: AIM; Forgas, 1995)によって説明されている(図 **12-1**)。

AIM は，人や物語，製品などに対する判断は，4 つの方向性で変化すると説明する。まず，**直接的アクセス方略**と**動機づけ方略**は情動の影響を受けないが，**ヒューリスティック方略**，**現実的方略**は情動の影響を受ける。直接的アクセス方略は，対象との親近性が高く，重要性や自己関連性が低い場合に使用される。例えば，よく知っている製品に対する判断は，気分(情動)の影響を受けない。これは，日頃から親しんでいるものは改めて判断する必要がなく，そのときの気分とは関係がなくなるためで，ステレオタイプ判断ともよばれる。

動機づけ方略は，対象との親近性は低いが，重要性が高く，かつ動機づけが高い場合に使用される。例えば，難しい問題を解こうとしている時は，特定の情報に注意が向かっているために気分(情動)の影響を受けにくい。逆に，気分の制御を目的に，動機づけ方略が用いられることもある。

ヒューリスティック方略は，対象との個人的なかかわりが少なく，もともと動機づけが低く，課題に親しみがなかったり，考える時間もあまりない場合に

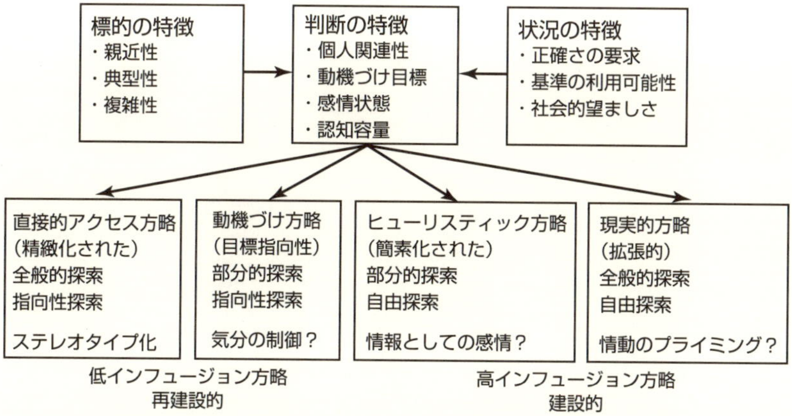

図 12-1　情動インフュージョンモデル(Forgas, 1995 より作成)

使用される。例えば，非常に論理的な文章を読解しようとする場合は，課題が複雑で個人的なかかわりが少ないため，ヒューリスティック方略が用いられる。否定的な気分に誘導された場合は文章に書かれている否定的情報に対してより多くの注意を払うという気分一致効果が見られる。

現実的方略は，対象が複雑であり，かつ動機づけも低いが，社会的望ましさから正確さが要求され，認知容量を多く割ける場合に行われる。現実的方略は，注意，記銘，再生，連合という多くの認知過程を経て処理されるために，4つの方略の中でもっとも気分の影響を受けやすい。例えば，非典型的な人の印象評価は，否定的な気分のときによく記憶される。

（2）　情報としての情動

買い物をする時に「なんとなくいい感じだから買ってみよう」など，情動が好悪判断に影響を及ぼすことがある。また，政治家の印象を聞かれたときや，景気の判断を求められたときなどは，「たぶんいいだろう」など，その時の気分で回答をすることがある。いずれも，判断する手がかりが少なすぎたり，あるいは複雑すぎる課題(対象)であるために，情動の影響を受けてヒューリスティック判断をしてしまうのである。いわば情動を手がかりとして，認知的判断をするのである。

怒りを感じることで，状況が自分にとって不当であることを知るなど，情動を1つの情報として状況の評価が行われることもある。これは**情報としての情動説**(affect as information; Clore & Huntsinger, 2007)から説明される。誰しも天気によって気分は変動する。その効果は生活の満足度の判断にも影響する

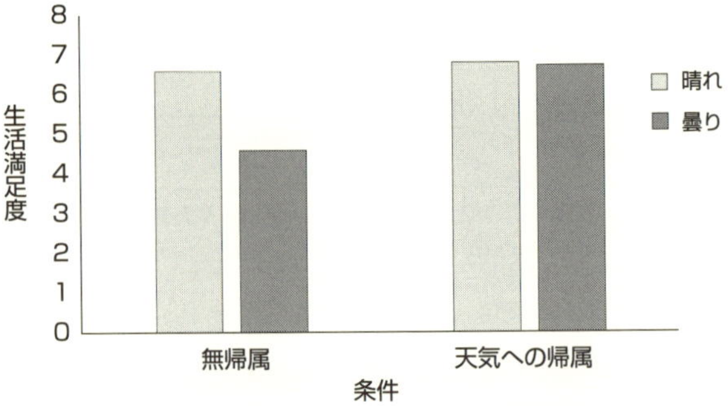

図 12-2　生活満足度に関する天気への情動帰属の効果
(Schwartz & Clore, 1983)

(Schawartz & Clore, 1983)。晴れの日と曇りの日に，単に生活満足度を聞いた条件(無帰属条件)と天気を聞いた後に生活満足度を聞いた条件(天気への帰属条件)では，単に生活満足度を聞いたときにのみ生活満足度に天気の影響が認められた(図 12-2)。この結果は，漠然と生活満足度を聞かれたときは，判断の手がかりとしてその時の気分を使っていることを示している。すなわち，晴れよりも曇りは不快なので，曇りの日には生活満足度が比較的低くなるのである。また，一度天気を聞かれると気分は天気によるものだとわかるので，それを手がかりとしなくなり，その結果，天気の影響が表れないのである。

(3) 情動と認知的プロセス・スタイル

認知的プロセスには，即座に行われる**ヒューリスティック型の思考**と，ゆっくりと分析的に考える**熟慮型の思考**がある。幸福を感じていると，何事に対しても直感的に判断して行動しがちとなる。これは**ヒューリスティック型のプロセス・スタイル**である。また，不安を感じると，状況を細かく分析して具体的な対処を考えがちになる。これは**熟慮型のプロセス・スタイル**である。怒りを感じている人は，悲しみを感じている人に比べて，人物をステレオタイプに判断する傾向がある。すなわちヒューリスティック型の思考を行う傾向にある(Bodenhausen et al., 1994)。このように，異なる情動が異なる認知的プロセス・スタイルをもつことが知られている。

幸せや喜び，誇りといったポジティブ情動を経験すると，いろいろなことに注意が向かい，新しい発想が浮かぶことが多い。ポジティブ情動は，注意や思考の範囲を拡張することで，自分と他者の結びつきを意識しやすくさせ，そこから重要な人間関係を形成させることに役立つ。さらに，新しい考えを思いつ

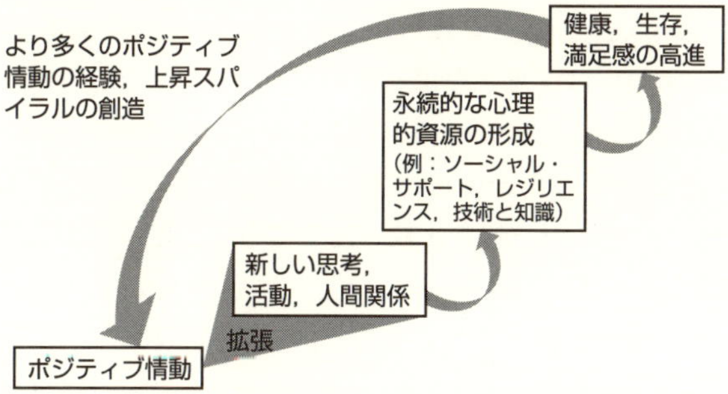

図 12-3　ポジティブ情動の拡張－形成モデル(Fredrickson, 2001)

いたり，新しい活動をしたり，新しい人間関係が開始されると，そこから新しい知識や技術を獲得し，ソーシャル・サポートやレジリエンスを高めることが可能となる。これを永続的な心理的資源の形成という。

さらに，ポジティブ情動は心身の健康を高め，人生の満足感を高めていく。ポジティブ情動が思考を拡張し，心理的資源を形成させるという考えを拡張-形成モデルという(Fredrickson, 2001; 図 **12-3**)。

(4)　情動が認知に及ぼすさまざまな影響

情動は，知覚，注意，記憶などさまざまな認知プロセスに影響を及ぼすことが知られている。恐怖に駆られていると，脅威を与える対象(人)をより以上に知覚しやすくなる。怒りを感じていると何に対しても攻撃性を知覚しやすくなる。ある実験では，怒りを感じている人は，曖昧な刺激を1秒以下という短時間だけ見た場合に「拳銃がある」と認識してしまうことが明らかにされている(Baumann & DeSteno, 2010)。不安を感じると，不安を感じている対象に注意が向かい，その対象から回避する傾向が強まる。不安傾向が高い人と低い人を対象に，情動を喚起しない中性の写真を提示し，その横に肯定的，危害関連，脅威関連を表わす写真のいずれか1つを提示して目の動きを測定した実験では，不安傾向が高い人は低い人に比べて，最初の試行では情動を喚起する3種類の写真をより長い時間見るが，最後の試行ではそれらをより以上に避ける傾向にあることが示された(Calvo & Avero, 2005)。このように不安が注意の範囲を狭め，不安を喚起させる対象を回避する行動を喚起させることは，**不安症**(anxiety disorder)の発症をうまく説明してくれる。

重大な出来事ほど記憶に残りやすいといわれるが，はたしてそうだろうか。個人的あるいは世界的重大事に関する記憶は，写真を焼いたように鮮明に思い出せるという意味で，**フラッシュバルブ・メモリー**(flashbulb memory)とよばれる。しかし実際には，重大な出来事の記憶は日常の出来事よりも鮮明に思い出せるわけではない。アメリカのテロ事件(9.11)のフラッシュバルブ・メモリーと日常生活の記憶の正確さを比較した研究では，テロ事件後の，7，42，224日後の記憶の一致，不一致を比較したところ，2条件(テロ事件と日常の記憶)間で違いがなかった(Talarico & Rubin, 2003)。しかし，フラッシュバルブ・メモリーは日常の記憶よりもより否定的に評価される傾向にあり，また記憶内容の鮮明さと「覚えている」という評価は高かった。すなわち，記憶した時の否定的情動の強さによって，記憶の正確さに差が生まれるわけではないが，主観的な鮮明さや記憶への自信は高まるのである。これは事件の**目撃者証言**においても見られる現象である。目撃者証言においては，記憶が曖昧であってもその記憶に自信のあることがあり，本人は正しいと思っていても事実とは異なる証言をしてしまうことがある。

情動は人の態度をも変容させる。ある情動を経験した人は，自分の態度をその情動に合ったように変容させる。例えば，税金を上げるべきかどうかという判断を求められたとき，その時に幸せな気分であった人は，税金を上げる理由が自分の幸せな気分に合っていると(例えば，幸せになるための増税)，肯定しやすくなる。

情動は社会的判断に影響を与えることから，企業が広告を使って消費者に誇りを感じさせることによって商品の購入意欲を促進させようとすることがある。また公的機関がポスターを作って不安や罪悪感を感じさせることによって健康に害のある食品の購入意欲を低めさせることがある。健康によくないスナック菓子を欲しいかどうかを，そのときに経験している情動によって変化することを調べた研究がある。希望，誇り，幸福，恐怖，恥，悲しみの経験，または情動価のない中性経験の書かれた短文のうち１つを読ませ，その報酬として欲するスナックを７つ書かせた実験では，希望，誇り，幸福といったポジティブ情動(を誘導すると仮定された短文を読んだ条件)の方がネガティブ情動

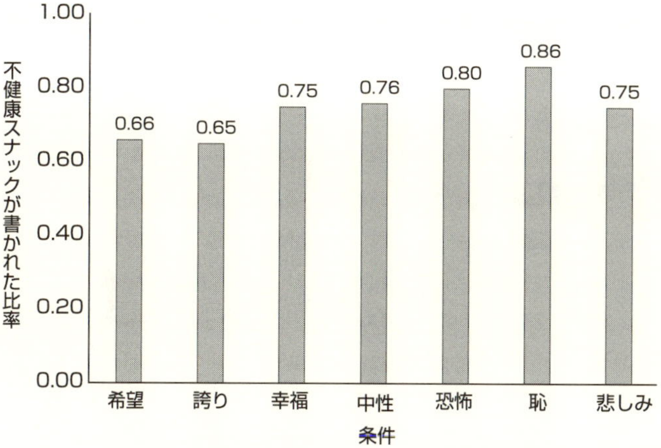

図 12-4　情動と不健康スナックの選好率の関係
(Winterich & Haws, 2011)

(を誘導すると仮定された短文を読んだ条件)よりも健康によくないスナック菓子を報酬として書くことが少なかった(Winterich & Haws, 2011；図 **12-4**)。

(5)　情動と道徳判断

やろうとしていることが正しいことなのか，間違ったことなのかを判断することを**道徳判断**という。「人を傷つけてはいけない」という**道徳規範**は誰しもがもっているが，人と話しているときに言うべきでないことかどうかなどは，人によって判断は異なる。また，テロリストに拉致された人のために大金を払うべきか，テロに屈することになるため支払うべきでないか，という二律背反する規範のどちらに従うべきかを迷う**モラル・ジレンマ**もある。

道徳判断は情動の影響は受けずもっとも理性的な判断によると考える人もいるが，実際は情動の影響を受け直感的に判断されることが多い。助けるべきか罰するべきかという判断では，コンパッション(同情，憐れみの情動)を経験している人は，他者との共通性を感じて人をより助けようとし，他者に罰を与えないという判断をしやすくなる(Condon & DeSteno, 2011)。図 **12-5** は，トロリー問題とよばれるモラル・ジレンマ課題の一例である(Thompson, 1986)。1つ目の課題は，「暴走するトロリー(路面電車)は放っておくと右下で作業中の5名を引いてしまう。今左下にある切替機を動かせば，トロリーは行先が変わり1名しかいない線路に入る。あなたは切替機を動かしますか」というものである。この課題だと，大半の人が切替機を切り替えると回答するが，これは「より多くの人を助けるべき」という道徳規範に従った判断であろう。

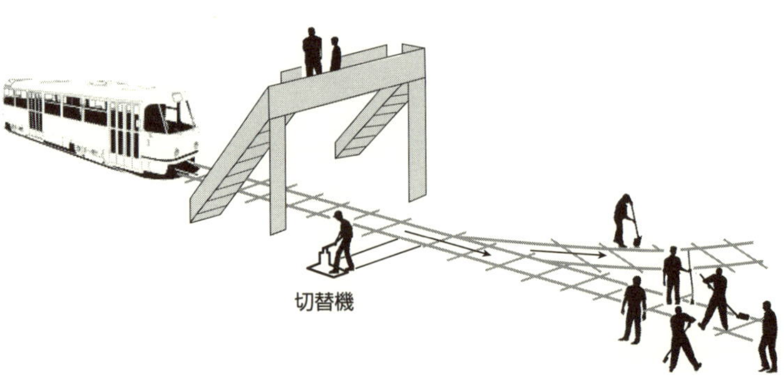

図 12-5　トロリー問題(Thompson, 1986)

2つ目の課題は,「陸橋の上にいる大きな人を突き落せば線路を遮ってトロリーが止まるので右下で作業中の5人は助かる。大きな人を突き落しますか」というものである。この課題では，逆に大半の人が「突き落さない」と回答するが，これは「人を殺してはいけない」という道徳規範に従った反応であり,「より多くの人を助ける」という理性的結論ではなく，より直感的で情動的な判断といえる。「人を殺す」行為が種の保存に反するために，罪悪感を引き起こし，直感的判断を行わせると考えられる。

fMRIでこのジレンマ課題を行っているときの脳の活動を見ると,「5人か1人かを選ぶ」ときは認知を制御している部位(背外側前頭前皮質など)がはたらいているのに対して,「1人を突き落すか5人を助けるか」を判断するときは情動を制御している部位(扁桃体)が活性化していた(Geene et al., 2004)。罪悪感以外にも，怒り，嫌悪，軽蔑は公正や正義の判断に関わっており(10章参照)，道徳判断にはさまざまな情動の影響が認められている。

12－3　情動制御と認知

恐怖を感じたら，周りを見ないようにしたり，状況のとらえ方を変えたりすることがある。否定的情動を経験すると，その強さを弱めたり，終わらせようとする情動の制御が動機づけられる。情動制御の方略には，図12-6のように**状況選択**，**状況変容**，**注意配置**，**認知変化**，**反応調整**がある(Gross &

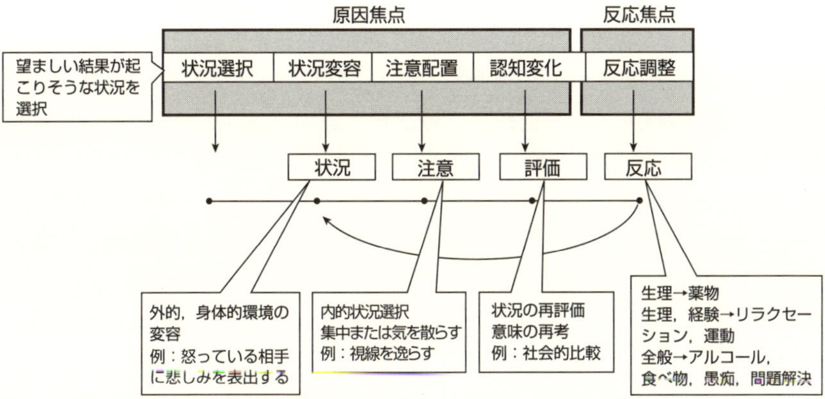

図12-6　情動制御の過程モデル(Gross & Thompson, 2007を加筆修正)

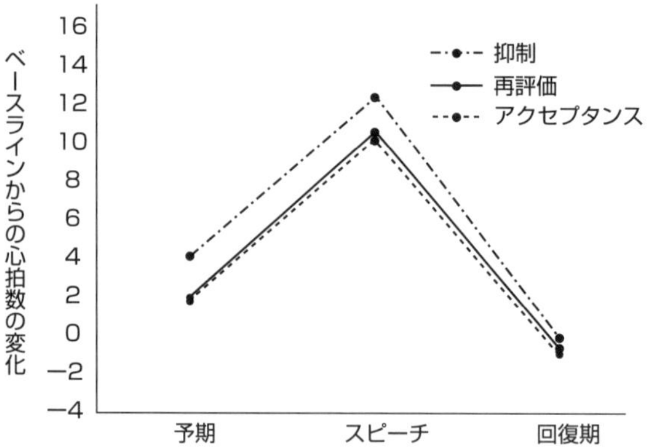

図 12-7　3種類の情動制御によるスピーチ前後の心拍数の変化(Hofmann et al., 2009)

Thompson, 2007；13章参照)。恐怖を感じて見ないようにするのは注意配置，逃げようとするのは反応調整に当たる。

情動制御は無意識のうちに，かつ瞬時に行われる。孤独傾向が強い人は，シャワーを浴びている人の写真を見て「温かい」シャワーを浴びていると思う傾向がある(Bargh & Shalev, 2012)。これは，孤独感が高いと日頃から人の温かさを求めているため，刺激の中に温かさを見出すという認知変化の方略が使用されたためだと考えられる。否定的情動を抑制しようとしても，言語的，非言語的表出は抑制できるが，主観的に感じる情動を抑制することは難しく，生理的な反応はむしろ増大する。情動そのものを意識的に抑制するよりは，注意配置や認知変化させる方が否定的情動の強さを弱めることができる。

ビデオカメラを前にして10分間のスピーチを行わせる前に，再評価(認知変化)，抑制，アクセプタンス(情動をそのままにしておくこと)の3種類のいずれかの情動制御方略を1分間行わせた研究では，再評価とアクセプタンスは抑制よりも主観的，生理的不安を低減させることに効果があることが明らかにされている(Hofmann et al., 2009；図 **12-7**)。

何かを感じるためには，何かを評価しなければならない。何かを判断するためには，情動が重要な情報源となる。何かをどう感じるかを制御するには，認知を変えることが重要な手段となる。こうした情動と理性(認知)のかかわりは，日常生活ではあまり意識されることはない。しかし，本章を読んだ後であれば，「なぜ自分はこう考えたのか」を振り返ることによって，そこに潜む情動に気づくことができるだろう。

■ 12章の引用文献

Bargh, J. A., & Shalev, I. (2012). Substitutability of physical and social warmth in daily life. *Emotion*, **12**, 154-62.

Baumann, J., & DeSteno, D. (2010). Emotion-guided threat detection: Expecting guns where there are none. *Journal of Personality and Social Psychology*, **99**, 595-610.

Bodenhausen, G., Sheppard, L., & Kramer, G. (1994). Negative affect and social judgment: The differential impact of anger and sadness. *European Journal of Social Psychology*, **24**, 45-62.

Bower, G.H., Gilligan, S. G., & Monteiro, K. P. (1981). Selectivity of learning caused by affective states. *Journal of Experimental Psychology: General*, **110**, 451-473.

Calvo, M. G., & Avero, P. (2005). Time course of attentional bias to emotional scenes in anxiety: Gaze direction and duration. *Cognition and Emotion*, **19**, 433-451.

Clore, G., L., & Huntsinger, J. R. (2007). How emotions inform judgment and regulate thought. *Trends in Cognitive Sciences*, **11**, 393-399.

Condon, P., & DeSteno, D. (2011). Compassion for one reduces punishment for another. *Journal of Experimental Social Psychology*, **47**, 698-701.

Forgas, J.P. (1995). Mood and judgment: The Affect Infusion Model (AIM). *Psychological Bulletin*, **117**, 39-66.

Fredrickson, B. (2001). The role of positive emotions in positive psychology: The broaden and build theory of positive emotions. *American Psychologist*, **56**, 218-226.

Greene, J. D., Nystrom, L. E., Engell, A. D., Darley, J.M., & Cohen, J. D. (2004). The neural bases of cognitive conflict and control in moral judgment. *Neuron*, **44**, 389-400.

Gross, J., & Thompson, R. A. (2007). Emotion regulation: Conceptual foundations. In J. J. Gross (Ed.), *Handbook of emotion regulation*. New York, NY: Guilford Press. pp. 3-24.

Hofmann, S. G., Heering, S., Sawyer, A. T., & Asnaani, A. (2009). How to handle anxiety: The effects of reappraisal, acceptance, and suppression strategies on anxious arousal. *Behaviour Research and Therapy*, **47**, 389-394.

Lazarus, R. S. (1991). *Emotion and adaptation*. London: Oxford University Press.

Murphy, S. T., & Zajonc, R.B. (1993). Affect, cognition, and awareness: Affective priming with optimal and suboptimal stimulus exposures. *Journal of Personality and Social Psychology*, **64**, 723-739.

Oatley, K., & Johnson-Laird, P.N. (2014). Cognitive approaches to emotions. *Trends in Cognitive Sciences*, **18**, 134-140.

Schwarz, N., & Clore, G. L. (1983). Mood, misattribution and judgment of well-being. Informative and directive functions of affective states. *Journal of Personality and Social Psychology*, **45**, 513-523.

Talarico, J. M., & Rubin, D. C. (2003). Confidence, not consistency, characterizes flashbulb memories. *Psychological Science*, **14**, 455-461.

Thompson, J.J. (1986). *Rights, Restitution, and Risk: Essays, in Moral Theory*. Cambridge, MA: Harvard University Press.

Winterich, K. P., & Haws, K. L. (2011). Helpful hopefulness: The effect of future positive emotions on consumption. *Journal of Consumer Research*, **38**, 505-524.

13 章　情動の病理と臨床

情動は，臨床心理学とその実践における，もっとも重要なトピックのひとつだといえる。なぜなら，臨床心理学において取り上げられる問題には，多くの場合，多少とも情動的な要素が含まれているからである。**うつ病**や**不安症**という，情動的な問題を主たる症状とする精神障害はもとより，人間関係の不和や不登校という不適応状態に関しても，さまざまな情動的苦痛がつきものだといって過言ではないだろう。この章では，情動にまつわる臨床的なテーマを取り上げ，代表的な理論や，これまでに行われてきた研究について解説する。

13－1　情動制御と神経症傾向

はじめに，一般的な情動との付き合い方に関するトピックとして，**情動制御**に関する研究を取り上げる。さらに，さまざまな精神障害とも関連の深いパーソナリティ特性として，**神経症傾向**について解説する。

(1)　情動制御

情動制御とは，何らかの方法によって自分自身の情動をコントロールしようとする試み全般をさす概念である。情動制御においては，不快情動を減らすことに加え，快情動を増やすことが主な目標となる。情動を制御しようとする場合，情動を体験する前に何らかの対処を行う方法もあれば，情動を体験した後にそれを何らかの方法でコントロールしようとする方法もある。グロス(Gross, J.)はこうした情動制御の時系列的な流れに注目し，**情動制御のプロセス・モデル**(図 13-1)を提唱した。このモデルによると，我々の情動制御は，状況選択(特定の状況に関与するかどうかを選択する段階)，状況変容(関与した状況を変容させる段階)，注意配置(関与した状況に対する注意を統制する段階)，認知的変化(関与した状況に関する解釈を変化させる段階)，反応調節(状

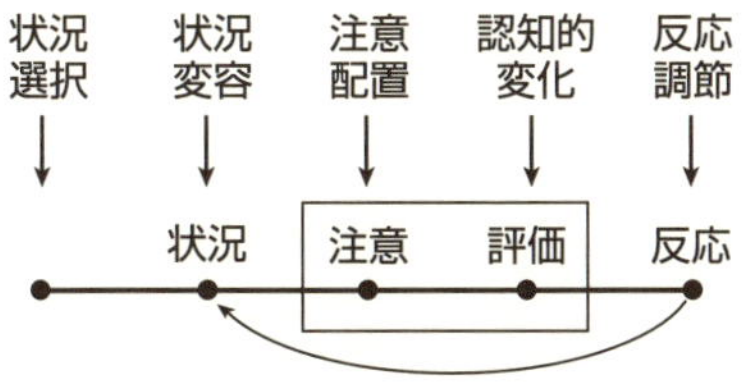

図 13-1　情動制御のプロセス・モデル(Gross & Thompson, 2011)

況によって生じた情動への反応を調整する段階)という5つの段階からなる(Gross & Thompson, 2007)。

例えば，自分とは気の合わない人たちが集まるパーティに誘われたとしよう。ここで，そのパーティに参加(関与)するかどうかを決める段階が状況選択である。つまり，そもそもこのパーティに参加しないことにすれば，そこで生じるかもしれない不快な情動を事前に避けることができるのである。一方，パーティに参加することを選択したとして，次にできる制御の方法は，不快な情動が生じないよう，状況にはたらきかけることである。これが状況変容の段階である。例えば，そのパーティに気心の知れた友人を連れて行き，話し相手がいる状況をつくり出すといった行動がこれにあたる。

そうはいっても，いつでも状況を都合よく変容できるとは限らない。状況を大きく変えられないとすれば，次にはたらきかけることのできる対象は自分自身である。例えば，自分の目や耳に入れる情報を取捨選択することにより，不快な思いをせずに済ませることは可能だろう。これが注意配置の段階である。具体的には，パーティ会場の端で携帯電話をいじることに注意を集中し，他の参加者のことは目にも耳にも入れないようにする，といった行動がこれにあたる。

しかし，いくら注意をコントロールしても，すべての現実を無視することはできない。目や耳に入ってきた情報について私たちにできることは，その受け取り方を工夫することである。これは認知的変化にあたる。気の合わない人たちばかりのパーティに参加して，「こんなところに来るべきではなかった。大失敗だった！」という受け取り方は，自分を余計に辛くする。これを，例えば「こういう嫌なパーティにも参加できる自分は立派な大人だなぁ」という風に解釈すれば，少しは気が楽になるかもしれない。

とはいえ，ここまでの段階を経てもなお，何らかの情動的な反応が生じうる。そしてそれらの情動は，発汗や赤面等の生理現象，表情，ふるまいなどといった目に見える反応を引き起こす。こうした反応をコントロールしようとするのが，反応調節の段階である。つまり，気の合わない参加者に対して怒りを覚え，ついつい硬い表情になってしまったとしても，一旦席を外し，気持ちが落ち着くのを待つことはできる。

このように，情動制御を一連のプロセスとしてとらえる考え方は，ストレスを引き起こすような状況にどう対処するか，順を追って考えることを助けてくれる。さらにこれは，**認知行動療法**などの臨床心理学的な援助を行う際にも，適応的な**対処行動**を導くうえで有用な考え方だといえるだろう。

（2） 神経症傾向

日常生活のなかで「彼は情緒不安定だ」とか「情緒が安定してきた」といった言い方を耳にすることがある。このとき，情緒（情動）が安定しているというのはどのような状態をさすのだろうか。これを心理学的に考えるうえで参考になるのが，**神経症傾向**とよばれる心理特性である。神経症傾向とは，ストレス状況下で，恐怖や怒りといった強い不快情動を感じやすい傾向だと考えられており（Barlow, Sauer-Zavala1, Carl, Bullis, & Ellard, 2014），**情緒不安定性**とよばれることもある。神経症傾向はアイゼンク（Eysenck, H. J.）によって概念化されたパーソナリティ特性であり，近年でも，人間にとってもっとも基本的な心理特性のひとつだと考えられている。

神経症傾向の定義を見るだけでも，それが私たちの心理的な健康を脅かし得る心理特性だと推測することは可能であろう。実際，不安症や**気分障害**といった情動や気分に関連する精神障害をはじめとして，**物質関連障害**，**心身症**，**統合失調症**，**摂食障害**といった広範な精神障害が，神経症傾向とよく関連することが示されている（Malouff, Thorsteinsson, & Schutte, 2005）。こうした研究結果をもとにして，うつ病や種々の不安症をはじめとした**頻度の高い精神障害**（CMDs：Common Mental Disorders）を，神経症傾向の観点からまとめて理解する試みが行われている。神経症傾向とCMDsとの関連を説明する理論としては，複数のモデルが提唱されている。もともと高い神経症傾向を有する人が，ストレスフルな出来事を経験することによってCMDsを発症しやすくなるのだとする**脆弱性モデル**，神経症傾向とCMDsには遺伝的・環境的・心理社会的な共通の原因があるとする**共通原因モデル**，神経症傾向とCMDsは同じ連続線上にあり，両者の違いは症状の表れ方や重症度であるとする**連続体モデル**などである。

こうした複数のモデルをまとめると，神経症傾向と軽度の不安や抑うつは程度が異なるだけの連続体だといえる（Ormel et al., 2013）。そして，そこにストレスが加わることによって，不安症やうつ病といった明確な精神障害が発症する。さらに，情動制御の困難さや衝動性などの要因が，神経症傾向と各種精神障害に共通の原因となる。これは上に述べた3つのモデルをすべて組み込んだ考え方であり，神経症傾向とCMDsとの関係を整理するうえで，非常に有用な枠組みだといえるだろう。

13-2 気分障害

次に，情動に関連する精神障害の代表例として気分障害を取り上げる。なお，7章で取り上げたDSMは2012年に第4版から第5版への改訂が行われたが，この改訂に伴って，気分障害という診断のカテゴリーは廃止された。しかし，ここでは説明の便宜上，この用語を用いて解説する。

（1） 気分障害とは

心理学研究においては，**情動**（emotion）と**気分**（mood）を区別することは一般的である。情動とは「原因が明らかで，はじまりと終わりがはっきりしており，しばしば生理的覚醒（physiological arousal）を伴うような強い感情」である（大平，2010）。一方，気分とは，「原因が必ずしも明らかでなく，比較的長時間持続するが，それほど強くない快か不快の感情状態」である。この定義からもわかるように，気分障害とは，一時的に生じる恐怖や怒りといった情動の問題ではなく，より持続的な気分に関連する精神障害の一群である。気分障害は数週間から数ヵ月間持続する症候群であるが，その症状は常に一定でなく，特に気分は間欠的あるいは周期的に変動する。気分の浮き沈み自体は日常的にも経験されるが，気分障害においては気分の制御が困難だと感じられ，気分が変動するきっかけも明確でない場合が少なくない。また，そうした持続的な気分の変動により生活機能が著しく低下することも，気分障害と診断するために欠かすことのできない条件である。

（2） 気分障害における気分の変動と主な症状

ひとくちに気分障害といっても，その種類によって気分の浮き沈みの仕方はさまざまである。代表的な気分障害として，うつ病，気分変調症，双極I型障害がある。図 13-2 にそれらの気分の長期的推移を示した。

うつ病に見られる抑うつ的な気分とは，はっきりとした原因がなく生じる憂うつさや悲哀感である。これに加えて，しばしば**アンヘドニア**とよばれる喜びや関心の減退が観察される。また，うつ病には不安や焦燥感といった情動的な症状の伴うことも珍しくない。短期的には，午前中もっとも抑うつ症状が重く，夕方から夜にかけて軽快するという日内変動を示すのが典型である。長期的には，前駆期，急性期，回復期の順に推移し，症状が改善するためにはある程度の長い期間を要する。以上のような気分の問題に限らず，うつ病では多様な症状が表れる。その中でも，睡眠障害や易疲労感，食欲不振といった身体症状が，深刻な問題となる。さらに，考えようとしても頭がまわらない，決断力が低下するといった，思考制止とよばれる思考障害が生じることもよく知られている。これらに加えて，うつ病の症状として見逃せないのが**希死念慮**や**自殺**である。希死念慮とは，自死に関する考えであり，うつ病においてはこれが頻繁に発生する。また，うつ病の自殺率は 15% ともいわれ，極めて高い（大熊，2013）。

気分変調症とは，ほぼ一日中持続する抑うつ的な気分が，長期間続くことを特徴とする気分障害である。気分変調症の経過は一定でないが，慢性的であり，少なくとも 2 年間上記の症状が持続している場合に診断の対象となる。抑うつ状態が長引くという点はうつ病と共通する一方で，身体症状や思考障害は目立たず，もっぱら主観的な気分や情動に関する苦痛が訴えられる。そのため，全般的なうつ状態の重症度は比較的軽いが，患者の体験する主観的苦痛が軽度であるとはいえない。

双極 I 型障害とは，うつ病相と躁病相が入れ替わりながら反復する，**双極性障害**という精神障害の一種である。躁病相とは，自尊心の肥大，睡眠欲求の消失，多弁さ，観念奔逸，注意散漫といった，躁病エピソードとよばれる症状に

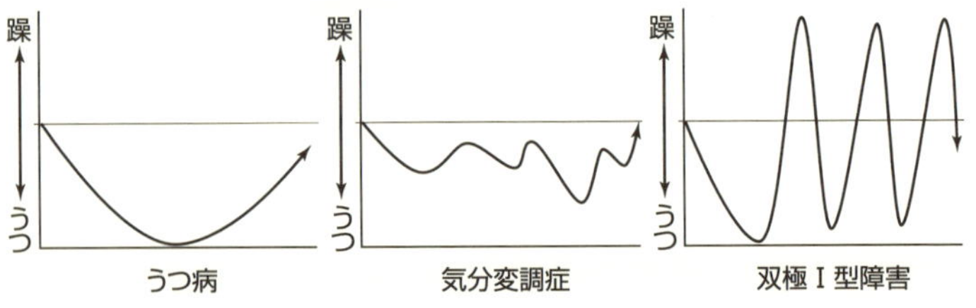

図 13-2　代表的な気分障害における症状の長期的推移

よって特徴づけられる病相である。躁病相における情動的特徴としては，過剰な多幸感や，焦燥感，イライラ感をあげることができる。躁病相は急速に発生・悪化し，その持続期間は最低でも１週間程度と，比較的短いことが特徴である。しかし，この期間に生じる多幸感や過活動の結果，社会的に大きな失敗や損失がもたらされることも珍しくない。また，一度躁病相からうつ病相へと移行した後にも，繰り返し躁病相に転じるケースも多い。さらに，躁病相への移行を繰り返すたびに，病相の転移期間が短くなることが知られており，躁病相の再発予防は臨床上重要なテーマとなっている。

（3） うつ病の心理的特徴

気分障害のなかでも，特にうつ病については数多くの心理学的研究が行われてきた。とくに，抑うつ状態を発生・維持させる心理的プロセスについては，さまざまな理論が提唱されている。ベック（Beck, A.）の**認知理論**によると，うつ状態を引き起こす内的要因は思考過程にある（Beck, 2008）。すなわち，発達初期の不適切な養育によって形作られる自己や他者，世界に対する否定的な**信念体系（スキーマ）**が，何らかのストレスフルな出来事によって活性化し，それらの出来事を解釈する際の認知的なバイアスを生み出す。そして，そうしたバイアスが否定的な**自動思考**として表面化し，個人の気分や行動を抑うつ的な状態に変化させるのだという。なお自動思考とは，考えようという意図の伴わない，自然と頭に浮かんでくる考えのことである。

ベックの認知理論を理解するうえでは，以下のような例が役に立つだろう。例えば，「自分は決して愛されない」というスキーマを有する人が，恋人とささいなことで喧嘩（けんか）をしたとする。一般的に，物事を解釈する際に生じる認知的なバイアスは，たいていスキーマの内容と合致するものである。この例で考えると，「喧嘩をしたからには，二度と愛されないだろう」といった，喧嘩と別れを即座に結びつけるような解釈や，「結局自分は愛されないのだ」といった，スキーマを確証するような解釈が生じることが予想できる。そしてそうした解釈のバイアスが，「もうダメだ」，「絶対に仲直りできない」，「私は一生孤独だ」といったような自動思考として表面化してくる。こうした否定的な自動思考が，人を落ち込ませ，活動性を奪っていき，抑うつ的な状態をつくり出すのに一役買うのである。

この認知理論は，ベックによって発案された**認知療法**の基礎理論であるだけでなく，現代の臨床心理学全般においても極めて重要な理論である。うつ病は人間の生活を脅かす深刻な問題であり，その心理的特徴の理解や介入方法の発展は，心理学に課された重要なミッションのひとつだといえよう。

13－3　不安症（不安障害）

情動に関連する精神障害として忘れてはならないのが**不安症**である。従来，Anxiety Disorders は不安障害とするのが定訳であった。しかし，DSM-5 の日本語版出版に合わせて，その訳語は不安症に変更された。ここでは不安症の基本的な特徴に加え，その情動的な基盤となる不安と恐怖についても説明する。

（1）　不安・恐怖と不安症

古くより，不安は精神的な問題において重要な役割を果たすと考えられてきた。精神分析の創始者であるフロイト（Freud, S.）によると，不安は大きく分けて**現実的不安**と**神経症的不安**とに区別できる。現実的不安は現実的な脅威が存在する場合に喚起される。一方，神経症的不安は持続的な苦痛の経験により，発達初期の心的外傷体験を抑圧することが難しくなった場合に喚起される。ただし，近年の精神医学，臨床心理学においては，不安の背景に精神分析的な概念を仮定することは少なくなってきており，むしろ不安の主観的な症状や，観察可能な行動上の問題に注目した研究が大勢を占めている。

不安症は，主に過剰な不安や恐怖といった情動の問題と，それに伴う行動上の問題とを含む精神障害の一群である。それらの問題によって，大きな主観的苦痛を経験し，職業的・社会的な機能水準が著しく低下した際に，各種の不安症と診断される可能性が高まる。

恐怖とは，目の前にある差し迫った脅威に対する情動であり，**不安**とは，まだ現実にはなっていない未来の脅威に対する情動である。両者ともに脅威を避けようとする行動を誘発するが，とくに，目の前にある脅威を避ける行動は**逃避行動**，未来の脅威を避ける行動は**回避行動**とよばれる。同時に，恐怖は目の前にある脅威との闘争行動を引き起こし，不安は未来の脅威への対処行動を引き起こす。つまり，恐怖や不安は，脅威に立ち向かう行動と，脅威を避けようとする行動という，一見して正反対の行動を引き起こし得るのである。この背景には，脅威となる刺激によって引き起こされる心拍数の増加や筋肉の緊張といった，一連の自律神経反応が存在する。こうした自律神経反応は，闘争にせよ逃避にせよ，即時的な対処行動を可能にさせるための生理的覚醒状態であると考えられており，一般に**闘争－逃走反応**とよばれる。

（2） 不安症のメカニズムと臨床心理学的な介入法

DSM-5において，不安症に分類される主な精神障害には，**分離不安症**，**選択性緘黙**（かんもく），**限局性恐怖症**，**社交不安症**，**パニック症**，**広場恐怖症**，**全般性不安症**などがある。これらの共通点は，顕著な恐怖もしくは不安の経験と，それに伴う回避行動である。これらを区別するのは，恐怖や不安，そして回避行動を誘発する刺激や状況，そしてそれらに関連する思考の内容である。例えば，社交不安症における恐怖や不安は，他者から注視される状況や，そうした状況に自分が置かれるかもしれないという予期によって引き起こされる。さらに，自分が他者から否定的に評価されるだろうと予期することで，不安や恐怖といった不快な情動が生じる。そして，他者から注意される状況を回避することにより，これらの不快情動を低減しようとする。一方で，分離不安症における恐怖・不安は，愛着をもつ他者からの分離や，分離を予期することによって引き起こされる。分離不安症においては，重要な他者との分離にまつわる過剰な心配が特徴的であり，その思考内容としては，死別や災害により別離すること，迷子になるなどして重要な他者と再会できなくなることといったものがあげられる。

不安症はどのようなメカニズムによって発生・維持するのであろうか。その一例として，図**13-3**に**パニック症**のメカニズムを記述したモデル（熊野・久保木，2008）を示した。このモデルによると，外的・内的刺激からの脅威を知覚することで不安が生じ，それに伴って身体感覚への気づき・注目が増す。そして，身体感覚を死や失神といった破局的結末に結びつくものと解釈することによって，知覚された脅威が増大する。その結果，体験する不安がさらに大きくなるという，一連の悪循環が生まれる。そして，こうした不安を低減するために，種々の回避行動が実行される。例えば，電車に乗ることをきっかけにパニック症状が発生する場合，電車に乗ること自体を回避することで，不安を制御するのである。こうした回避行動は，即座に不安を低減する効果をもつため，次の機会にも同じ回避行動が選択されやすくなる。そのことにより，電車に対する不安が維持されるだけでなく，回避行動（電車を利用しないこと）によって生活の範囲が狭まり，職業的・社会的機能が低下していくのである。

不安症の**臨床心理学的介入法**については，既に多くの知見が積み重ねられて

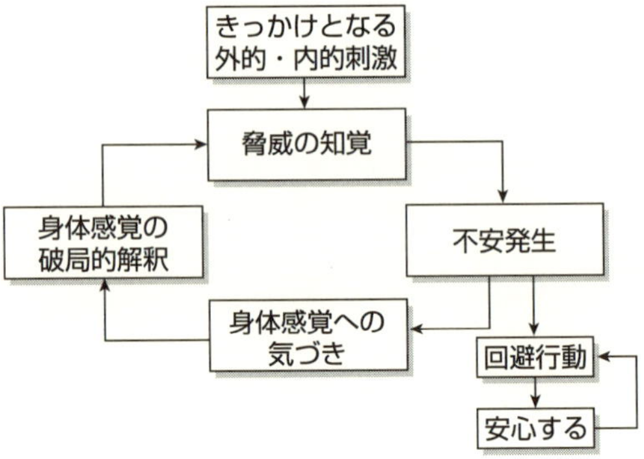

図 13-3　パニック症の心理学的モデル（熊野・久保木，2008）

きている。そのなかでも，広範な不安症に対して有効だとされているのが，**曝露療法**をベースとした認知行動療法である。曝露療法とは，不安や恐怖を喚起する刺激に直面することによって，それらの情動に対して個人を曝す（曝露する）という手続きを繰り返すものである。これによって，次第にその情動への**馴れ**が生じ，回避行動を取らなくても情動に耐えられるようになるのだと考えられている。また，マインドフルネスに基づく心理療法や，アクセプタンス・アンド・コミットメント・セラピー（ACT）といった，いわゆる**第3世代認知行動療法**の有効性も報告されてきており，不安症に対する介入は，臨床心理学のなかでも，もっともよく発展した分野のひとつだといえるだろう。

13－4　怒りと攻撃

抑うつや不安と並び，臨床的なトピックになることの多い情動が怒りである。また，非行などの反社会的行動においては，攻撃性が問題の中心になることも少なくない。ここでは怒りと攻撃性に関する知見を紹介する。

（1）　怒りが心身の健康に与える影響

怒りは外的な脅威に対する防衛反応といえる情動であり，典型的には，他者から与えられた痛みや苦痛が，敵意的な意図に基づくものであると認識した際に生じる（Shiota & Karat, 2012）。不安や恐怖と同様に，怒り情動には闘争－逃走反応とよばれる一連の生理的覚醒状態が伴う。つまり，不安・恐怖と怒りは一見して正反対の情動であるようにも思えるが，生理的反応の面では非常に似通った性質をもつのである。

怒りが健康に与える負の影響としてもっともよく知られているのは，心血管系への影響だろう。この両者のつながりには，従来から**タイプ A 行動パターン**とよばれる行動傾向が関係するとされてきた。タイプ A 行動パターンとは，怒り，攻撃，敵意，時間的切迫感，焦燥感，競争心や活動性の高さといった特徴のある行動パターンである。しかし，日本人を対象にした調査では，逆にタイプ A 行動パターンを示す者の方が心疾患にかかるリスクが低いことが明らかにされているなど(Ikeda, Iso, Kawachi, Inoue, & Tsugane, 2008)，両者の関連は十分に確立されたとはいいがたい。むしろ近年では，敵意，怒り，もしくは攻撃性といった情動的要因こそが，狭心症や心筋梗塞などの心血管系疾患のリスクであるともいわれている(Mostofsky, Penner, & Mittleman, 2014)。

(2) 怒りと攻撃行動

怒りが誘発する行動として，一般的に思い浮かべられやすいものは**攻撃行動**であろう。実際，心理学研究においても，怒りと攻撃性は概念的に重なるものであると考えられている。しかし，攻撃行動がすべて怒りによって発現するかというと，そうではない。一般的に，攻撃行動は**反応的攻撃**と**道具的攻撃**に区別できる(Crick & Dodge, 1996)。反応的攻撃は敵意的攻撃ともよばれ，外的な刺激に対する怒りによって誘発される攻撃行動である。一方の道具的攻撃は能動的攻撃ともよばれ，何らかの目標を達成するための手段として用いられる攻撃行動であり，必ずしも怒りを伴わない。例えば，金品を強奪するための攻撃行動に，被害者への怒りが伴っているとは限らないだろう。反応的攻撃は怒りを伴うものであるが，怒りが生じたからといって，いつでも攻撃行動が表出されるとは限らない。むしろ，怒りの表出を抑制し，表向きには怒っていないようにふるまうこともある。しかしながら，怒りが何らかの被害を反映したものだとすれば，反応的攻撃によって怒りを表出することには，その被害を防いだり，被害からの回復を導いたりといった，適応的な機能が存在するものと考えられる。

(3) 怒りの低減

怒りが心身の健康状態に負の影響を与える可能性を考慮すると，それを効果的に低減する方法をつくり出すことは，重要な研究課題だといえる。怒りの制

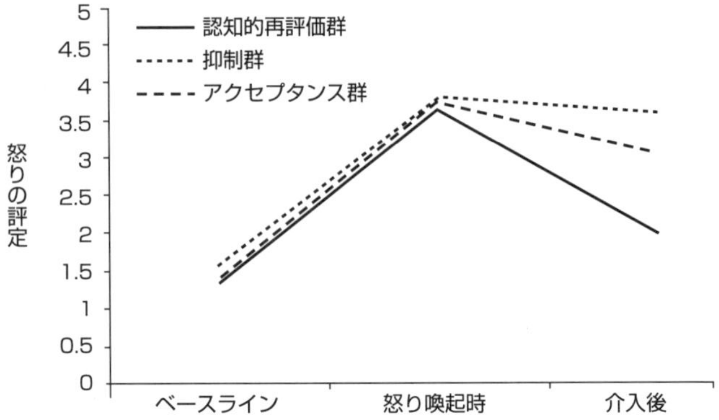

図 13-4 認知的再評価群，抑制群，アクセプタンス群が有する怒りの低減効果
(Szasz, Szentagotai, & Hofmann, 2011 をもとに一部改変)

御に関する研究においては，**認知的再評価**の有効性が指摘されてきた。ある研究では，まず大学生を認知的再評価群，抑制群，アクセプタンス群の3群に分け，全員に対して怒りを喚起するような出来事についてイメージするよう教示した(Szasz, Szentagotai, & Hoffman, 2011)。その後，認知的再評価群には，怒りの源となった出来事や他者について考えなおすこと(認知的再評価)を勧める教示が与えられ，抑制群には，感じている怒り情動を我慢することを勧める教示が与えられた。そしてアクセプタンス群には，怒り情動そのものや，その源となった出来事や他者を変えるのではなく受け入れることを勧める教示が与えられた。その結果，怒りの低減効果がもっとも大きかったのは認知的再評価群であった(図 13-4)。このことは，怒りのきっかけとなった出来事や他者についてさまざまな観点から再評価することが，怒りを低減するために役立つことを示している。

13－5 アレキシサイミア

ここまで，神経症傾向，不安・恐怖，怒りといった否定的な情動にまつわるトピックについて論じてきた。言うまでもなく，否定的な情動が強すぎることは深刻な問題に結びつきやすいが，では逆に，情動が弱すぎる場合はどうだろうか。こうした問いに関連する概念が**アレキシサイミア**(alexithymia)である(Sifneos, 1973)。

アレキシサイミアは，特に心身症患者の情動的特徴を説明するために考えられた概念である。アレキシサイミアは**失感情症**（しつかんじょうしょう）とも訳されるが，実際には情動や気分そのものが失われるというよりも，むしろそれらを認識したり表現したりすることの障害が特徴であるため，これはやや紛らわしい訳語だといえる。

アレキシサイミアの理論的特徴としては，①自分の感情を認識し，表現することが難しい，②身体的な感覚と情動的な覚醒を区別することが難しい，③空想力が貧困である，④思考が表層的であり内的体験よりも外的事象に焦点を向ける，といった点があげられている（Taylor, 1984）。こうした特徴を有するため，アレキシサイミアの者は自身の情動体験を十分に認識したり，言語的に表現したりすることが少ない。そのため，心身症という形で，それらの体験を身体で表現するのだと考えられている。

アレキシサイミア傾向を有する者の対人的特徴についても，これまでに多くの研究が行われてきた。アレキシサイミアは情動を認識したり表出したりすることの困難さをその特徴とするため，対人関係のもち方にもそうした特徴の影響することは避けられない。実際，アレキシサイミア傾向を有する者は，情動的な社会的スキルに乏しく，対人的な状況にうまく対処することが難しいことや，他者と距離を置き，情動的に冷たい関係をもちやすいことなどが明らかにされてきた（Vanheule, Desmet, Meganck, & Bogaerts, 2007）。

こうした対人関係の困難さの背景には，アレキシサイミアに伴う共感性の乏しさが影響しているのかもしれない。実際，アレキシサイミア傾向の強い者が低い共感性を示すことは，既に多くの研究が支持するところである（Grynberg, Luminet, Corneille, Grèzes, & Berthoz, 2010）。他者の情動を共感的に理解し，それを共有することは，親密な関係を築き，それを維持するうえで欠かせない。この点を反映してか，アレキシサイミア傾向の高い者は十分なソーシャル・サポートを得ることが難しい（小塚，2004）。そのため，人間関係を通じた情動制御によってストレスを緩衝（かんしょう）しにくく，結果的にさまざまな精神障害のリスクに曝（さら）されているものと考えられるのである。

■ 13章の引用文献

Barlow, D. H., Sauer-Zavala, S., Carl, J. R., Bullis, J. R., & Ellard, K. K. (2014). The Nature, Diagnosis, and Treatment of Neuroticism: Back to the Future. *Clinical Psychological Science*, **2**(3), 344-365.

Beck, A. (2008). The evolution of the cognitive model of depression and its neurobiological correlates. *American Journal of Psychiatry*, **165**(8), 969-977.

Crick, N. R., & Dodge, K. A. (1996). Social information - processing mechanisms in reactive and proactive aggression. *Child Development*, **67**(3), 993-1002.

Gross, J. J., & Thompson, R. A. (2011). Emotion Regulation: Conceptual Foundations. in J. J. Gross. (Eds.), *Handbook of Emotion Regulation*. New York: Guilford Press. pp.3-26.

Grynberg, D., Luminet, O., Corneille, O., Grèzes, J., & Berthoz, S. (2010). Alexithymia in the interpersonal domain: A general deficit of empathy? *Personality and Individual Differences*, **49**(8), 845-850.

Ikeda, A., Iso, H., Kawachi, I., Inoue, M., & Tsugane, S. (2008). Type A behaviour and risk of coronary heart disease: the JPHC Study. *International Journal of Epidemiology*, **37**(6), 1395-1405.

Kalat, J. W., Shiota, M. N. (2012). *Emotion*. 2nd ed. Wadworth: Cengage Learning.

熊野宏昭・久保木富房 (2008). パニック障害ハンドブック—治療ガイドラインと診療の実際 医学書院

小塚千絵 (2004). アレキシサイミアと日常における感情体験の関係 カウンセリング研究, **37**(2), 146-154.

Malouff, J. M., Thorsteinsson, E. B., & Schutte, N. S. (2005). The relationship between the five-factor model of personality and symptoms of clinical disorders: a meta-analysis. *Journal of Psychopathology and Behavioral Assessment*, **27**(2), 101-114.

Mostofsky, E., Penner, E. A., & Mittleman, M. A. (2014). Outbursts of anger as a trigger of acute cardiovascular events: a systematic review and meta-analysis. *European Heart Journal*, **35**(21), 1404-1410.

大熊輝雄 (2013). 現代臨床精神医学 金原出版

大平英樹 (2010). 感情心理学事始め 大平英樹(編) 感情心理学入門 有斐閣 pp.1-10.

Ormel, J., Jeronimus, B. F., Kotov, R., Riese, H., Bos, E. H., Hankin, B., Rosmalen, J. G. M., & Oldehinkel, A. J. (2013). Neuroticism and common mental disorders: Meaning and utility of a complex relationship. *Clinical Psychology Review*, **33**(5), 686-697.

Sifneos, P. E. (1973). The prevalence of 'alexithymic' characteristics in psychosomatic patients. *Psychotherapy and psychosomatics*, **22**(2), 255-262.

Szasz, P. L., Szentagotai, A., & Hofmann, S. G. (2011). The effect of emotion regulation strategies on anger. *Behaviour Research and Therapy*, **49**(2), 114-119.

Taylor, G. J. (1984). Alexithymia: concept, measurement, and implications for treatment. *The American Journal of Psychiatry*, **141**(6), 725-732.

Vanheule, S., Desmet, M., Meganck, R., & Bogaerts, S. (2007). Alexithymia and interpersonal problems. *Journal of Clinical Psychology*, **63**(1), 109-117.

14 章　動機づけと情動の生理的基礎

現代心理学の発展を支え，牽引してきたものは心的プロセスと行動の背後にある生理的基礎の解明である。心理学が特に注目する生理機構は中枢神経系で中心的役割を果たしている脳である。これまでに論じてきた動機づけや情動は，脳のはたらきによって生み出されている。本章ではその動機づけや情動を生む脳の領域やはたらきについて紹介していく。

14－1　脳の構造

脳は大きく５つの部位（**終脳**・**間脳**・中脳・後脳・髄脳）に分けられる（図 **14-1A**）。これらの部位の位置をおおまかに理解するためには，右手で拳を作り，甲を上にしてその拳を左手で上からつかんでみるとよい。左手に相当する部分は終脳である。**終脳**の表面（つまり左手の甲側）は多くのいわゆる“しわ”（溝）をもつ**大脳新皮質**に覆われている。中でも中心溝と外側溝という２つの大きな溝によって，大脳新皮質はさらに４つの葉（**前頭葉・頭頂葉・側頭葉・後頭葉**）に分けられる（図 **14-1B**）。外側溝の奥の方，表面からは見えない部分には，嫌悪に関係するとされる島という部位がある。

大脳新皮質に隠れて見えない奥の部分（つまり左の手のひら側）には**大脳辺縁系**とよばれる領域がある（図 **14-1C**）。ここには恐怖や不安の感情と深いかかわりがある**扁桃体**，悲しみと関連があるとされる帯状皮質，記憶のはたらきにとって重要な**海馬**などが含まれている。右手の拳に当たる領域には間脳（視床と**視床下部**）がある。特に視床下部は，後述の**ホメオスタシス**のはたらきにとって大変重要である。視床下部の底部には**下垂体**とよばれる部位がある。ここは**ホルモン**の分泌を行うことで，ホメオスタシスに貢献している。終脳の底部には**大脳基底核**とよばれる領域がある（図 **14-1D**）。この領域は古くからから身体運動の制御に関わっていることが知られていたが，この領域にある

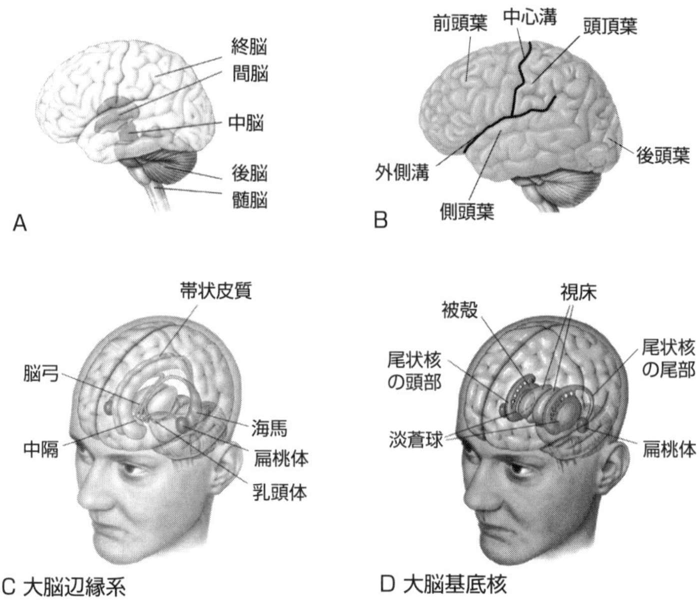

図 14-1　脳の大まかな見取り図(Pinel, 2003 を改変)。
A：脳部位を大きく5つに分けたところ。間脳と中脳，後脳の一部は表面からは見えない。B：大脳新皮質の4つの葉。C：大脳辺縁系に含まれる領域。D：大脳基底核に含まれる領域。

側坐核や淡蒼球，線条体(尾状核－被殻)などの部位は，快や報酬・動機づけや，情動の一部にも関係するとされている。また扁桃体は大脳基底核の一部ととらえられる場合もある。動機づけと情動の生理的基礎について学習する際には，これらの領域について理解していればよいだろう。

14－2　動機づけの生理的基礎

(1)　動機づけの一部はホメオスタシスによって生じる

生命の維持に関わる生物的動機は，ホメオスタシスとよばれるはたらきの一環として生じる。2章にもあるように，ホメオスタシスとは，体内の生理的な水準(体温，水分量，血糖値など)を適切に保とうとするはたらきのことである。このはたらきを担う中心的な脳部位が視床下部である。視床下部はさまざまな下位領域に分かれており，さまざまなホルモンや自律神経系を介して体内の生理的な状態を感知し，調節している。この結果，動物は適切な物質を摂取するなどの行動に駆り立てられる(つまり動機づけられる)。以下に，ホメオスタシスに基づくいくつかの代表的な動機づけの生理的基盤について解説する。

a. 渴　感　渇感は，血液の循環量と浸透圧を感知するしくみから生まれている。体内の水分が減少すると血液の量が少なくなるのと同時に，血液に溶けている物質の濃度が濃くなり，血液の浸透圧が上がる。これらの情報は視床下部に送られ(あるいは視床下部で検出され)，摂水行動が誘発される。例えば，血液の浸透圧の上昇を感知する視床下部の終板という部位を実験的に損傷した動物では，血液の浸透圧が上がっても摂水行動が起こらなくなる(McKinley et al., 2004)。ヒトでも，血液の浸透圧の上昇にともなってこの部位の活動が高まる。つまり，汗をかいて「のどがかわいた」というときに，本当に「喉が渇いた」ことによって水を飲みたくなるわけではない。

b. 飢餓感　摂食行動にも視床下部が重要な役割を演じている。とりわけ外側（がいそく）視床下部は古くから摂食中枢として知られてきた。なぜならば，ラットの脳のこの部位を電気刺激すると摂食行動が促進されるからである。その後の研究によって，外側視床下部は摂食の中枢というよりは，摂食行動を引き起こすシステムの一部であることが明らかになってきた。それらの研究によると，空腹の信号は，大きく3つの経路を経て，視床下部に集まってくる。第1の経路は，胃の内容物の減少にともなうグレリンの分泌である。前回の食事から時間が経ち，胃の内容物が減少してくると，グレリンというホルモンが胃から放出される。ヒトでは1日のうちの食事時間が近づいてくると血中のグレリン濃度が上昇し，食事後には減少する (Cummings et al., 2001)。つまり，「のどがかわいた」の例とは異なり，「おなかがすいた」時には本当に「お腹が空いた」ことが摂食を促すきっかけとなっているのである。第2の経路は，血中グルコース濃度の低下である。この信号は肝臓と延髄によって検出される。第3の経路は，細胞からの脂肪の減少であり，この信号は肝臓によって検出される。これら3つの信号は，あるひとつの共通した作用—視床下部からのニューロペプチドY(NPY)という物質の放出—を引き起こす。このNPYは，外側視床下部にある2種類の物質すなわちオレキシンとメラニン凝集ホルモン(MCH)を含むニューロンにはたらきかけ，動物を摂食行動に駆り立てる。このようにNPYは複数の空腹信号を集約し，複数の経路を通じて摂食行動を引き起こす重要な役割を担っている。実際に，視床下部に投与されたNPYには非常に強力な摂食促進作用がある (Stanley & Leibowitz, 1984)。

c. 性　性の動機づけは個体の維持にとっては不可欠ではないが，生物にとって重要なはたらきのひとつである。この動機づけもやはり視床下部によって調整されている。オスの動物では，視床下部と深いかかわりのある内側視索前野(ないそくしさくぜんや)を刺激すると交尾行動が誘発されるが(Malsbury, 1971)，この部位を損傷すると性行動が消失する(Heimer & Larsson, 1966)。またメスでは視床下部の腹内側核を刺激すると交尾行動を受容する傾向が高まり，この部位を損傷すると交尾行動を受容しなくなる (Pfaff & Sakuma, 1979a, b)。これらの行動にはさまざまなホルモン(血液によって運ばれ，体の特定の部位で作用を発揮する物質)が関与している。例えば去勢されたオスの視索前野にテストステロンというホルモンを投与すると，性行動が再び現れる(Sipos & Nyby, 1996)。またメスでは，エストラジオールやプロゲステロンというホルモンを腹内側核に投与すると，卵巣を除去したメスであっても性行動が促進される (Rubin & Barfield, 1980)。

(2)　脳内報酬系は動機づけに関係する

水やエサなどは**報酬**という語でまとめられるはたらきをもつ。のどが渇いているときや空腹時には，水や食物には行動を増加させる(強める)はたらきがあるので，**正の強化子**とよばれる。正の強化子は報酬ともよばれる。また報酬は，それを獲得するための行動に駆り立てる。すなわち，行動を動機づけるはたらきをもつ。さらに，報酬は一般に喜びという情動を生起させるはたらきももつ。このように報酬には，動機づけを含む複数の機能がそなわっている。報酬がもつこのようなはたらきのうち，動機づけや情動を生じさせるはたらきは，脳のどの部位のどのようなしくみから生まれてくるのだろうか。このことについて説明するために，興味深い実験を紹介しよう。

今から半世紀以上前，ある脳部位の活動が報酬として機能することが報告された(Olds & Milner, 1954)。彼らは脳に細い電極を埋め込んだラットをオペラント箱とよばれる実験箱に入れ，ラットがレバーを押すたびにその電極の先端から微弱な電流が脳内部に流れるようにした(図 14-2A)。するとこのラットは，さかんにレバーを押すようになった(図 14-2B)。この行動を**脳内自己刺激行動**とよぶ。一方，レバーを押しても電流が流れない状況(消去)では，ラットはレバーを押さなくなった。これらのことは，脳内のある特定の部位の活動が，通常のオペラント条件づけにおけるエサや水のように，報酬として機能することを意味している。つまり報酬とは，特定の脳部位の活動によって生じるものだったのである。電気的な刺激が報酬としてはたらく部位は脳内に複数あ

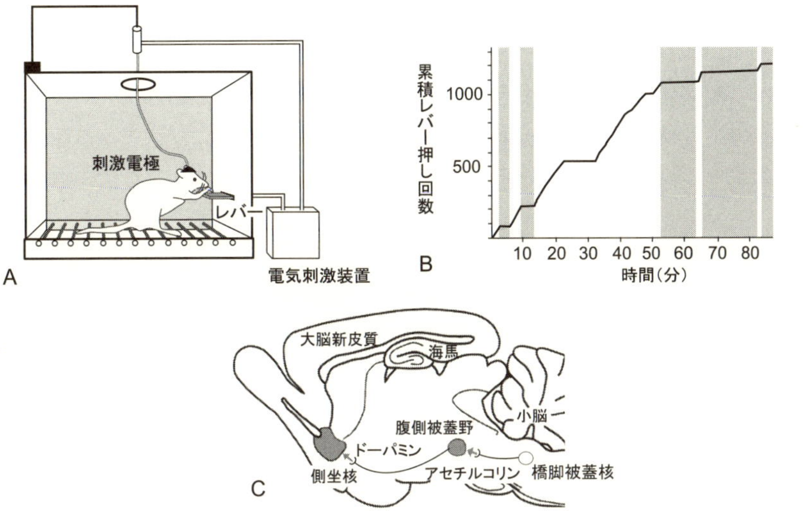

図 14-2 A：脳内自己刺激の実験状況。ラットがレバーを押すと，電気刺激装置が作動し，ラットの脳内に埋め込んだ電極を介して，電極先端の周囲の領域が弱い電流で刺激される。B：脳内自己刺激行動の推移。レバー押しに随伴して脳内を電気刺激すると，レバー押し反応数が増加する。一方，レバー押し反応をしても脳内が刺激されない消去の場合(灰色の網掛けの時間帯)では，レバー押し行動は起こらない(Olds & Milner, 1954 を改変)。C：脳内報酬系の中心的な部位である腹側被蓋野と側坐核の位置。腹側被蓋野にはアセチルコリンが，側坐核にはドーパミンが作用し，正の強化子としてはたらく(Koob & Le Moal, 2006 を改変)。

るが，報酬効果をもっとも強く発揮する領域を特に**脳内報酬系**とよぶ。

脳内報酬系の中心的な部位は脳幹の橋脚被蓋核(きょうきゃくひがいかく)（脚橋被蓋核）から中脳の腹側被蓋野(ふくそくひがいや)，腹側被蓋野から大脳基底核の側坐核に至る部位である(Koob & Le Moal, 2006；図 **14-2C**)。とりわけ外側視床下部への電気刺激はもっとも効果的に脳内自己刺激行動を引き起こす。ただしこの部位のニューロンが直接刺激されて報酬効果を生んでいるわけではないらしい。この部位の刺激はまず，前脳基底部と脳幹を結んで外側視床下部を通過している神経線維の束(内側前脳束)を刺激し，橋脚被蓋核のニューロンを興奮させる。すると橋脚被蓋核にあるニューロンの出力先である腹側被蓋野のニューロンが興奮し，それが側坐核のニューロンを興奮させるという順序で興奮が伝播していくのである(Yoemans, 1993)。さらに，この橋脚被蓋核－腹側被蓋野－側坐核経路では，それぞれ異なった神経伝達物質が情報を伝達している(図 14-1C)。

(3) 脳内報酬系ではさまざまな神経伝達物質が作用している

橋脚被蓋核から腹側被蓋野への情報伝達は，**アセチルコリン**という神経伝達物質がその役割を担っている。橋脚被蓋核にはアセチルコリンを伝達物質とするニューロン(アセチルコリン作動性ニューロン)が豊富に含まれており，それらは腹側被蓋野に軸索を伸ばしている。腹側被蓋野のニューロンにはニコチン性アセチルコリン受容体が存在しており，橋脚被蓋核からの情報を受けとる。レバー押し行動にともなって腹側被蓋野にニコチンが投与される状況では，レバー押し行動などのオペラント条件づけが成立する。このことから，この部位ではニコチンが報酬としてはたらいていることがわかる (Maskos et al., 2005)。また，脳内自己刺激を行っているラットの腹側被蓋野では，アセチルコリンの放出量が増加していることが確認されている(Chen et al., 2006)。タバコが報酬効果をもつのは，タバコに含まれるニコチンがこの部位のニコチン性アセチルコリン受容体に作用するからであると考えられている。

一方，腹側被蓋野から側坐核への情報伝達は，**ドーパミン**という神経伝達物質がその役割を担っている。腹側被蓋野にはドーパミン作動性ニューロンが豊富に含まれており，それらは側坐核に軸索を伸ばしている。側坐核のニューロンにはドーパミン受容体が存在しており，橋脚被蓋核からの情報を受けとる。レバー押し行動にともなって側坐核にドーパミンが投与される状況では，レバー押し行動のオペラント条件づけが成立する。このことから，この部位でドーパミンが報酬としてはたらいていることがわかる(Ikemoto et al., 1997)。また，脳内自己刺激を行っているラットの側坐核では，ドーパミンの放出量が増加していることが確かめられている(Nakahara et al., 1989)。コカインやメタアンフェタミンなどの覚醒剤が報酬効果をもつのは，これらの薬物がシナプスでのドーパミン濃度を高め，側坐核のドーパミン受容体を刺激するからであると考えられている。覚醒剤に限らず，一般に嗜癖性のある物質(タバコ，アルコールなど)には側坐核のドーパミン放出を増加させるという共通のはたらきがある。

(4) 動機づけと快は異なった神経伝達物質によって生じる

a. ドーパミンは「快感物質」ではない　これまでドーパミンは，報酬がもつ機能のうち，快という主観的な経験をもたらす神経伝達物質であると考えられてきた(例えば Wise, 1980)。一般に，嗜癖性のある物質は快をもたらすことを我々は知っている。また，脳内自己刺激の実験で動物がさかんにレバーを押すのは，脳内への電気刺激が動物に快感をもたらしているからである，と擬人的に考えることは直感的には理解しやすい(このときの電気刺激は行動の頻度を高める刺激，つまり正の強化子ではあるが，快という情動的側面を含んでいるという保証はない)。ところで，前述のように，嗜癖性のある物質の摂取・投与や脳内自己刺激は，側坐核でのドーパミン放出を増大させるという共通した特性をもつ。これらのことから，快を生み出す物質はドーパミンであるとされてきたのである。

しかしこの考えは，現在では再考の余地があると考えられている。すなわち，中脳から大脳基底核に入力するドーパミンが果たしている役割は，これまで言われてきたような「快」“*liking*”ではなく，「欲すること」“*wanting*”に関するものであると主張されている(Berridge, 2007)。“*Liking*”とは，刺激に対する快不快(hednic)，すなわち情動的評価をさす。一方“*wanting*”とは，ある刺激に接近したり，追い求めたり，消費したりしようとする動機づけをさす。

ベリッジら(Berridge et al., 2009)の実験では，ラットは口中に砂糖水を注入されると，唇をなめたり，リズミカルに舌を突き出したりする一方で，苦いキニーネ水を注入されると大きく口を開けたりする。このように，味覚の違いによって異なった特徴的な行動を見せることは，ラットのみならずチンパンジーやヒトの新生児にも見られることが示されている(図 **14-3**)。そしてこれらの行動が，口中に入れられた物質の快不快を反映するところの種に共通した行動指標であるとみなされた。さらに，外科的手術によって中脳から大脳基底核へのドーパミンによる情報伝達を遮断しても，砂糖水に対する“*liking*”行動は正常な動物と同程度出現することが発見された。その後も実験は続けられ，ドーパミン以外の伝達物質が快を担っていることが次第に明らかにされてきた。では，その物質とはいったいなんだろうか?

b. “Liking”を担う物質は？　現在，報酬の感情的な側面である“*liking*”は，側坐核と腹側淡蒼球(たんそうきゅう)とよばれる部位のごく限られた一部に，オピオイドやカンナビノイドよばれる物質(それぞれアヘンと大麻に含まれている物質で，これらの物質は通常の状態の脳内に存在している)が作用することによって生じると考えられている(Berridge, 2007)。これらの薬物が作用することによって“*liking*”行動が増加する限られた領域は**快のホットスポット**(*hednic*

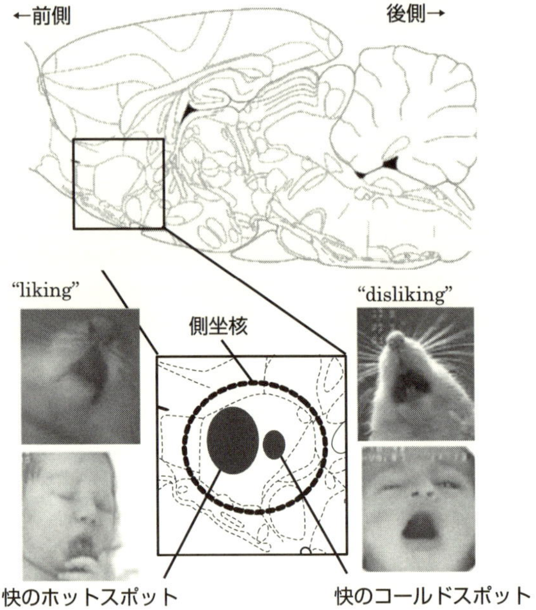

図 14-3　快のホットスポット(Berridge et al., 2009 を改変)
上段はラット脳の断面と側坐核の位置を示す。甘い砂糖水や苦いキニーネ水は，ラットやヒトの乳児に共通の反応を引き起こす(砂糖水の場合には左側の"liking"反応，キニーネ水の場合には右側の"disliking"反応)。オピオイドが快のホットスポットに作用すると，砂糖水に対する liking 反応が増強される。一方，快のコールドスポットに作用すると，砂糖水に対する liking 反応が抑制される。

hotspot)とよばれている(図 **14-3**)。

14－3　情動の生理的基礎

(1)　恐　怖

a. クリューバー＝ビューシー症候群　20 世期の前半に，左右両半球の側頭葉を切除されたサルの奇妙な行動が報告された(Klüver & Bucy, 1939)。それによると，サルたちは普通なら怖がるはずの大きなヘビやイヌ，見知らぬ人や鏡などにためらうことなく近づいて行った。それらが体に触れても避けようとせず，怖がるそぶりも見せなかった。また，サルは通常，部屋に放すとすぐに逃げていき，部屋の隅などに身を隠そうとする。もし見つかると物音を立てないよううずくまってじっとしたり，より安全なところへ走って行ったりする。ところが彼らにはこのような反応がまったく見られなくなった。このような情動的な変化を含む症状は，**クリューバー＝ビューシー症候群**とよばれている。ヒトにおいても，ヘルペスウィルスによる髄膜脳炎により側頭葉機能を損傷された患者にクリューバー＝ビューシー症候群が見られたという報告がある(Marlowe et al., 1975)。なお，上記したサルの実験では側頭葉の奥に位置する扁桃体も切除されており，扁桃体が不安や恐怖といった情動に関係が深いことが示唆される。

b. 恐怖条件づけと扁桃体　ラットを対象とした研究では，扁桃体が恐怖の条件づけに関わっていることが報告されている(LeDoux, 1993)。例えば，扁桃体の外側核という部位を外科的に損傷したラットに，音を条件刺激(conditioned stimulus; CS)，床からの電気ショックを無条件刺激(unconditioned stimulus; US)とする条件づけを実施する。すると損傷を受けていない動物では生じるはずの条件反応(conditioned response; CR，ここではCSを提示するだけで生じる血圧の上昇やすくみ行動)の強度が，損傷を受けていない動物よりも弱かった。このことは，扁桃体が恐怖の条件づけに関与していることを示唆している。とくに恐怖については扁桃体が重要なはたらきをしていることに多くの研究者が同意している。情動は生理(自律神経系)，行動(表情など)，主観的な経験という多様な次元の反応をともなう複雑な現象である。扁桃体はこれらの反応を引き起こす諸領域に情報を伝えている(図 **14-4**)。情動における扁桃体の重要さは，この神経連絡の広範さからもうかがえる。

(2) 怒り・悲しみ

動物を対象とした悲しみの研究はあまり例がないが，怒りについては古くから研究がなされてきている(ただし攻撃行動として)。例えば，視床下部の一部を電気刺激すると，うなり声を上げる，毛を逆立たせるなどの怒り反応が生じる。また中脳水道灰白質(すいどうかいはくしつ)とよばれる部位を刺激しても同様の行動が生じる(Siegel et al., 1999)。視床下部が刺激されるとその情報が中脳水道灰白質に伝わり，怒り行動を引き起こすと考えられている。

人間を対象とした研究では，怒りと悲しみがそれぞれ眼窩前頭皮質(がんかぜんとうひしつ)と前部帯状皮質の梁下野(りょうか)とよばれる部位と関連が深いことが示されてきている(それ以外の部位が関与していないというわけではない)。例えば，過去に経験した怒

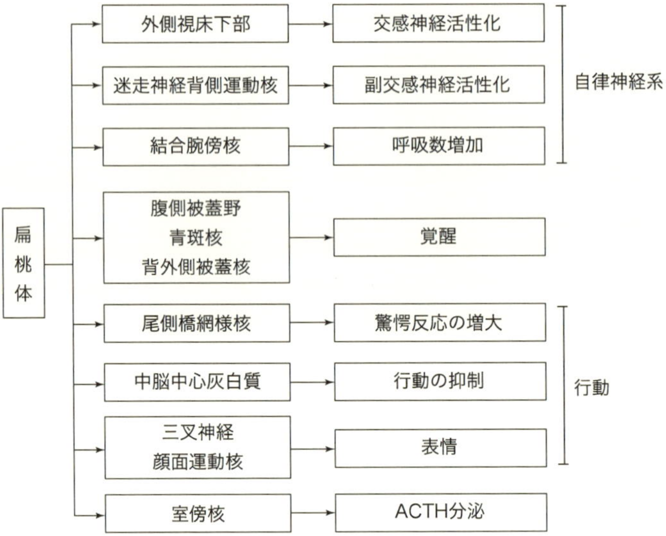

図 14-4　扁桃体の出力経路（Davis, 1992 より作図）
感情に関わるさまざまな反応を引き起こす部位に情報を送っている。

りを思い出させると，思い出していないときと比較して眼窩前頭皮質の活動がとくに高まる(Dougherty et al., 1999)。一方，過去に経験した悲しい出来事を思い出させると，安静時と比較して梁下野の活動がとくに高まる(Mayberg et al., 1999)。うつ病患者の強い悲しみにも梁下野が関係していることが示唆されている。すなわち，抗うつ薬を服用することでうつ病が寛解（かんかい）した患者では，服用前と比較して梁下野の活動が低下することが報告されている(Mayberg et al., 1999)。

(3)　喜び

喜びは，典型的な快の情動である。この情動の基礎には，先述の脳内報酬系における，オピオイドやカンナビノイドといった神経伝達物質の作用があると考えられる。例えばラットを用いた実験では，オピオイドによる神経伝達を促進する薬物を投与された時にはある部屋(A)に滞在させ，特に作用をもたない生理食塩水(0.9%の塩水)を投与された時には別の部屋(B)に滞在させるという手続きを繰り返す。その後，なにも投与されていない条件で，部屋Aと部屋Bを自由に行き来できるようにしておき，どちらの部屋にどれくらい滞在するかを調べる。すると，オピオイドの活動を促進する薬物を投与されていた部屋 A での滞在時間が長くなった(Burgdorf et al., 2007)。興味深いことに，この薬物が投与された時に人間には聞こえないくらいの高さの音声(50 kHz の超音波)をよく発したラットは，そうでなかった動物と比べて，その場所により長く滞在するようになった。この発声が，ラットの“喜び”を反映しているとの説もある(まるで人間が喜んだ時に“キャッ，キャッ”と歓声を上げるように!)(Panksepp & Burgdorf, 2003)。

14－4　心理学における情動理論からみた情動の生理的基礎

8 章で述べたように情動の起源については基本情動説と情動次元説の対立がみられる。基本情動説は，個別の情動の処理を専門に行う脳部位がそれぞれ別に存在し，それらが各情動に固有で固定的な身体反応パターンを生じさせると説明する。それに対して情動次元説は，快不快と覚醒の二次元で表される状態として感情のプロセスが開始され，それがどのように評価・判断されるかによって個別の情動が経験されると説明する。両者間の議論は今も続いている。陽電子放出断層撮影(positron emission tomography; PET)や機能的核磁気共鳴画像法(functional magnetic resonance imaging; fMRI)などの脳イメージング技術を用いた研究でも両方の立場をそれぞれ支持する研究が報告されており，この議論には未だ決着はついていない(PET, fMRI については 15 章を参照)。

(1)　基本情動説を支持する知見

PET および fMRI を用いた論文を対象に，4 種類の情動(喜び，怒り，悲しみ，嫌悪)をターゲットとした研究において，脳のどの部位の活動が高まるのかを総合的に分析した結果から，以下のことが明らかとなった(Phan et al., 2002)。第 1 に，恐怖以外の情動を扱った研究では，主に前頭葉の一部である内側前頭皮質の活動が増加していた。このことは，内側前頭皮質が情動の種類に共通して行われる処理(情動の評価や強度の調節など)のためにはたらく部位であることを示唆している。第 2 に，恐怖を扱った研究では，主に扁桃体の活動が増加した。第 3 に，悲しみを扱った研究では，主に前部帯状皮質の梁下野の活動が増加した。第 4 に，喜びと嫌悪を扱った研究では，主に大脳基底核(側坐核や尾状核－被殻を含む)の活動が増加した。

(2) 次元説を支持する知見

一方最近では，個別の情動の処理を専門に行う脳部位がそれぞれ別に存在し，それらが各情動に固有で固定的な身体反応パターンを生じさせるという基本情動説に対する批判が増えてきている(余語，2014)。すなわち，感情のプロセスはまず快不快(hednic)と覚醒(arousal)の2つの側面が混合したところの意識可能な神経生理学的な状態，すなわち**コア・アフェクト**として開始され，それをどのように評価・判断するかによって特定の感情が経験されるという考え方がとられるようになってきた(Russel, 2003; Lindquist, 2013)。この考えに従うと，恐怖や怒りなどの個別情動が脳のどの部位で処理されているかではなく，情動を喚起する刺激がどのようなプロセスを経て生体に受け取られ，どのような意味づけを経て個別の情動が経験され表出されるのか，そしてそれぞれの段階で脳のどの部位がどのような処理を行っているのかを問うことになる。それでは，それらの個別のはたらきは，脳のどの部位で行われているのだろうか。

コア・アフェクトの次元である快不快と覚醒に関わる神経機構として，それぞれ中脳-辺縁系経路と**上行性覚醒系**(以前は脳幹網様体賦活系とよばれた系)の重要性が指摘されている (Posner et al., 2005) 。中脳-辺縁系経路とは脳内報酬系に一致した部位であり，特に側坐核には快のホットスポットが含まれていることを既に述べた。実は，図**14-3**に示したように，快のホットスポットの近隣には「快のコールドスポット」，すなわちそこが活動することで“*liking*”行動が減少する部位の存在も指摘されている(Berridge et al., 2009)。このように，脳内報酬系のはたらきは，複雑な感情プロセスのはじめのステップである快不快の評価に関与していると考えられる。また，上行性覚醒系は扁桃体中心核からの入力を受ける部位でもある。この領域の青斑核には**ノルアドレナリン**作動性，背外側被蓋核にはアセチルコリン作動性，腹側被蓋野にはドーパミン作動性の神経が存在しており，これらが賦活されると活動性や覚醒水準が増加する。このように，上行性覚醒系はコア・アフェクトの覚醒に関与していることが示唆される。

また，次元説の立場からヒトを対象とした先行研究を概観し，コア・アフェクトがこれらの領域だけではなく，島，前頭眼皮質，眼窩前頭皮質，前部帯状皮質，視床，視床下部，分界条床核，中脳水道周囲灰白質といった広い範囲で処理されていると提案する研究者もいる(Lindquist et al., 2012)。さらに，コア・アフェクトの評価・判断にはエピソード記憶，意味記憶，言語理解，注意などさまざまな心的活動が関与しており，それらを実現する脳部位が関与すると考える研究者も多い。言うまでもなく，これらは情動の処理だけに特化された機能ではない。このことは，情動がさまざまな心的機能を駆使した結果生じる複合的な産物であることを物語っている。

■ 14 章の引用文献

Berridge, K. C. (2007). The debate over dopamine's role in reward: The case for incentive salience. *Psychopharmacology*, **191**, 391-431.

Berridge, K. C., Robinson, T. E., & Aldridge, J. W. (2009). Dissecting components of reward: 'liking', 'wanting', and learning. *Current Opinion in Pharmacology*, **9**, 65-73.

Burgdorf, J., Wood, P. L., Kroes, R. A., Moskal, J. R., & Panksepp, J. (2007). Neurobiology of 50-kHz ultrasonic vocalizations in rats: electrode mapping, lesion, and pharmacology studies. *Behavioural Brain Research*, **182**, 274-283.

Chen, J., Nakamura, M., Kawamura, T., Takahashi, T., & Nakahara, D. (2006). Roles of pedunculopontine tegmental cholinergic receptors in brain stimulation reward in the rat. *Psychopharmacology*, **184**, 514-522.

Cummings, D. E., Purnell, J. Q., Frayo, R. S., Schmidova, K., Wisse, B. E., & Weigle, D. S. (2001). A preprandial rise in plasma ghrelin levels suggests a role in meal initiation in humans. *Diabates*, **50**, 1714-1719.

Davis, M. (1992). The role of the amygdala in fear-potentiate startle: Implications for animal models of anxiety. *Trends in Pharmacological Sciences*, **13**, 35-41.

Dougherty, D. D., Shin, L. M., Alpert, N. M., Pitman, R. K., Orr, S. P., Lasko, M., Macklin, M. L., Fischman, A. J., & Rauch, S. L. (1999). Anger in healthy men: a PET study using script-driven imagery. *Biological Psychiatry*, **46**, 466-472.

Granon, S. ,& Changeux, J.-P. (2005). Nicotine reinforcement and cognition restored by targeted expression of nicotinic receptors. *Nature*, **436**, 103-107.

Heimer, L., & Larsson, K. (1966). Impairment of mating behavior in male rats following lesions in the preoptic-anterior hypothalamic continuum. *Brain Research*, **3**, 248-263.

Ikemoto, S., Glazier, B. S., Murphy, J. M., & McBride, W. J. (1997). Role of dopamine D1 and D2 receptors in the nucleus accumbens in mediating reward. *The Journal of Neuroscience*, **17**, 8580-8587.

Klüver, H., & Bucy, P. C. (1939). Preliminary analysis of functions of the temporal lobes in monkeys. *Archives of Neurology & Psychiatry*, **42**, 979-1000.

Koob, J., & Le Moal, M. (2006). *Neurobiology of addiction*. Academic Press.

LeDoux J. E. (1993). Emotional memory systems in the brain. *Behavioral Brain Research*, **58**, 69-79.

Lindquist, K. A. (2013). Emotions emerge from more basic psychological ingredients: A modern psychological constructionist model. *Emotion Review*, **5**, 356-336.

Lindquist, K. A., Wager, T. D., Kober, H., Bliss-Moreau, E., & Barrett, L. F. (2012). The brain basis of emotion: A meta-analytic review. *Behavioral and Brain Sciences*, **35**, 121-202.

Malsbury, C. W. (1971. Facilitation of male rat copulatory behavior by electrical stimulation of the medial preoptic area. *Physiology & Behavior*, **7**, 797-805.

Marlowe, W. B., Mancall, E. L., & Thomas, J. J. (1975). Complete Klüver-Bucy syndrome in man. *Cortex*, **11**, 53-59.

Maskos, U., Molles, B. E., Pons, S., Besson, M., Guiard, B. P., Guilloux, J.-P., Evrard, A., Cazala, P., Cormier, A., Mameli-Engvall, M., Dufour, N., Cloëz-Tayarani, I., Bemelmans, A.-P., Mallet, J., Gardier, A. M., David, V., Faure, P., & Malsbury, C. W. (1971). Facilitation of male rat copulatory behavior by electrical stimulation of the medial preoptic area. *Physiology & Behavior*, 7, 797-805.

Mayberg, H. S., Liotti, M, Brannan, S. K., McGinnis, S., Mahurin, R. K., Jerabek, P. A., Silva, J. A., Tekell, J. L., Martin, C. C., Lancaster, J. L., & Fox, P. T. (1999). Reciprocal limbic-cortical function and negative mood: converging PET findings in depression and normal sadness. *Americal Journal of Psychiatry*, **156**, 675-682.

McKinley, M. J., Cairns, M. J., Denton, D. A., Egan, G., Mathai, M. L., Uschakow, A., Wade, J. D., Weisinger, R. S., & Oldfield, B. J. (2004). Physiological and pathophysiological influences on thirst. *Physiology & Behavior*, **81**, 795-803.

Nakahara, D., Ozaki, N., Miura, Y., Miura, H., & Nagatsu, T. (1989). Increased dopamine and serotonin metabolism in rat nucleus accumbens produced by intracranial self-stimulation of medial forebrain bundle as measured by in vivo microdialysis. *Brain Research*, **495**, 178-181.

Olds, J., & Milner, P. (1954). Positive reinforcement produced by electrical stimulation of the septal area and other regions of rat brain. *Journal of Comparative and Physiological Psychology*, **47**, 419-427.

Panksepp, J., Burgdorf, J. (2003) " Laughing" rats and the evolutionary antecedents of human joy? *Physiology & Behavior*, **79**, 533-547.

Paxinos, G., & Watson, C. (1998). *The Rat Brain in Stereotaxic Coordinates*, 4th Ed. Academic Press, San Diego.

Pinel, J. P. J. (2003). *Biopsychology*. Pearson Education. (佐藤敬・若林孝一・泉井亮・飛鳥井望(訳)(2005). バイオサイコロジー　脳—心と行動の神経科学　西村書店)

Pfaff, D. W., & Sakuma, Y. (1979a). Facilitation of the lordosis reflex of female rats from the ventromedial nucleus of the hypothalamus. *Journal of Physiology*, **288**, 189-202.

Pfaff, D. W., & Sakuma, Y. (1979b). Deficit in the lordosis reflex of female rats caused by lesions in the ventromedial nucleus of the hypothalamus. *Journal of Physiology*, **288**, 203-210.

Phan, K. L., Wager, T., Taylor, S. F., & Liberzon, I. (2002). Functional neuroanatomy of emotion: A meta-analysis of emotion activation studies in PET and fMRI. *Neuroimage*, **16**, 331-348.

Posner, J., Russel, J. A., & Peterson, B. S. (2005). The circumplex model of affect: An integrative approach to affective neuroscience, cognitive development, and psychopathology. *Development and Psychopathology*, 17, 715-734.

Rubin, B. S., & Barfield, R. J. (1980). Priming of estrous responsiveness by implants of 17 β-estradiol in the ventromedial hypothalamic nucleus of female rats. *Endocrinology*, **106**, 504-509.

Russel, J. A. (2003). Core affect and the psychological construction of emotion. *Psychological Review*, **110**, 145-172.

Siegel, A., Roeling, T. A. P., Gregg, T. R., & Kruk, M. R. (1999). Neuropharmacology of brain-stimulation-evoked aggression. *Neuroscience & Biobehavioral Reviews*, **23**, 359-389.

Sipos, M. L., & Nyby, J. G. (1996). Concurrent androgenic stimulation of the ventral tegmental area and medial preoptic area: Synergistic effects on male-typical reproductive behaviors in house mice. *Brain Research*, **729**, 29–44.

Stanley, B. G., & Leibowitz, S. F. (1984). Neuropeptide Y: stimulation of feeding and drinking by injection into the paraventricular nucleus. *Life Science*, **35**, 2635–2642

Tazumi, T., & Okaichi, H. (2002). Effect of lesions in the lateral nucleus of the amygdala on fear conditioning using auditory and visual conditioned stimuli in rats. *Neuroscience Research*, **43**, 163–170.

Wise, R. A. (1980). The dopamine synapse and the notion of 'pleasure centers' in the brain. *Trends in Neuroscience*, **3**, 91–95.

Yoemans, J. S., Mathur, A., & Tampakeras, M. (1993). Rewarding Brain Stimulation: Role of tegmental cholinergic neurons that activate dopamine neurons. *Behavioral Neuroscience*, **107**, 1077–1087.

余語真夫 (2014). 感情心理学の理論　青山謙二郎・神山貴弥・武藤崇・畑敏道(編著)　心理学概論[第２版]　ナカニシヤ出版　pp. 170–176.

15章　表情認知と情動表出の神経生理的基礎

「人の顔色をうかがう」という表現を誰しも聞いたことがあるだろう。この表現は，ヒトは顔を通して意志の強さや情動状態，意図といった他者の心の状態を認知するという意味である。このような認知は情動の社会的認知の一つと考えられる。

例えば，母親が楽しげな表情をしている時にはお小遣いの値上げを要求するチャンスだと思い，不機嫌そうな表情をしているときには触らぬ神に祟(たた)りなし，とばかりにできるだけ母親の意に沿う行動を心がけたことはないだろうか？これらは，他者の情動状態によって自分の行動がいかに変わるか，すなわちその行動の動機づけがいかに変わるかを示す事例だろう。言い換えると，他者がどう思っているのかをくみ取ってうまく立ち回ることで，人との関係性はより良いものとなり，社会生活に適応しやすくなるのである。

このような，情動の社会的認知において重要な手がかりとなるものは他者の表情である。これらの情報は脳内でどのように処理されているのだろうか。

近年，心理学や神経科学の分野では，このような情報処理に関する研究が盛んに進められている。本章でははじめに，脳内で情報を処理している**ニューロン(神経細胞)**とはどのようなものかを概説する。次にサルを対象に，同種あるいは他種(ヒト)の顔刺激を提示した時のニューロン応答を調べた神経生理学的研究を概説し，表情知覚と個体識別を担う神経生理学的基盤をみていく。

15－1　ニューロンとその活動の記録

複雑な心の機能が脳によって生み出されることに異論を唱えるものはいないであろう。脳の主要な構成要素であるニューロンにより心が生み出されるとすれば，ニューロン活動の特徴やパターン(情報処理様式)を分析することで心の実体に迫ることができる。

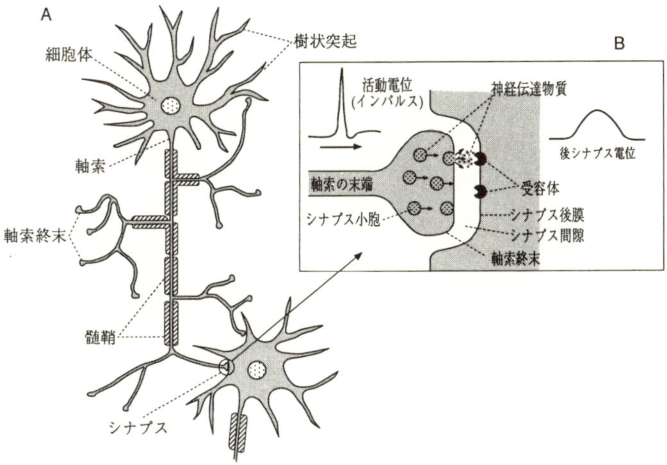

図 15-1　ニューロンとシナプス（金城，1990）
A：ニューロン。B：A のシナプスを拡大した図。

ニューロンとは神経系を構成する細胞であり，信号(情報)を伝え処理することに特化した細胞である(図 **15-1**)。ニューロンは本体部分である細胞体，他のニューロンへ信号を送るための**軸索**，他のニューロンからの信号を受け取る**樹状突起**から構成される。樹状突起は１つのニューロンに多数ついているが，軸索は１本だけである。軸索は先端で枝分かれしており，それぞれの末端部(軸索終末)で別のニューロンの樹状突起や細胞体へと接続する。その接点はシナプスとよばれ，ほんのわずか離れている。そのすきま(シナプス間隙)では，放出された化学物質(ドーパミンやセロトニンなどで神経伝達物質とよばれる)が情報伝達を媒介している。他のニューロンからの信号がシナプスに到達し，神経伝達物質が受容体に結合すると，通常はマイナスである細胞体の内部電位(膜電位)が一時的に少しだけプラス側へと変位する。膜電位の変化は１つのシナプスからの信号だけでは非常に小さいが，多数のシナプスからの入力信号が短時間に多数到達することで，ある大きさ(閾値)以上になると，きわめて短い時間だけ(約 1msec ＝約 1000 分の１秒間)内部電位がゼロあるいはプラスへと変化する。この急激な電位変化は，スパイク発火，インパルスなどとよばれ，軸索終末を経て，次のニューロンへの入力信号となる。このようなニューロンの電気的活動の記録には，**単一ユニットレコーディング**とよばれる方法が用いられる。これは，金属微小電極などを単一のニューロンに接近させ(図 **15-2**)，

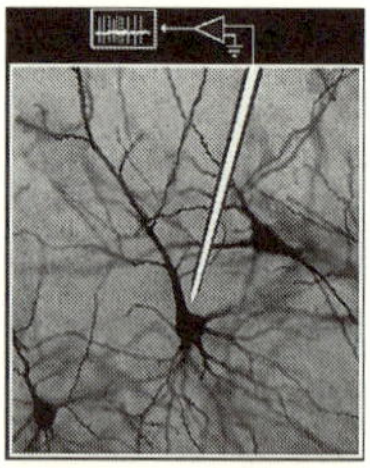

図 15-2　細胞外記録による単一ユニットレコーディングのイメージ

急激な電位変化を反映したニューロン外の微弱な電位変化を測定する方法である。

15－2　非侵襲的な脳活動記録法

単一ユニットレコーディングでは，ニューロンの活動を脳に刺し入れた電極から**侵襲的**に記録する。一方，頭皮に電極を貼り付けて，ニューロンの集団が活動することで生じる局所フィールド電位(local field potential, LFP)を**非侵襲的**に測定するものが，**脳波**(electroencephalogram, EEG)である。脳波は覚醒していても眠っていても絶え間なく自発的に発生しているが，刺激の提示などの事象に対応して電位変化を示す。これらの電位変化を**事象関連電位**(event-related potential, ERP)とよぶ。なお，侵襲的とは脳に電極を埋め込むといった実験方法のことであり，非侵襲的とは脳を傷つけずに脳の外部からその活動を測定する実験方法のことで，脳波測定以外にも，脳機能イメージングが近年，ヒトを対象とした研究で盛んに用いられている。

ニューロンが活動するには，代謝活動によって産生されるエネルギーが必要である。代謝活動とは酸素によるグルコースの解糖であり，グルコースは血液を介して供給される。したがって，ニューロンが活動すると，代謝活動とそのニューロンの局所にある脳血流の増大が生じることになる。この脳血流動態反応を非侵襲的に測定し，画像としてとらえ，脳の活動部位を推定する方法が**非侵襲的脳機能イメージング**である。脳イメージングには，**陽電子放出断層撮影**(positron emission tomography, PET)，**機能的核磁気共鳴画像法**(functional magnetic resonance imaging, fMRI)，**近赤外分光法**(near infrared spectoroscopy, NIRS)などがある(宮内，2013を参照)。

15－3　顔の情報処理に特化した領域

1980年代の初めに，顔刺激に対して選択的に応答するニューロン(図 **15-3**)がサルの上側頭溝(superior temporal sulcus, STS)に存在することが報告された(Bruce et al., 1981)。このニューロンは，サルやヒトの顔画像が提示されたときに高い発火率で応答する。写真ではなく，マンガの顔でも，その目の部分を隠しても，発火率が若干低くなるが応答する。しかしながら，顔画像(サル)をスクランブル処理した画像や幾何学図形，手の画像に対しては応答しなかった。

このニューロンは顔画像に対して選択的に応答しているので，**顔選択的応答ニューロン**ともよばれ，STSのほか，下側頭回(図 **15-4**)の広い範囲にも存在する。fMRIとニューロン活動記録実験を組み合わせた研究により，このようなニューロンが密に存在する6つの狭い領域(**顔パッチ**と名づけられた)が存在することが明らかになった(Moeller et al., 2008)。また，解像度を下げた顔画像と顔以外の画像について，顔に属すか属さないかを判断させる課題をサルにさせている最中に，下側頭皮質を電気刺激した実験がある(Afraz et al., 2006)。その結果，顔に対する応答選択性が高い領域(顔パッチ)を刺激した場合や，顔に対する応答選択性が高いニューロンを多く刺激した場合に，それらの画像を

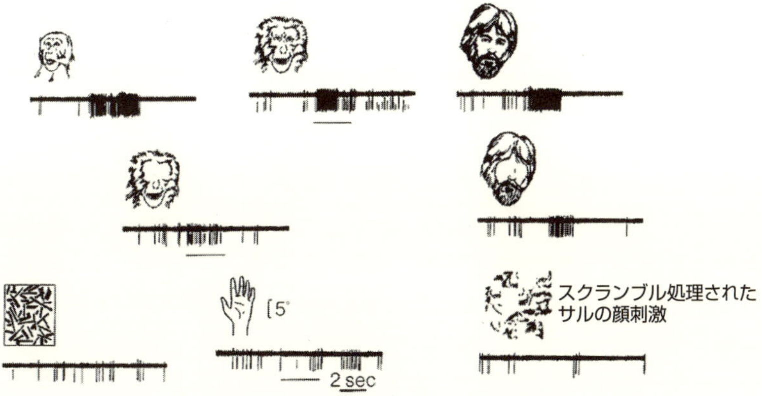

図 15-3　上側頭溝(STSから記録された顔によく応答するニューロンのスパイク発火(Bruce et al., 1981を改変)
図の垂直線の1本1本がスパイク発火を示す。また，線画は提示した画像をトレースしたものである。

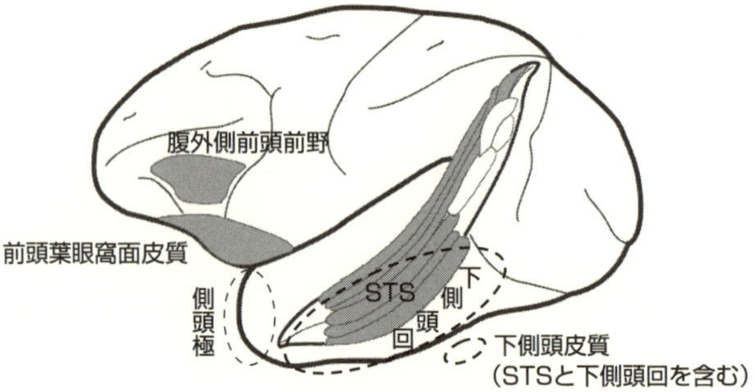

図 15-4　顔ニューロンが記録された部位(灰色)
(Barraclough & Perrett, 2011 を改変)
STS は脳溝なので開いて図示した。扁桃体は側頭極の中に位置するので図示していない。

顔だと判断する傾向が強くなることが報告されている。

15－4　表情や個体識別の情報処理

それでは，上述した顔の情報処理に特化した領域(顔パッチ)は，顔に含まれるどのような情報を処理するのだろうか。我々はメガネからコンタクトに変えた人物を見ても，別人だとは思わない。また，女性であっても男性であっても，相手が怒った表情をしておれば「怒っている」と判断できる。これは，視覚情報としての見え方が多少異なっていても，同じ人物・表情だと認知できるためである。

高次の視覚領野には，入力される視覚情報が異なっていても，ある特定の形状に選択的に応答するニューロンが存在する(Sáry et al., 1993)。この特徴的な応答パターンは**不変性**(invariance)あるいは**恒常性**(constancy)とよばれる。下側頭皮質などの，視覚情報を高次に処理する領域のニューロン応答の1つの特徴であり，表情が変わっても同じ人物であるという判断を担う神経基盤であると考えられている。

顔や物体の画像をサルに提示した単一ユニットレコーディング研究により，STS と下側頭回のニューロンが不変性の応答を示すことが明らかになった(Hasselmo et al., 1989)。この研究では，顔に応答する 45 個のニューロンのそれぞれに対して，3 個体×3 表情(穏やかな表情，少し口が開いた威嚇(いかく)の表情，大きく口が開いた威嚇の表情)の合計 9 枚の顔画像(いずれも正面顔)が提示さ

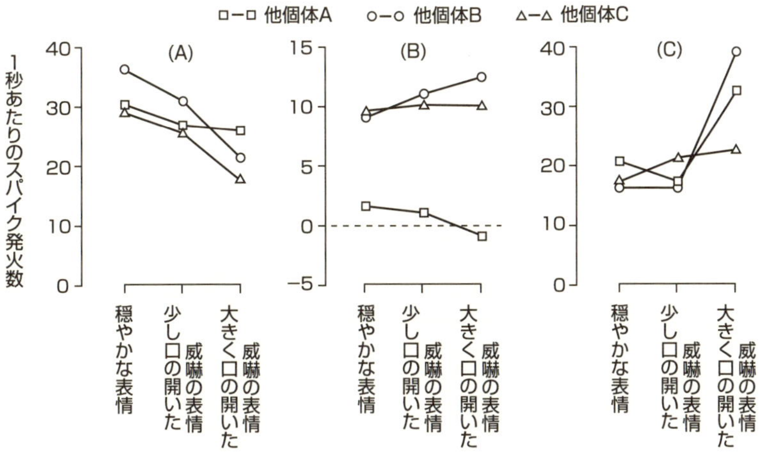

図 15-5 同種の 3 個体と 3 つの表情に対する下側頭皮質ニューロンの応答例 (Hasselmo et al., 1989 を改変)
(A) 表情に識別的に応答したニューロン，(B) 個体に識別的に応答したニューロン，(C) 表情や個体に対して交互作用的な応答を示したニューロン

れたときの応答が測定された。

その結果，20%のニューロンが表情の違いに対して異なった応答を示し，この応答傾向は 3 個体いずれに対しても同じ傾向であった(図 **15-5A**)。また，約 33%のニューロンが 3 個体のそれぞれに対して識別的な応答を示す一方，表情に関しては応答傾向に差はなかった(図 **15-5B**)。個体と表情の両方に対して識別的に応答したニューロンは少なく，約 7%であった。また，表情や個体に対する識別的応答が特定の表情や特定の個体に依存するような交互作用的な応答を示したニューロンは約 16%であった(図 **15-5C**)。興味深い結果は，表情に対して識別的な応答を示したニューロンはおもに STS に位置しており，個体に対して識別的な応答を示したニューロンはおもに下側頭回に位置しているという点である。

上述の研究は，下側頭皮質のニューロンが顔画像に応答したかどうかのみに注目しているが，応答の持続性のパターン(時間パターン)を分析した研究からは，顔に含まれるさまざまな情報が時間的に分けて表現されていることが明らかにされた(Sugase et al., 1999)。この研究は，サルとヒトの顔，そして図形刺激を使用した。サルとヒトの顔では，各個体の顔について複数の表情画像が含

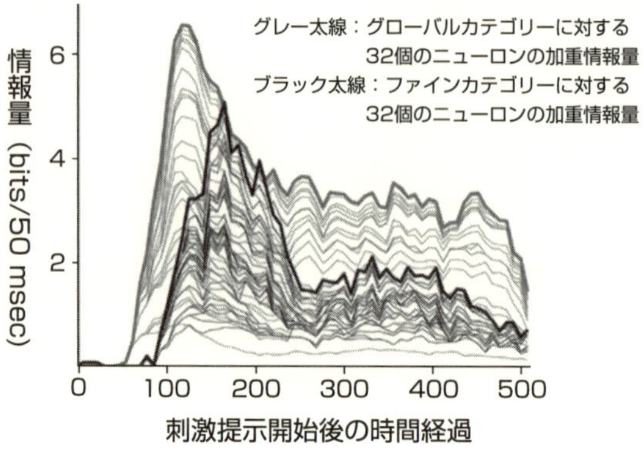

図 15-6　32 個の前部下側頭皮質ニューロンの情報量解析の結果
(Sugase-Miyamoto et al ., 2011 を改変)

まれていた。顔に応答する 32 個のニューロンに対して，刺激提示後の経過時間を細かく分けて，サルかヒトか図形かのカテゴリー(グローバル)と，ヒトとサルの個体や表情のカテゴリー(ファイン)に基づいて計算された情報量の結果を図 **15-6** に示す(Sugase-Miyamoto et al., 2011)。この結果は，前部下側頭皮質のニューロンがまずサルかヒトか図形かというカテゴリー情報を表現し，時間的に遅れて個体や表情のカテゴリー情報を表現することを示す。つまり，これらのニューロンは顔がもつさまざまな情報(顔なのか，顔であればどの種の顔なのか，誰の顔なのか，どんな表情なのか)という階層的なカテゴリーを時間的に分けて表現していることを示唆する。「それは顔である」という認識は，顔の基本的なパーツ(目が左右に並んで 2 つ，目の中間の下部に口，楕円形の輪郭)の情報(**一次的配置情報**)の有無に基づくが，個体の認識は目の形の微妙な違いや距離の違い，顔の輪郭の違い(**二次的配置情報**)に基づくことが指摘されている(川合, 2012)。このことから，顔認識の心理学的プロセスは前述の顔の情報を階層的なカテゴリーに時間的に分けて表現する前部下側頭皮質が関与している可能性がある。

15－5　表情の情報処理に関わる領域

ロールズ(Rolls, D.)らを中心とした研究グループは，ヒトやサルの顔に応答するニューロンがサルの**扁桃体**(基底内側核(きていないそくかく)と外側核(がいそくかく))にも存在することを最初に報告した(Rolls, 1981)。14章でも述べたように，扁桃体は情動に深く関係する部位である。しかしながら，彼らの研究では，顔画像に応答するニューロンに対して複数個体のさまざまな表情を系統的に提示するということを行っていなかった。したがってこの研究では，これらのニューロンが特定の表情や個体に一貫して応答するかどうかは不明であった。

一方，複数のヒトやサルのさまざまな表情画像を用意し，サルの扁桃体ニューロンが，表情に対して選択的応答をするかどうかを詳しく調べた研究がある(Nakamura et al., 1992)。その研究から，扁桃体外側核において，いずれのヒトの表情でも笑顔なら応答するニューロンや，どのサルの表情でも威嚇の表情なら応答するといったニューロンの存在が明らかとなった。これらのニューロンは食べ物や物体の画像に対しては応答しなかったので，顔に選択的に応答し，かつ，ヒトの笑顔やサルの威嚇表情に対する不変性・恒常性を示したと考えられる。

この研究のようにヒトとサルの表情をニューロン応答のテストで用いた場合，それぞれの種における表情の社会的意味の違いを考慮する必要がある。例えば，口が開き，口角が上がった表情では，ヒトでは笑顔と認識されやすいが，サルではそうではない。サルは相手を威嚇するときに口が開いた表情を示すからである。このことから，上述したヒトの笑顔に対して応答した(サルの)扁桃体外側核のニューロンはその表情の威嚇的な意味に対して応答した可能性が考えられる。

この可能性を支持するfMRIを使った研究も報告されている(Hoffman et al., 2007)。この研究は，サルの表情刺激を提示したときのサルの脳の活動部位を調べており，扁桃体の外側核を含む基底外側核群は，服従を意味する親和的表情(fear-grimaceとよばれる)と比べて，威嚇の表情(図**15-7**)に対して強く活性化することを報告した。すなわち，ニューロン応答の結果を解釈する上において，それぞれの種における表情の社会的意味の違いを考慮する必要のあることが示唆される。

扁桃体と同様に，情動にかかわっていることが指摘されている眼窩前頭皮質(がんかぜんとうひしつ)もPETを用いた研究により，悲しみや怒りの表情を見せたときに活動が高まることがわかっている(Blair et al., 1999)。また，嫌悪という情動とのかかわりが指摘されている大脳基底核や島において，嫌悪の表情を処理する際に活動が高まることも，fMRIを用いた研究で明らかにされている(Phillips et al., 1997)。このように，表情に関する情報処理を担っている領域は，情動に深く

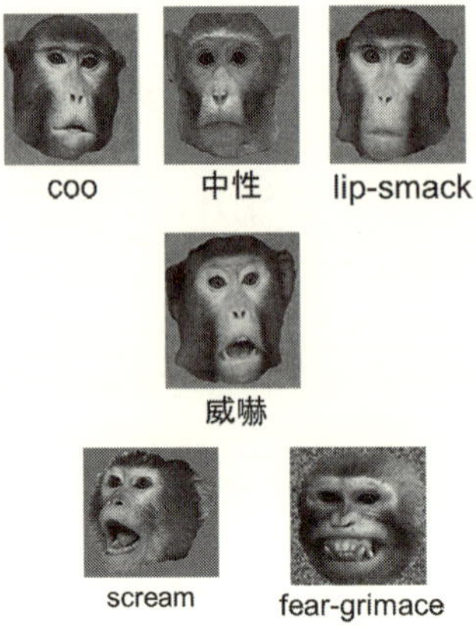

図 15-7　マカクザルが表出する表情の例
(Barraclough & Perrett, 2011; Hoffman et al., 2008; Hadj-Bouziane et al., 2008 を改変)

かかわる領域と重なっているのである。

■ 15 章の引用文献

Afraz, S. R. et al. (2006). Microstimulation of inferotemporal cortex influences face categorization. *Nature*, **442**, 692-695.

Barraclough, N. E., & Perrett, D. I. (2011). From single cells to social perception. *Philosophical Transactions of the Royal Society B: Biological Sciences*, **366**, 1739-1752.

Blair, R. J., et al. (1999). Dissociable neural responses to facial expressions of sadness and anger. *Brain*, **122**, 883-93.

Bruce, C. et al. (1981). Visual properties of neurons in a polysensory area in superior temporal sulcus of the macaque. *Journal of neurophysiology*, **46**, 369-384.

Hadj-Bouziane, F. et al. (2008). Perception of emotional expressions is independent of face selectivity in monkey inferior temporal cortex. *Proceedings of the National Academyof Science of the United States of America*, **105**. 5591-5596.

Hasselmo, M. E. et al. (1989). The role of expression and identity in the face-selective responses of neurons in the temporal visual cortex of the monkey. *Behavioural Brain Research*, **32**, 203-218.

Hoffman, K. L. et al. (2007). Facial-expression and gaze-selective responses in the monkey amygdala. *Current Biology*, **17**, 766-772.

Hoffman, K. L. et al. (2008). Category-specific responses to faces and objects in primate auditory cortex. *Frontiers in Systems Neuroscience*, **1**, 1-8.

川合伸幸 (2012). 顔の比較認知科学　神経研究の進歩, **64**, 793-798.

金城辰夫編 (1990). 図説現代心理学入門　培風館

Mayberg, H. S. et al. (2005). Deep Brain Stimulation for Treatment-Resistant Depression. *Neuron*, **45**, 651-660.

Moeller, S. et al. (2008). Patches with links: a unified system for processing faces in the macaque temporal lobe. *Science*, **320**, 1355-1359.

宮内哲 (2013). 脳を測る—改訂 ヒトの脳機能の非侵襲的測定— 心理学評論, 56, 414-454.

Nakamura, K. et al. (1992). Activity of single neurons in the monkey amygdala during performance of a visual discrimination task. *Journal of Neurophysiology*, **67**, 1447-1463.

Phillips, M. L. et al. (1997). A specific neural substrate for perceiving facial expressions of disgust. Nature, **389**, 495-498.

Rolls, E. T. (1981). Responses of amygdaloid neurons in the primate. In Y. Ben-Ari (Ed.), *The amygdaloid complex*. Amsterdam: Elsevier. pp. 383-393.

Sáry, G. et al. (1993). Cue-invariant shape selectivity of macaque inferior temporal neurons. *Science*, **260**, 995-997.

Sugase, Y. et al. (1999). Global and fine information coded by single neurons in the temporal visual cortex. *Nature*, **400**, 869-873.

Sugase-Miyamoto, Y. et al. (2011). Role of temporal processing stages by inferior temporal neurons in facial recognition. *Frontiers in Psychology*, **2**, 1-8.

索　引

■人　名

■欧　文

■あ　行

■ か　行

■ さ　行

■ た　行

■ な　行

■ は　行

■ま　行

■や　行・わ

編者略歴

今田純雄
いまだすみお

1978年　関西学院大学文学部心理学科卒業
1983年　関西学院大学大学院文学研究科心理学専攻博士課程後期課程単位取得満期退学
1987年　広島修道大学人文学部講師（心理学）
1990年　ペンシルバニア大学にて在外研究
1994年　広島修道大学人文学部教授
2021年　広島修道大学人文学部特任教授

主要著訳書

食行動の心理学（編著，培風館，1996年）
たべる（編著，朝倉書店，1996年）
食べることの心理学（編著，有斐閣，2005年）
やせる（二瓶社，2007年）
嫌悪とその関連障害（監訳，北大路書房，2014年）
あなたの知らない心理学（編著，ナカニシヤ出版，2015年）

北口勝也
きたぐちかつや

1991年　関西学院大学文学部心理学科卒業
1996年　関西学院大学大学院文学研究科心理学専攻博士課程後期課程単位取得退学
1997年　日本学術振興会特別研究員（関西学院大学・順天堂大学）
2000年　樟蔭東女子短期大学生活学科専任講師
2001年　武庫川女子大学文学部専任講師
2016年　武庫川女子大学文学部教授

主要著訳書

学習心理学における古典的条件づけの理論（分担執筆，培風館，2003年）
パピーニの比較心理学（分担執筆，北大路書房，2005年）

2015年9月30日　初版発行
2022年9月15日　初版第7刷発行

現代心理学シリーズ 4
動機づけと情動

編者　今田純雄
　　　北口勝也
発行者　山本　格

発行所　株式会社　培風館
東京都千代田区九段南4-3-12・郵便番号102-8260
電話(03)3262-5256（代表）・振替00140-7-44725

港北メディアサービス・牧 製本

PRINTED IN JAPAN

ISBN978-4-563-05744-2 C3311